EUROPA-FACHBUCHREIHE
für wirtschaftliche Bildung

PRÜFUNGSVORBEREITUNG AKTUELL

Büro 2.1

Prüfungsvorbereitung Informationstechnisches Büromanagement

Textverarbeitung, Tabellenkalkulation

Gestreckte Abschlussprüfung – Teil 1

Gertsen Sauer Sieber

6. Auflage

VERLAG EUROPA-LEHRMITTEL
Nourney, Vollmer GmbH & Co. KG
Düsselberger Straße 23
42781 Haan-Gruiten

Europa-Nr.: 76809

Autoren

Christiane Gertsen	Emmerich am Rhein
Gisbert Sauer	Eupen (Belgien)
Michael Sieber	Bayreuth

Verlagslektorat
Anke Hahn

6. Auflage 2024

Druck 5 4 3 2 1

Alle Drucke derselben Auflage sind parallel einsetzbar, da sie bis auf die Korrektur von Druckfehlern identisch sind.

ISBN 978-3-7585-7685-0

Satz: Grafische Produktionen Jürgen Neumann, 97222 Rimpar

Umschlag: MediaCreativ, G. Kuhl, 40724 Hilden

Druck: Himmer GmbH Druckerei und Verlag, 86167 Augsburg

Vorwort zur 6. Auflage

Die vorliegende **„Prüfungsvorbereitung – Teil 1 Informationstechnisches Büromanagement“** deckt den **Teil 1 der gestreckten Abschlussprüfung** komplett ab. Der Titel umfasst die prüfungsrelevanten Inhalte der **Lernfelder 1 bis 4** und orientiert sich an dem Prüfungskatalog der AkA sowie den bisherigen Abschlussprüfungen.

Der Titel richtet sich an
- Lehrende und Auszubildende im Beruf **Kaufmann/Kauffrau für Büromanagement**,
- Dozentinnen und Dozenten sowie Teilnehmer/-innen von **Fort-** und **Weiterbildungen zum Erwerb unterschiedlicher Qualifikationen** im informationstechnischen Büromanagement.

Diese Prüfungsvorbereitung eignet sich zum **Selbststudium** ebenso wie zur **unterrichtsbegleitenden Einübung und Vertiefung der Prüfungsinhalte**. Die Lernenden werden darin systematisch und kompetenzorientiert auf die **Frage- und Aufgabenstellungen des ersten Teils der gestreckten Abschlussprüfung** vorbereitet.

Neu ist ein ausführliches Kapitel zur neuen **DIN 5008**. In diesem Kapitel werden **Regeln** kurz und knapp in Tabellen oder Checklisten auf den Punkt gebracht. Routine erlangt der Lernende durch anschließende **zahlreiche Übungsaufgaben**.

TIPP:
Die unkommentierte Ausgabe der DIN 5008 (Schreib und Gestaltungsregeln ist der AP1 der IHK als Hilfsmittel zugelassen.

Die im Kapitel **Textverarbeitung** enthaltenen Übungen wechseln zwischen motivierenden kleinschrittigeren Fragestellungen und komplexeren handlungsorientierten Aufgaben. Sie orientieren sich an den betrieblichen Abläufen in den **unterschiedlichen Modellunternehmen** der Reihe Büro 2.1. Das Kapitel **Tabellenkalkulation** enthält 25 Aufgaben einschließlich ausführlicher Musterlösungen, die eine große Bandbreite betriebswirtschaftlicher Fragestellungen abdecken. Die Aufgaben ermöglichen ein systematisches Einüben der für die Abschlussprüfung relevanten Kenntnisse in der Tabellenkalkulation und orientieren sich in ihrem Aufbau und ihrem Anforderungsniveau an der praktischen Prüfung im Prüfungsfach Informationstechnisches Büromanagement. Der **Teil Prüfungssimulation** entspricht mit seinen fünf ganzheitlichen Aufgabenstellungen weitgehend den Anforderungen des ersten Teils der gestreckten Abschlussprüfung. Die Übenden lösen je eine handlungsorientierte Aufgabenstellung. Sowohl die Dateivorlagen/Rohdateien als auch die Lösungen können Sie als Originaldateien in Excel bzw. Word digital herunterladen.

DIGITAL+

Den Übungen vorangestellt ist eine **Übersicht über alle Aufgaben** der Kapitel B und C. Dieser Übersicht können die Lernenden entnehmen, welche Kompetenzen sie aus welchem Lernfeld durch die jeweilige Aufgabe aktivieren und vertiefen. So können gezielt Stärken ausgebaut und Defizite reduziert werden.

Die einzelnen Übungen bestehen aus zwei Teilen. Die Übenden werden durch eine **situativ eingebundene Aufgabenstellung** aufgefordert, ein Schriftstück (z. B. Geschäftsbrief oder interne Mitteilung) mit einer entsprechenden Anlage bzw. eine tabellarische Auswertung (z. B. Tabellen, Diagramm) zu erstellen.

Ihr Feedback ist uns wichtig.
Ihre Anmerkungen, Hinweise und Verbesserungsvorschläge zu dieser Prüfungsvorbereitung nehmen wir gerne auf. Schreiben Sie uns unter lektorat@europa-lehrmittel.de.

Sommer 2024

Die Verfasser/-innen

Inhaltsverzeichnis

Lösungen der Prüfungsübungen

Die Lösungen finden Sie in der Europathek, siehe hierzu die ausführliche Erklärung auf der vorderen Umschlaginnenseite.

Was wollen Sie üben?

Textverarbeitung	Aufgabe 1	Aufgabe 2	Aufgabe 3	Aufgabe 4	Aufgabe 5	Aufgabe 6	Aufgabe 7	Aufgabe 8	Aufgabe 9	Aufgabe 10
Technisch:										
Formatierungen	✗			✗	✗			✗		✗
Tabellen	✗		✗	✗	✗	✗	✗	✗	✗	✗
Formular						✗		✗		
Online-Formular	✗		✗				✗			
Flyer		✗								✗
Datenaustausch		✗					✗	✗		
Serienbrief				✗						✗
Formulierung:										
Geschäftsbrief								✗	✗	✗
Interne Mitteilung		✗	✗	✗	✗			✗		
E-Mail					✗		✗	✗		✗
Protokoll	✗						✗			
Thema:										
– Bestellung								✗	✗	
– Einladung										✗
– Information		✗								
– Antwort auf Reklamation									✗	
Modellunternehmen aus										
Lernfeld 1	✗	✗								
Lernfeld 2			✗	✗	✗					
Lernfeld 3						✗	✗	✗		
Lernfeld 4									✗	✗

Was wollen Sie üben?

Tabellenkalkulation	Aufgabe 1	Aufgabe 2	Aufgabe 3	Aufgabe 4	Aufgabe 5	Aufgabe 6	Aufgabe 7	Aufgabe 8	Aufgabe 9	Aufgabe 10	Aufgabe 11	Aufgabe 12	Aufgabe 13	Aufgabe 14	Aufgabe 15	Aufgabe 16	Aufgabe 17	Aufgabe 18	Aufgabe 19	Aufgabe 20	Aufgabe 21	Aufgabe 22	Aufgabe 23	Aufgabe 24	Aufgabe 25
Erstellen von Tabellen (→ Büro 2.1 Informationsverarbeitung Excel, Kap. 3, S. 16 ff.)																									
Eingabe von Text und Zahlen	X	X	X	X	X	X	X	X	X	X	X	X	X	X	X	X	X	X	X	X	X	X	X	X	X
Eingabe von Formeln und Funktionen	X	X	X	X	X	X	X	X	X	X	X	X	X	X	X	X	X	X	X	X	X	X	X	X	X
Löschen, Einfügen und Bearbeiten von Zellen, Zeilen und Spalten	X	X	X	X	X	X	X	X	X	X	X	X	X	X	X	X	X	X	X	X	X	X	X	X	X
Aus- und Einblenden von Spalten und Zeilen									X	X						X									
Arbeiten mit mehreren Tabellenblättern	X							X	X	X	X		X		X										
Formatieren von Tabellen (→ Büro 2.1 Informationsverarbeitung Excel, Kap. 4, S. 28 ff.)																									
Rahmen und Hintergrund	X	X	X	X	X	X	X	X	X	X	X	X	X	X	X	X	X	X	X	X	X	X	X	X	X
Spaltenbreite und Zeilenhöhe	X	X	X	X	X	X	X	X	X	X	X	X	X	X	X	X	X	X	X	X	X	X	X	X	X
Schrift- und Zahlenformatierungen	X	X	X	X	X	X	X	X	X	X	X	X	X	X	X	X	X	X	X	X	X	X	X	X	X
%-Format	X	X	X	X		X		X	X		X	X	X	X	X	X	X	X	X	X	X		X	X	X
Zellausrichtung	X	X	X	X	X	X	X	X	X	X	X	X	X	X	X	X	X	X	X	X	X	X	X	X	X
Erstellen und Interpretieren von Diagrammen (→ Büro 2.1 Informationsverarbeitung Excel, Kap. 5, S. 37 ff.)																									
Festlegen der Diagramm-Quelldaten	X	X	X	X			X				X	X	X		X		X	X		X	X			X	X
Diagrammtyp Liniendiagramm	X										X	X													
Diagrammtyp Kreisdiagramm				X														X			X				
Diagrammtyp Säulen-/Balkendiagramm		X	X				X						X		X		X			X				X	X
Diagrammgestaltung	X	X	X	X			X				X	X	X		X		X	X		X	X			X	X
Nachbearbeitung des Diagramms	X	X	X	X		X					X	X	X		X		X	X		X	X			X	X

Tabellenkalkulation	Aufgabe 1	Aufgabe 2	Aufgabe 3	Aufgabe 4	Aufgabe 5	Aufgabe 6	Aufgabe 7	Aufgabe 8	Aufgabe 9	Aufgabe 10	Aufgabe 11	Aufgabe 12	Aufgabe 13	Aufgabe 14	Aufgabe 15	Aufgabe 16	Aufgabe 17	Aufgabe 18	Aufgabe 19	Aufgabe 20	Aufgabe 21	Aufgabe 22	Aufgabe 23	Aufgabe 24	Aufgabe 25
Interpretation des Diagramms	X	X	X	X		X					X	X	X		X		X	X		X	X			X	X
Textfeld einfügen	X	X	X	X	X	X	X			X	X		X	X			X	X	X	X	X	X	X	X	X
Drucken von Tabellen und Diagrammen (→ Büro 2.1 Informationsverarbeitung Excel, Kap. 6, S. 50 ff.)																									
Layoutgestaltung in der Seitenansicht	X	X	X	X	X	X	X	X	X	X	X	X	X	X	X	X	X	X	X	X	X	X	X	X	X
Druckbefehl	X	X	X	X	X	X	X	X	X	X	X	X	X	X	X	X	X	X	X	X	X	X	X	X	X
Nützliche Techniken (→ Büro 2.1 Informationsverarbeitung Excel, Kap. 7, S. 53 ff.)																									
Zeilenumbruch	X		X		X	X	X	X	X	X	X	X	X		X			X		X	X	X	X	X	
Automatisches Ausfüllen	X		X																						
Absolute und relative Zelladressierung	X		X		X	X	X	X	X	X	X	X	X	X	X					X		X	X	X	X
Sortieren von Daten			X			X			X						X	X				X					
Filtern von Daten									X							X									
Rechtschreibprüfung	X	X	X	X	X	X	X			X	X		X	X			X	X	X	X	X	X	X	X	X
Funktionen (→ Büro 2.1 Informationsverarbeitung Excel, Kap. 8, S. 62 ff.)																									
SUMME, Berechnungen mit Formeln	X	X	X	X	X	X		X	X		X	X	X	X	X		X	X	X	X	X	X	X	X	X
MAX/MIN		X			X	X			X		X				X								X		X
MITTELWERT	X	X				X			X		X						X								X
ANZAHL, ANZAHL2, RUNDEN, AUFRUNDEN, ABRUNDEN, GANZZAHL	X		X		X		X	X	X							X									
WENN, UND, ODER, NICHT, ZÄHLENWENN, SUMMENWENN	X				X	X	X	X	X						X	X			X	X			X		
RANG			X																						
SVERWEIS, WVERWEIS								X		X					X									X	
Datums- und Uhrzeitfunktionen									X	X															

Prüfungsmodalitäten

Für die Abschlussprüfung im Ausbildungsberuf „Kaufmann/-frau für Büromanagement" ist eine gestreckte Abschlussprüfung vorgesehen. Rechtliche Grundlage dafür ist die „Verordnung über die Berufsausbildung zum Kaufmann für Büromanagement und zur Kauffrau für Büromanagement" in Verbindung mit dem Berufsbildungsgesetz. In der Verordnung wird für den Prüfungsbereich „Informationstechnisches Büromanagement" vom Auszubildenden u. a. der Nachweis gefordert, „dass er grundlegende Fertigkeiten und Kenntnisse von Bürokommunikationstechniken erworben hat." Damit sind neben der Textformulierung und formgerechten Briefgestaltung grundlegende Kenntnisse in der Textverarbeitung und in der Tabellenkalkulation gemeint.

Zur Mitte des 2. Ausbildungsjahres wird als Teil 1 der gestreckten Abschlussprüfung das Fach „Informationstechnisches Büromanagement" geprüft. Diese Prüfung dauert 120 Minuten und zählt 25 % zum Gesamtergebnis. Der Prüfling soll in dieser Prüfung gemäß der Ausbildungsordnung nachweisen, dass er „unter Anwendung von Textverarbeitung sowie Tabellenkalkulation recherchieren, dokumentieren und kalkulieren kann". Die Prüfung enthält daher einen komplexen Arbeitsauftrag, der mithilfe der Textverarbeitung und Tabellenkalkulation am Rechner gelöst wird. Inhaltlich bezieht sich die Prüfung auf die Themenschwerpunkte „Büroprozesse" und in Teilen aus den „Geschäftsprozessen" (z. B. Angebotsvergleich, Urlaubsliste, Bestellvorgang, Mahnung). Der Prüfling soll dokumentenübergreifend arbeiten. Nicht kleinschrittige Teilaufgaben, sondern ein „ganzheitliches Endprodukt" soll im Mittelpunkt stehen. Um Schritt für Schritt an die Arbeit mit der Tabellenkalkulation heranzuführen und Funktionalitäten und den sinnvollen Einsatz von Formeln systematisch einzuüben, werden in den Prüfungsübungen dieses Buches dennoch auch kleinschrittige Arbeitsaufträge erteilt.

Die Lösungen für Word und Excel sind mit allen gängigen Programmversionen zu öffnen und zu bearbeiten.

Dem Prüfling werden in der Prüfung Dateien mit Datenmaterial (z. B. Daten über Lieferanten, Artikel, Kunden u. Ä.) vorgegeben, das nach bestimmten Kriterien weiterverarbeitet werden soll. Damit tritt der reine Eingabeaufwand in den Hintergrund, da die Rohdaten bereits vorliegen. In den Prüfungsübungen dieses Buches wird diesem Umstand insofern Rechnung getragen, dass es neben der Handhabe, alle Daten selbst einzugeben (was zu Übungszwecken durchaus sinnvoll sein kann) auch möglich ist, eine Datei mit den bereits eingegebenen Rohdaten (Aufgabendateien) als Digital+ über die Europathek (siehe Erläuterungen auf vorderer Umschlaginnenseite) zu laden und dann entsprechend der einzelnen Arbeitsaufträge der Prüfungsübungen weiterzubearbeiten. Auch die Lösungen der Prüfungsübungen liegen sowohl in gedruckter als auch in digitaler Form vor.

Prüfungsübungen

Teil A: DIN 5008

Teil B: TEXTVERARBEITUNG

Teil C: TABELLENKALKULATION

Teil D: PRÜFUNGSSIMULATION

Teil A: DIN Kompakt

In „DIN – kurzgefasst“ werden die wichtigsten Schreib- und Gestaltungsregeln auf den Punkt gebracht. Zusammenfassungen in Form von Mindmaps und Tabellen geben dem Regelwerk die Struktur. Anschließende Aufgaben helfen, Sicherheit und Routine in der Anwendung zu erlangen. Im Lösungsteil finden Sie dazu die korrekten Antworten.

1 Schreibregeln

1.1 Abkürzungen

DIN – kurzgefasst

Abkürzungen sind verkürzte Darstellungen von Wörtern oder Wortgruppen und dienen der Schreib- und Lese-Erleichterung. Sie werden mit Punkt geschrieben, wenn man sie im vollen Wortlaut spricht. Wird ein Wort in der Buchstabenfolge gesprochen, entfällt der Punkt.

Abkürzungen				
	mit Punkt		**ohne Punkt**	
Merke	im vollen Wortlaut gesprochen		als selbstständiges Wort oder buchstäblich gesprochen	für metrische Maße, Gewichte und Einheiten
	stehen für ein Wort	stehen für zwei oder mehrere Wörter		
	ohne Leerschritt	mit Leerschritt	ohne Leerschritt	ohne Leerschritt
Beispiel	gez.	i. A.	KG	kg
	bzw.	z. B.	GmbH	mm
	evtl.	u. a.	BAföG	MHz

Routine erlangen

Aufgabe: Kürzen Sie richtig ab und tragen Sie die Abkürzungen in die Mindmap ein:

dieses Monats, Gramm, beziehungsweise, Personenkraftwagen, Abteilung, Handelsgesetzbuch, vorigen Jahres, das heißt, Aktiengesellschaft, Liter, Neue Ruhr Zeitung, Deutsches Institut für Normung, zurzeit, Zentimeter, Industrie- und Handelskammer, Million

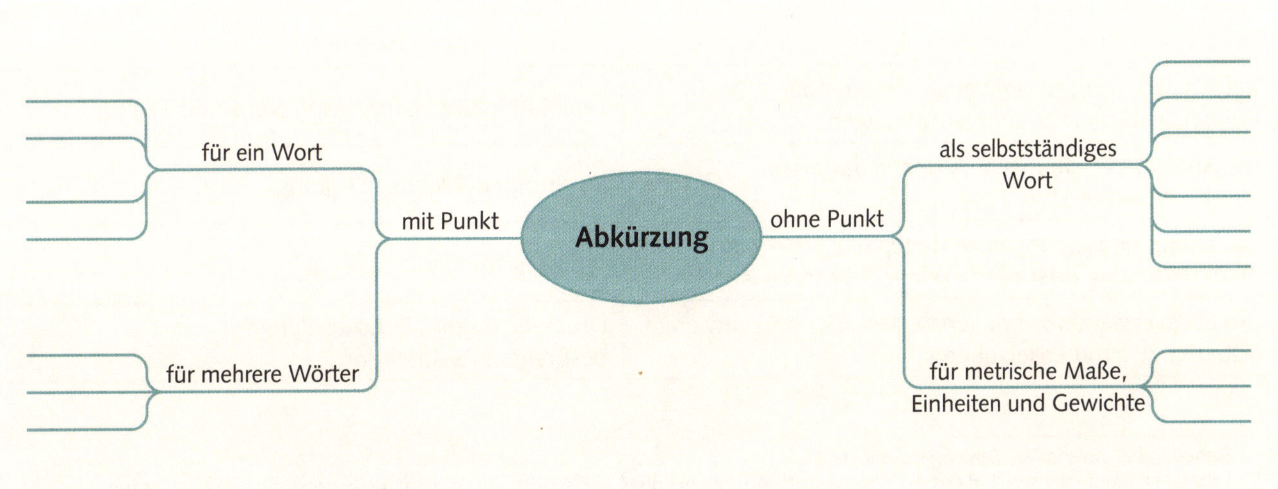

1.2 Kurz- und Langstrich

DIN – kurzgefasst

Der Kurzstrich verbindet sprachlich zusammengehörende Bestandteile und wird i. d. R. ohne Leerschritt geschrieben. Der Langstrich wird mit Leerschritt geschrieben.

1.2.1 Kurzstrich

Merke:

Der Kurzstrich wird

- in Verbindungen mit einem Bindestrich,
- beim Datum,
- bei Telefonnummern zur Angabe der Zentrale oder der Durchwahlnummer

geschrieben und erhält i. d. R. **keinen** Leerschritt. In Wortergänzungen ersetzt der Kurzstrich das fehlende Wort.

<table>
<tr><th colspan="2">ohne Leerschritt</th><th colspan="2">Leerschritt variabel</th></tr>
<tr><th>Bezeichnung</th><th>Beispiel</th><th>Bezeichnung</th><th>Beispiel</th></tr>
<tr><td rowspan="3">Bindestrich</td><td>Ich-Sucht</td><td rowspan="7">Wortergänzungs-strich</td><td rowspan="7">Warenein- und -ausgang
Fort- und Weiterbildung
Büro- und Geschäftsprozess</td></tr>
<tr><td>Burn-out-Syndrom</td></tr>
<tr><td>Dortmund-Ems-Kanal</td></tr>
<tr><td>Datum</td><td>2025-06-30</td></tr>
<tr><td rowspan="2">Telefonnummer mit Durchwahl</td><td>☎ 4375-0</td></tr>
<tr><td>☎ 4375-200[1]</td></tr>
<tr><td>Vorzeichen</td><td>–800[2]</td></tr>
</table>

1.2.2 Bindestrich – Exkurs

Rechtschreibung – kurzgefasst

Der Bindestrich verbindet zusammengehörende Wörter miteinander. Zu beachten sind verschiedene Rechtschreibregeln.

Merke	Beispiel
bei drei gleichen Buchstaben	Auspuff-Flamme, Hawaii-Insel
bei inhaltlich eng zusammengehörigen oder unübersichtlichen Zusammensetzungen	Leichtathletik-Länderkampf, Nord-Süd-Dialog
bei Aneinanderreihungen, in denen das erste Wort eine Ziffer ist	35-Stunden-Woche, 17-jährig
bei Zusammensetzungen, in denen das erste Wort eine Abkürzung oder ein einzelner Buchstabe ist	E-Bike, s-förmig
um Missverständnisse zu vermeiden oder bei schwierig lesbaren Zusammensetzungen	Druck-Erzeugnis, Drucker-Zeugnis, be-greifen, Re-Infektion

1 Siehe Kapitel „Besondere Zahlengliederungen"
2 Langstrich empfehlenswert, da es ein Wort vertritt; Ausnahme: ohne Leerschritt, weil es vom Rechenoperator „minus" abzugrenzen ist.

1.2.3 Langstrich

Merke:

Der Langstrich wird in folgenden Verbindungen **mit** Leerschritt geschrieben:

- bei Streckenangaben
- als Gedankenstrich
- als Wortvertreter für „bis“, für „gegen“ bei sportlichen Veranstaltungen und für „minus“

Bezeichnung	**Beispiel**	
Gedankenstrich	Sie wundern sichˇ–ˇso sagen Sieˇ–ˇüber meine Äußerungen.	
Streckenstrich	Hamburgˇ–ˇFrankfurtˇ–ˇNürnberg	
Wortvertreter für	**bis**	Burgstraße 3ˇ–ˇ5
	gegen	TT Stuttgartˇ–ˇTT Aachen[3]
	minus	10ˇ–ˇ1ˇ=ˇ9

Routine erlangen

Aufgabe: Ordnen Sie der Grafik die *kursiv gedruckten* Beispiele und Sätze zu.

Die *Hoch-Zeit* der Spargel-Ernte hat begonnen.
1000 – 100 = 900
Unsere Öffnungszeiten sind vormittags: *09:00 – 12:00* Uhr.
Das *deutsch-niederländische* Wörterbuch hilft bei der Übersetzung.
Die *Schiff-Fahrt* ist wegen Hochwasser eingestellt.
Das Tischtennisspiel *TTC Neu-Ulm – 1. FC Saarbrücken TT* endete unentschieden.
Familie Müller wohnt in der *Tiergartenstraße 5 – 7.*
Sie erreichen *uns – auch nachts – unter* dieser Telefonnummer.
Das *A4-Format* entspricht der Größe eines Geschäftsbriefes.
Sie erreichen mich unter folgender Telefonnummer: *02821 48575-300.*
Die *2-prozentige* Anpassung der Versicherungsprämie war niedrig.
Sie beherrscht das Spielen der *C-Dur-Tonleiter.*
Die *Vor- und Nachteile* sind genau zu überdenken.
Das Briefdatum lautet: *2024-05-12.*
Die tiefste Durchschnittstemperatur in diesem Winter lag bei *–10* °C.
Die Anschrift lautet: *Kardinal-van-Gaalen-Straße.*[4]
Auf der *Autobahn Köln – Frankfurt* staut sich der Verkehr.
Ab sofort haben wir eine *4-Zimmer-Wohnung* angemietet.
Vermerken Sie den *Geburtsort und -tag*!
Das Rechenergebnis lautet *–10.*

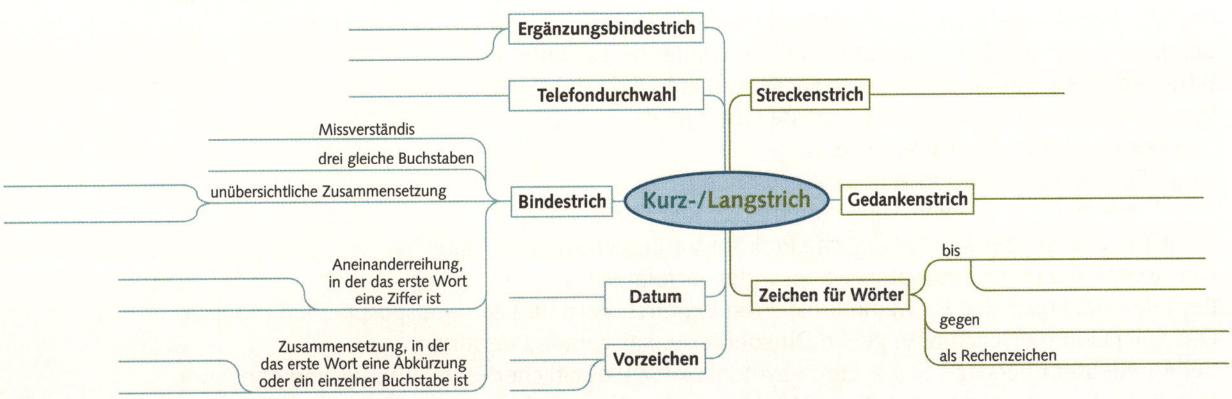

3 Siehe Kapitel „Sonderzeichen, die für ein Wort stehen“, aber nicht: bei Rechtsstreitigkeiten (Meier ./. Schulz)
4 Siehe Kapitel „Straßennamen“

Routine erlangen – leicht

Aufgabe: Ersetzen Sie das Zeichen □ durch den Kurz- oder Langstrich. Beachten Sie, ob Leerschritte erforderlich sind oder nicht.

1. Die von uns bestellten 100 T □ Shirts sind nicht mehr lieferbar.
2. Die Ein □ und Ausgänge sind durch Wegweiser gekennzeichnet.
3. Wir erwarteten die Lieferung bis zum 20xx □ 05 □ 29.
4. Voraussichtlich wird das Gespräch 10 □ 15 Minuten dauern.
5. Das Spiel der Mannschaften BM Iserlohn □ BM Dingden endete unentschieden.
6. Die Route Goch □ Kleve □ Emmerich wird gerne mit dem E □ Bike zurückgelegt.
7. Die Sendung □ sie wurde bereits vor 7 Tagen angekündigt □ ist erst jetzt eingetroffen.
8. Die neuen Lohnsteuer □ Tabellen können Sie auf unserer Homepage einsehen.
9. Unsere Öffnungszeiten sind Mo. □ Fr. wie folgt: 09:00 Uhr □ 18:00 Uhr.
10. Berechnen Sie folgende Aufgabe im Kopf: 624 □ 376.
11. Manche Tasten auf der Tastatur weisen eine Drei □ oder sogar Vierfachbelegung auf.
12. An der Karl □ Hofer □ Allee wird ein neues Wohngebäude entstehen.
13. Das Dehnungs □ h steht nur nach langem Vokal.
14. Schon über 1000 Angebote □ hier geht es weiter zu meiner Facebook □ Seite.
15. Pfingstsonntag und □ montag herrschte auf der Autobahn das totale Verkehrschaos.
16. Unsere Mitarbeiter sind immer unter der Handy □ Nummer erreichbar.
17. Den Liefertermin können wir □ wie Sie bereits wissen □ nicht einhalten.
18. Ein Geschäftsbrief sollte immer mit einem Schluss □ Satz enden.
19. Der ICE fährt die Strecke Köln □ Frankfurt □ Nürnberg □ München mehrmals täglich.
20. Das PayPal □ Konto ist ein virtuelles Konto im Online □ Bezahlsystem mit zz. mehr als 123 Millionen Nutzern.
21. Unsere Lieferungs □ und Zahlungsbedingungen sind in unseren AGB beschrieben.
22. Beim Bindestrich wird □ laut Duden und DIN 5008 □ kein Leerzeichen gesetzt.
23. Der 50 □ m □ Lauf wird morgen auf dem Sportplatz stattfinden.
24. Ballaststoffreiche Lebensmittel □ dazu gehören z. B. Hülsenfrüchte und Vollkornprodukte □ halten schlank und schützen vor Krankheiten.
25. Durch das Umtauschrecht und die „Geld □ zurück □ Garantie“ wird das Kaufrisiko gemindert.
26. Im Tarifstreit wurde für alle Arbeitnehmer eine 6,5 □ prozentige Lohnerhöhung gefordert.
27. Der Ausnahmezustand □ das war im Frühjahr 2024 □ veränderte das Leben der Bevölkerung.
28. Im Internet findet man die Beschreibung des Streckenfluges der 200 □ km □ Jura □ Route: Beromünster □ Barmelweid □ Saint-Imier.
29. Viele Straßen in Deutschland werden nach berühmten Persönlichkeiten benannt, so z. B. Adalbert □ Stifter □ Weg, Charles □ Robert □ Darwin □ Platz, Franz □ Xaver □ Gabelsberger □ Allee.

Routine erlangen – anspruchsvoll

Aufgabe: Verwenden Sie den Kurz- oder Langstrich korrekt.

1. In der Kosten und Leistungsrechnung wird ein kalkulatorischer Unternehmerlohn angesetzt.
2. Es werden vor allen Dingen Vitamin C haltige Getränke geschätzt.
3. Der ICE benötigt für die neue Strecke Duisburg Frankfurt München nur noch 5 bis 6 Stunden.
4. Die 500 Euro Frage ist bei dem Quizspiel meistens einfach zu beantworten.
5. Bei der letzten Wanderung liefen wir immer wieder bergauf und ab.
6. Bitte geben Sie künftig die korrekte EMail Adresse an.
7. Wir sind umgezogen und unsere Adresse lautet jetzt:
   73199 Zell, Fritz Meyer Weg 5 bis 7.
8. Diese Rede verdient 100prozentige Zustimmung.
9. Von Friedemann Schulz von Thun stammt das Vier Ohren Modell.
10. Beim Trinkwasser beträgt der tägliche Prokopf Verbrauch rund 127 Liter.
11. Der Roman der letzte des Autors ist besonders erfolgreich.
12. Bei Telefonanlagen sind Rufnummernsperren bei Orts, Fern und Auslandsgesprächen möglich.
13. Das Spiel Gummersbach e. V. gegen Dingden e. V. hat gerade begonnen.
14. SEPA bedeutet übersetzt: Single Euro Payments Area Einheitlicher Euro Zahlungsverkehrsraum.
15. Durch die neue, maximal 34stellige IBAN kann jedes Konto in Europa eindeutig identifiziert werden.
16. Zum Wochenende gibt es wieder neue 3 und 4 Zimmerwohnungen zu vermieten.
17. Die Lieferung erreichte uns erst am 03.07.2020.

18. Die Größe eines Standardbriefes ist wie folgt: 14,00 bis 23,5 cm lang und 9,00 bis 12,5 cm breit.
19. Die Größe eines A4 Blattes beträgt 210 x 297 mm und ist in der DIN 476 geregelt.
20. Vitamine beispielsweise enthalten in frischem Obst oder Gemüse sind lebenswichtig.
21. Das Musikerleben ist ein besonderer Genuss für die Sinne; das Musikerleben ist aufgrund der vielen Auftritte sehr anstrengend.
22. Zinspläne und Tilgungspläne lassen sich sehr gut in Excel Tabellen erstellen.
23. Die Mund zu Mundbeatmung erlernt man im Erste Hilfe Lehrgang.
24. Das beheizte Freibad ist gerade auch im Winter für die Badegäste geöffnet.
25. Es gibt neun Landesrundfunkanstalten, die sich in der Arbeitsgemeinschaft der öffentlich rechtlichen Rundfunkanstalten der Bundesrepublik Deutschland zusammengeschlossen haben.

1.3 Sonderzeichen

DIN – kurzgefasst

Sonderzeichen lassen sich in unterschiedliche Kategorien einteilen und sind weder Ziffern noch Buchstaben. Sie vertreten ein Wort und sind mit einem <u>vorausgehenden und folgenden Leerschritt</u> darzustellen.

1.3.1 Sonderzeichen, die für ein Wort stehen

Merke: Vor und nach einem Sonderzeichen den Leerschritt setzen

Zeichen	Beispiel	Merke
Dollar	über 3ˇ$	
Euro	bis zu 5ˇ€	
geboren	*ˇ2018-05-01	
gegen	Borussia Dortmundˇ–ˇBayern München[5] Meierˇ./.ˇSchulz	bei sportlichen Veranstaltungen bei Rechtsstreitigkeiten
gestorben	✝ 2018-05-06	
Nummer	Artikel-Nr. 500 oder Artikelˇ#ˇ500, Rechnungˇ#ˇ700	
Paragraf	§ˇ40 BGB, aber: 40 Paragrafen §§ˇ43ˇ–ˇ45ˇHGB	nur in Verbindung mit einer nachfolgenden Zahl verwenden 2 Paragrafenzeichen beim Plural
Prozent Promille	2ˇ%ˇSkonto, 2-prozentig oder zweiprozentig, aber: Es wird in Prozent angegeben. 5-Prozent-Klausel[6] oder Fünfprozentklausel 2ˇo/ooˇMaklergebühren, 2ˇ‰ˇAlkohol	nur in Verbindung mit einer Zahl verwenden
Rechnen	52ˇ+ˇ4ˇ=ˇ56, <ˇ2, >ˇ2	
und (Et-Zeichen)	Hans Müllerˇ&ˇSöhne OHG Erziehungˇ&ˇWissenschaft	
Verhältniszeichen	1ˇ:ˇ50 000[7]	Maßstab; steht für das Wort „zu“

5 Siehe Kapitel „Langstrich“, Zeichen für „gegen“
6 Siehe Kapitel „Kurzstrich“ und Kapitel „Bindestrich: Aneinanderreihung mit Ziffern“
7 Siehe Kapitel „Sonderzeichen als Satzzeichen in anderer Verwendung“

1.3.2 Sonderzeichen, die für hochgestellte Zeichen stehen

Zeichen	Beispiel	Merke
Gradzeichen	20° aber: 20 °C, –20 °C	Ausnahme: steht ohne Leerschritt hinter dem Zahlenwert
Zollzeichen	5“	

1.3.3 Sonderzeichen als Satzzeichen in anderer Verwendung

Zu den Sonderzeichen gehören auch die Satzzeichen. Einige dieser Zeichen werden darüber hinaus in anderen Verbindungen angewendet.

Zeichen	Beispiel	Merke
Punkt		
bei Abkürzungen	evtl., zz. (zurzeit), z. Z. (zur Zeit), Mio., z. B.[8]	im vollen Wortlaut gesprochen
bei Auslassungen (Schlusspunkt ist eingeschlossen)	sie trafen sich in …	mit Leerzeichen
als Trennung bei Geldbeträgen	785.439 €	aus Sicherheitsgründen mit Punkt 3-stellig gliedern
Komma		
als Dezimalzeichen	80,79 €	dezimale Teile mit Komma trennen
Doppelpunkt		
bei Verhältnisangaben	1 : 100 000	als Zeichen für „zu“ mit Leerschritt
als Divisionszeichen	52 : 4 = 13	
bei Zeitangaben	09:30 – 13:30 Uhr[9]	
Andere Zeichen		
Klammern	Frankfurt (Oder)	umschließen Textteile direkt
Anführungszeichen	Hotel „Zur Sonne“	
Schrägstrich	Schuljahr 2017/2018 Die Messe wird im Frühjahr / Sommer stattfinden.	bei Zahlen ohne Leerschritt in Wortgruppen mit Leerschritt (optional)

8 Siehe Kapitel „Abkürzungen“
9 Siehe Kapitel „Langstrich“: Zeichen für „bis“

Routine erlangen

Aufgabe: Entscheiden Sie sich jeweils für die richtigen Schreibweisen (Möglichkeit 1, 2 oder 3). Mehrfachnennungen sind möglich.

	Möglichkeit 1		Möglichkeit 2		Möglichkeit 3	
1.	Hurra, bald sind Ferien.		Hurra , bald sind Ferien.		Hurra , bald sind Ferien .	
2.	z.B.		z. B.		zB	
3.	Unser Vertreter hat ...		Unser Vertreter hat......		Unser Vertreter…	
4.	Hotel " Zur Sonne "		Hotel „Zur Sonne“		Hotel “Zur Sonne“	
5.	Frankfurt(Oder)		Frankfurt (Oder)		Frankfurt (Oder)	
6.	10% Rabatt		10%Rabatt		10 % Rabatt	
7.	20%iger Nachlass		20-prozentiger Nachlass		20prozentiger Nachlass	
8.	3 o/oo Courtage		3 0/00 Courtage		3 ‰ Courtage	
9.	nach § 301 HGB		nach §301 HGB		nach §§ 301 HGB	
10.	nach § 2 und 4 BGB		nach §§ 2 und 4 BGB		nach §2 und 4 BGB	
11.	36 §§ lesen		36 Paragrafen lesen		36 § lesen	
12.	Alle §§ sind wichtig.		Alle Paragrafen sind wichtig.		Alle § sind wichtig.	
13.	Schmitz&Sohn KG		Schmitz+Sohn KG		Schmitz & Sohn KG	
14.	8 $ bezahlen		8$ bezahlen		8,00 $ bezahlen	
15.	1 / 2 kg Mehl		1/2 kg Mehl		½ kg Mehl	
16.	Jahreswechsel 2021/ 2022		Jahreswechsel 2021/2022		Jahreswechsel 2021 / 2022	
17.	1“ = 2,54 cm		1“=2,54 cm		1“= 2,54 cm	
18.	Artikel # 170		Artikel# 170		Artikel Nr. 170	
19.	7,51m		7,51 m		7,51 M	
20.	-20° C		- 20 °C		–20 °C	
21.	90 °-Winkel		90 °-Winkel		90°-Winkel	
22.	H $_2$O		H_2O		H $_2$ O	
23.	17" Bildschirmdiagonale		17-"-Bildschirmdiagonale		17“-Bildschirmdiagonale	
24.	* 2001-05-20		*2001-05-20		geb. 2001-05-20	
25.	+ 5. März 1999		✝ 5. März 1999		+5. März 1999	
26.	5 · 8 = 40		5x8=40		5 x 8 = 40	
27.	Maßstab 1:1000		Maßstab 1: 1000		Maßstab 1 : 1000	
28.	Rechtsstreit Bebber ./. Zepter		Rechtsstreit Bebber . / . Zepter		Rechtsstreit Bebber - Zepter	
29.	FC Derby ./. FC Rutelli		FC Derby – FC Rutelli		FC Derby./.FC Rutelli	

1.4 Zahlen und ihre Schreibweisen

1.4.1 Zahlen

DIN – kurzgefasst

Für Schreibweisen von Zahlen, Ziffern und Verbindungen mit Zahlen gibt es verschiedene Gliederungen bzw. Darstellungen. Die folgende Tabelle gibt einen Überblick.

Bezeichnung[10]	Beispiel	Merke
Zahl	Großraumbüros haben mindestens 25 Arbeitsplätze.	ein Leerzeichen vor und nach einer Zahl
	Wir bestellen 50 000 Stück. Wir bestellen 5000 Stück.	Zahlen ab 5 Stellen durch je ein Leerzeichen in 3er-Gruppen von rechts nach links gliedern 4-stellige Zahlen nicht gliedern
Ordnungszahl	Die Zahlung erfolgt zum 1. eines jeden Monats.	bei Ordnungszahlen das Leerzeichen hinter den Punkt setzen
Dezimalzahl	25,30 300,34 1.000,34 ungefähr 10.000 oder 10.000,00	Dezimalzahlen mit dem Komma kennzeichnen Nachkommastellen können bei runden Zahlen oder ungefähren Werten entfallen.
Dezimalzahl mit Währungsangabe	25,30 € 300,34 € 1.000,34 €	Währungsbezeichnung hinter den Betrag setzen
Uhrzeit	16:00 Uhr 10:03 Uhr 08:03:22 Uhr 16 Uhr 9 Uhr	Uhrzeit in Stunden, Minuten und/oder Sekunden mit je 2 Ziffern angeben und mit einem Doppelpunkt trennen möglich bei einer vollen Stunde
Datum numerisch	2021-05-03[11] 03.05.2021	international: Jahr (4-stellig), Monat und Tag (2-stellig) mit dem Kurzstrich gliedern inländisch: Tag und Monat (2-stellig), Jahr (4-stellig) mit dem Punkt gliedern
Datum alphanumerisch	3. August 2021	In der Reihenfolge: Tag (ohne führende Null) Monat (als Wort) Jahr

10 Schreibweisen der Postleitzahl und der Hausnummern siehe Kapitel „Anschriften"
11 Siehe Kapitel „Kurzstrich"

1.4.2 Besondere Zahlengliederungen

Bezeichnung	Beispiel	Merke
Telefonnummer/ Telefaxnummer		
Einzelanschluss mit Vorwahl	02821 4385	nach Funktionsgruppen mit Leerschritt gliedern
Telefonzentrale	02821 4385-0	
Durchwahlanschluss	02821 4385-344[12]	
Handy-Nummer	0170 83478347	
International	+49 2821 4385	
Sondernummer	0800 notfon d	Hilfe bei Panne und Verkehrsunfall (Notruf der Autoversicherer)
	0180 2 54789	Ziffer 2 steht für eine besondere Gebührenzählung
Postfachnummern	3 23 56 67 9 44 34	von rechts nach links in 2er-Gruppen
IBAN	DE90 3495 3455 4955 4545 99	von links nach rechts in 4er-Gruppen
	IE92 BOFI 9000 1710 0279 52	ausländisches Beispiel (Irland)

Routine erlangen

Aufgabe: Korrigieren Sie nach den DIN-Regelungen und schreiben Sie die Sätze so kurz wie möglich.

1. Am ersten Oktober waren von der ersten Auflage bereits fünftausend Stück verkauft.
2. Die Besprechung in Mainz soll am fünften dritten um neun Uhr dreißig beginnen.
3. Es geht in erster Linie um einen Kredit von rund viertausend Euro.
4. Dieser Kredit wurde am achten Januar dieses Jahres beantragt.
5. Beachten Sie unsere neuen Öffnungszeiten: acht bis zweiundzwanzig Uhr.
6. Die Schule beginnt jeden Morgen um acht Uhr fünfzehn.
7. Sie können Herrn Bach unter der Faxnummer (04941) 65254 erreichen.
8. Wir beauftragen Sie, recht bald 02693/23429 anzurufen.
9. Frau Weber ist direkt unter (0761) 3340 mit der Durchwahl 302 zu erreichen.
10. Sie können sich an unsere Zentrale unter (089) 691833=0 wenden.
11. Der Anschluss (05946) 32350 ist gesperrt *(mit Ländervorwahl)*.
12. Im Dezember vorigen Jahres wurde ihm das Postfach 23419 zugewiesen.
13. Ihre neue IBAN DE76300661004100010573 ist ab sofort zu verwenden.
14. Notieren Sie bitte die IBAN GB32ESSE40486552136016.

[12] Siehe Kapitel „Kurzstrich“

Routine erlangen – Zusammenfassung

Aufgabe: Schreiben Sie die folgenden Sätze so kurz wie möglich und nach den Regelungen der DIN und der Rechtschreibung.

1. Die Firma Zepten und Söhne Offene Handelsgesellschaft gab das günstigste Angebot ab.
2. Nach Paragraf 9 unserer Zahlungsbedingungen ist ein Skontoabzug von 2 Prozent gleich 200,-- Euro vorge-sehen.
3. Aufgrund Ihrer Bestellung Nr. 61 haben wir Ihnen am 07.09. dieses Jahres dreitausendfünfhundertvierzig Meter Baumwollstoff geliefert.
4. In unserer Branche ist zurzeit viel zu tun.
5. Die Praxis Dr. Held in Salzwedel hat das Postfach 1703 bekommen.
6. Anwendung des Satzes des Pythagoras: Liegt der 90 Grad Winkel bei A, dann gilt: a2=c2+b2.
7. In den nächsten Tagen soll die Temperatur bis auf minus 5 Grad Celsius fallen.
8. Bitte notieren Sie jetzt folgenden Anschluss: Fax 040/30190.
9. Die Rechnung Nr. 105 vom 2. Mai dieses Jahres wies einen fehlerhaften Betrag aus.
10. Der Schriftsteller Friedrich Schiller, geboren am 10. November 1759 und gestorben am 9. Mai 1805, war ein bedeutender deutscher Dramatiker.
11. Die fünfundzwanzigprozentige Preiserhöhung war nun wirklich zu erwarten.
12. Das Weinfass hat über 1000 Liter Fassungsvermögen.
13. Die Klever Anwaltskanzlei ist seit 1. April unter 84255 mit der zentralen Rufnummer 0 zu erreichen.
14. Für das Sportabzeichen bewältigten sie die Zehnkilometerstrecke.
15. Die Bank berechnet bei einem Börsengeschäft 0,75 Promille Courtage.
16. Der Bildschirm hat 17 Zoll Durchmesser.
17. Unsere Adresse lautet: Domgasse 10 bis 14, 52080 Aachen
18. Der zwölfseitige Flyer ist überarbeitet worden und wird nun verschickt.
19. Der Rechtsstreit Lenders gegen Meier wird am 3. Mai nächsten Jahres stattfinden.
20. Gießen Sie die Blumenerde mit drei Liter Wasser auf.
21. Herrn Dirk Meyer erreichen Sie direkt unter 02821/3322 Durchwahl 701.
22. Die Zeitschrift Haus und Hof erscheint monatlich.
23. Die Autobahn Nürnberg Hof Berlin war den ganzen Tag vereist.
24. Bitte überweisen Sie den Betrag auf folgendes Konto: NL91ABNA0417164300.
25. Die Verhandlung Fritz Schmidt Aktiengesellschaft gegen Brandt Gesellschaft mit beschränkter Haftung beginnt um acht Uhr.

Routine erlangen – Zusammenfassung

Aufgabe: Markieren Sie im Text die DIN-Fehler, ergänzen Sie die Korrektur und notieren Sie die Regeln. Der Text soll so kurz wie möglich dargestellt werden.

Text	Korrektur	Merke
In der Zeitschrift " Das moderne Büro " annonciert die Firma Kombi&Büro G.m.b.H, Postfach 3455 in 35390 Gießen für Büroausstattung und Bürozubehör Werbeblöcke unter anderem zum Thema Bürostühle. Es handelt sich um ein mittelständisches Unternehmen, das sich seit dem 1.1.95 am Markt bewährt hat.		
Die Stühle sind wegrollsicher und kippsicher. Die bis zu einer 30 ° neigbaren Synchronmechanik Rückenlehnen und Sitzneigung bewegen sich synchron sorgt für die notwendige Sitzdynamik.		
Die Firma ist bekannt für ihre passgenauen Kombibüros. Es gibt für Zweipersonenbüros oder Dreipersonenbüros bis circa zwölf bis sechszehn Quadratmetern zahlreiche Gestaltungsvorschläge. Dabei werden die allgemeinen Grundsätze gemäß Paragraf zwei Arbeitsschutzgesetzes beachtet.		
Beim Kauf von Artikeln für die Büroausstattung ab einem Wert von fünfhundert Euro wird ein fünfzehnprozentiger Rabatt gewährt; ab einem Wert von tausend Euro erhält der Kunde dreißig Prozent Rabatt.		
Die Kontaktdaten sind: Telefonnummer 02845/48457 Zentrale 0. Die Faxnummer hat die Durchwahl 235. Die Emailadresse lautet: kombi@buero.de und die Internetadresse ist www.kombi-buero.de. Die Öffnungszeiten sind von zehn Uhr bis achtzehn Uhr. Die IBAN ist DE90783200522003932389.		

2 Gestaltungsregeln

2.1 Aufzählungen

DIN/Zeichensetzung – kurzgefasst

Beispiel	Merke
Ein Protokoll enthält ¶ • Datum, Ort und Uhrzeit der Veranstaltung, • Teilnehmer, • Tagesordnung, • Beschlüsse bzw. Ergebnisse, • Unterschrift des Vorsitzenden und des Protokollanten. ¶ Ein Protokoll ist grundsätzlich im Präsens zu schreiben.	eine Leerzeile zu Beginn und am Ende der Aufzählung Wörter oder Wortgruppen, die aufgezählt und als Teil eines Satzes aufgefasst werden, mit Kommata und Satzschlusszeichen darstellen Text und Aufzählungspunkte in eine Fluchtlinie setzen
Ein Protokoll enthält folgende Punkte: ¶ • Datum, Ort und Uhrzeit der Veranstaltung • Teilnehmer • Tagesordnung • Beschlüsse bzw. Ergebnisse • Unterschrift des Vorsitzenden und des Protokollanten ¶ Ein Protokoll ist grundsätzlich im Präsens zu schreiben.	Wörter oder Wortgruppen, die aufgezählt und kolumnenartig aufgefasst werden, ohne Kommata und Satzschlusszeichen darstellen
Ein Protokoll enthält folgende Punkte: ¶ • Das Datum, der Ort und die Uhrzeit stehen im Protokollkopf. • Darunter werden die Teilnehmer aufgelistet. • Es folgt eine Tagesordnung. • Die Beschlüsse bzw. Ergebnisse werden den Tagesordnungspunkten zugeordnet. • Unter dem Protokoll unterschreiben der Vorsitzende und der Protokollant. ¶ Ein Protokoll ist grundsätzlich im Präsens zu schreiben.	Schlusszeichen setzen, wenn Aufzählungsglieder vollständige Sätze sind

Routine erlangen

Aufgabe: Die folgenden Textausschnitte sind jeweils als eigene Aufzählung darzustellen. Es können verschiedene Aufzählungszeichen verwendet werden.

Aufzählungen innerhalb von Abschnitten oder Absätzen sollen mit Ordnungszahlen, kleinen Buchstaben (mit Nachklammer) oder dem Langstrich gekennzeichnet werden.

Die Themen der Vorträge lauten: Zeitmanagement, Stressmanagement und Projektmanagement. Wir hoffen sehr, dass die Themenvorschläge Ihren Vorstellungen entsprechen.

Unser neuestes Büromöbelprogramm ist praktisch, raumsparend und robust. In den nächsten Wochen werden wir ...

Das Handbuch bietet Ihnen durch Praxisnähe, Aktualität, Genauigkeit jede fachliche Unterstützung.

Bei dieser Gelegenheit möchten wir auf folgende Punkte hinweisen: Es ist unzutreffend, wenn er behauptet, das Buch sei nicht rechtzeitig geliefert worden. Im Hinblick auf die Versandart steht es uns frei, die Ware als Standardware zu liefern.

Das sind die Argumente, die für diese Methode sprechen: Unterrichtsbeginn jederzeit, Tageszeit nach Wahl, Wochenstundenzahl nach Bedarf.

Vordrucke bieten nämlich zwei beachtliche Vorteile: Sicherheit, weil alle wichtigen Daten vorgedruckt sind, also nicht vergessen werden können, Arbeitserleichterung, weil das Ausfüllen weit weniger Zeit beansprucht als das Schreiben, Kontrollieren und Unterschreiben von individuell gestalteten Briefen. Mit gleicher Post ...

Bei der Durchführung von Besprechungen sollte man sich vorher vergewissern, ob der Raum vorbereitet ist, alle gewünschten Medien vorhanden sind und funktionieren, Unterlagen für die Teilnehmer bereitliegen, Getränke bereitstehen und die Namensschilder vorbereitet sind.

Zur Präsentation können die Programme Word, PowerPoint und MindManager genutzt werden.

Für die Informationsbeschaffung können folgende Quellen genutzt werden: Internet, Presseberichte, Prospekte, Flyer und andere Unternehmungen. Besonders das Internet eröffnet zahlreiche Möglichkeiten.

2.2 Tabellen

DIN – kurzgefasst

Tabellen sind strukturierte Darstellungen komplexer Inhalte in Zeilen und Spalten. Die Übersichtlichkeit steht dabei immer im Vordergrund, um den Inhalt zu verdeutlichen.

Die folgenden schematischen Beispiele zeigen, worauf im Wesentlichen zu achten ist:

<table>
<tr><th colspan="5">Überschrift 1 (integriert)</th></tr>
<tr><th colspan="2">Überschrift 2</th><th colspan="2">Überschrift 2</th><th rowspan="2">Überschrift 2</th></tr>
<tr><th>Überschrift 3</th><th>Überschrift 3</th><th>Überschrift 3</th><th>Überschrift 3</th></tr>
<tr><td>Text</td><td>10</td><td>Text</td><td>10</td><td>Text</td></tr>
<tr><td>Text</td><td>100</td><td>Text</td><td>100</td><td>Text</td></tr>
<tr><td>Text</td><td>1000</td><td>Text</td><td>1000</td><td>Text</td></tr>
<tr><td>Text</td><td>10000</td><td>Text</td><td>10000</td><td>Text</td></tr>
</table>

Überschrift 1 (nicht integriert)

<table>
<tr><th rowspan="2">Überschrift 2</th><th colspan="3">Überschrift 2</th></tr>
<tr><th>Überschrift 3</th><th>Überschrift 3</th><th>Überschrift 3</th></tr>
<tr><td>Text</td><td>10</td><td>Text</td><td>10</td></tr>
<tr><td>Text</td><td>100</td><td>Text</td><td>100</td></tr>
<tr><td>Text</td><td>1000</td><td>Text</td><td>1000</td></tr>
<tr><td>Text</td><td>10000</td><td>Text</td><td>10000</td></tr>
</table>

Die nachfolgende Zusammenfassung hilft Ihnen bei einer übersichtlichen und optisch ansprechenden Gestaltung.

Merke:

Checkliste zur Prüfung, ob die Tabelle der Norm entspricht:

Tabelle

- ✓ mit mindestens je einer Leerzeile Abstand zum voran- bzw. vorausgehenden Text anordnen
- ✓ zwischen den Seitenrändern zentriert formatieren
- ✓ Tabelleninhalt vollständig vertikal zentrieren

Überschriften

- ✓ horizontal zentrieren
- ✓ durch waagerechte und senkrechte Trennungslinien gliedern
- ✓ Schriftgrade vergrößern und in Fettschrift formatieren (optional)

Angaben in den Feldern

✓ Text linksbündig anordnen
✓ Zahlen rechtsbündig anordnen
✓ innere horizontale Rahmenlinien ausblenden (optional)
✓ Hintergrundschattierung zur optischen Trennung der Zeilen einsetzen (optional)

Routine erlangen

Aufgabe:

1. Erstellen Sie die untenstehende Tabelle.
2. Fügen Sie eine Zeile darüber ein, um folgende Spaltenbezeichnungen zu ergänzen: Bezirksregierung, Kreise, Fläche in km², Anzahl, Bevölkerungsdichte je km²
3. Für die Spaltenbezeichnungen „Anzahl“ und „Bevölkerungsdichte je km²“ richten Sie eine weitere gemeinsame Spaltenbezeichnung „Einwohner“ ein.
4. Teilen Sie die längeren Überschriften in 2 Zeilen auf.
5. Optimieren Sie die Spaltenbreite.
6. Integrieren Sie in die Tabelle die Überschrift „Liste der Kreise und kreisfreien Städte in Nordrhein-Westfalen“.
7. Formatieren Sie die Angaben in der Tabelle entsprechend den DIN-Vorschriften bzw. -Empfehlungen.
8. Wählen Sie für den Tabellenkopf sinnvolle Zeichenformatierungen.

Liste der Kreise und kreisfreien Städte in Nordrhein-Westfalen[13]

Arnsberg	Bochum, Dortmund, Ennepe-Ruhr-Kreis, Hagen, Hamm, Herne, Hochsauerlandkreis, Märkischer Kreis, Olpe, Siegen-Wittgenstein, Soest, Unna	8011,2334	3 597 297	449
Detmold	Bielefeld, Gütersloh, Herford, Höxter, Lippe, Minden-Lübbecke, Paderborn	6525,2915	2 057 996	315
Düsseldorf	Duisburg, Düsseldorf, Essen, Kleve, Krefeld, Mettmann, Mönchengladbach, Mülheim an der Ruhr, Oberhausen, Remscheid, Rhein-Kreis Neuss, Solingen, Viersen, Wesel, Wuppertal	5292,4211	5 173 623	978
Köln	Aachen (Städteregion), Bonn, Düren, Euskirchen, Heinsberg, Köln, Leverkusen, Oberbergischer Kreis, Rhein-Erft-Kreis, Rhein-Sieg-Kreis, Rheinisch-Bergischer Kreis	7363,9683	4 422 371	601
Münster	Borken, Bottrop, Coesfeld, Gelsenkirchen, Münster, Recklinghausen, Steinfurt, Warendorf	6917,4873	2 614 229	378

13 Quelle: https://de.wikipedia.org/wiki/Nordrhein-Westfalen

2.3 Straßennamen

Rechtschreibung – kurzgefasst

Straßennamen werden zusammen- oder getrennt geschrieben.

Ein zusammengeschriebener Straßenname (Kompositum) besteht aus einem Bestimmungswort und einem Grundwort. Die Bestimmungswörter können aus unterschiedlichen Wortarten oder Angaben bestehen wie Nomen, Adjektive, Ortsbezeichnungen, Personennamen, ein Herrschergeschlecht oder ein Volksstamm. Das Grundwort „Straße" kann durch synonyme Begriffe ersetzt werden, z. B., -ort, -weg, -platz, -allee.

Kompositum			
gleiches Bestimmungswort	**unterschiedliches Grundwort**	**unterschiedliches Bestimmungswort**	**gleiches Grundwort**
Markt	platz	Markt	straße
Markt	weg	Neu	straße

Beim getrennt geschriebenen Straßennamen sind die Adjektive dekliniert und die Ortsbezeichnungen abgeleitet – häufig auf -er, -isch. Das Wort „Straße" oder ein synonym verwandter Begriff steht für sich. Mehrere Namen – ggf. mit einem Titel und/oder einem akademischen Grad kombiniert – werden mit Bindestrich geschrieben. Straßennamen, die aus mehreren Wörtern wie Präpositionen, Artikeln, Numeralen und Adjektiven bestehen, sind ebenfalls getrennt zu schreiben. Dabei werden Adjektive und/oder Numerale großgeschrieben.

Straßennamen werden immer mit großem Anfangsbuchstaben geschrieben; Ausnahme: „Von" oder „Van" werden abgekürzt.

Zusammenschreibung		**Getrenntschreibung**	
Beispiel	**Merke**	**Beispiel**	**Merke**
*Kloster*straße *Fischer*ort *Kastanien*weg *Bahnhof*straße	Nomen und Grundwort		
*Bürgermeister*platz *Karolinger*straße	Titel, Stamm oder Herrschergeschlecht und Grundwort		
*Kurz*straße *Groß*wall *Hoch*weg *Neu*markt	nicht dekliniertes Adjektiv und Grundwort	Kurz*e* Straße Groß*er* Wall Hoh*er* Weg Neu*er* Markt	dekliniertes Adjektiv
*Rhein*promenade *Speyer*straße *Elten*weg	Ortsname und Grundwort	Rhein*ischer* Weg Speyer*sche* Straße Elten*er* Weg	abgeleiteter Ortsname mit Endung
*Heinemann*straße *Kraushaar*straße *Schumacher*straße *Gustav*straße	<u>ein</u> Personenname und Grundwort	Gustav-Heinemann-Straße[14] Georg-Kraushaar-Straße Kurt-Schumacher-Straße	<u>mehrere</u> Namen **mit** Bindestrich

[14] Siehe auch Kapitel „Bindestrich"

Zusammenschreibung		Getrenntschreibung	
Beispiel	Merke	Beispiel	Merke
		Van-Gülpen-Straße, aber: v.-Gülpen-Straße Kardinal-von-Galen-Straße Dr.-v.-Heek-Straße	Titel, Adelsbezeichnungen, Personenname **mit** Bindestrich
		Hinter der **Alten** Kirche Zu den **Sieben** Linden Vor dem Tor Auf dem Hügel	Ortsbeschreibung als Straßenbezeichnung: Präpositionen, Artikel, Adjektive und Numerale **Achtung: Adjektive und Numerale großschreiben**

Routine erlangen

Aufgabe: Schreiben Sie folgende Straßennamen korrekt. Begründen Sie die Schreibweise!

	Korrekte Schreibweise	Regel
zimmer straße	Zimmerstraße	Substantiv und Grundwort
rostocker chaussee		
kurt schumacher straße		
alter burg graben		
rat haus weg		
münster gasse		
alte gasse		
damm tor allee		
rot weg		
kardinal van gaalen straße		
grüner graben		
klever gasse		
eschweiler allee		
an den drei raben		
adenauer straße		
hinter der hohen hecke		
wikinger platz		
am dom ufer		
berliner tor		
bürger meister chaussee		
römer wall		
von bismarck straße		
v. bismarck straße		
mainz straße		
schlesische allee		
frankfurter land straße		
im tiefen grund		
alt markt		
alter markt		
friedrich list straße		
list straße		

2.4 Anschriften

2.4.1 Einfache Empfängeranschriften

DIN – kurzgefasst

Das Anschriftfeld ist 4,5 cm hoch und besteht aus mindestens 11 Zeilen: aufgeteilt in 5 Zeilen der Schriftgröße 8 für Vermerke und Zustellangaben und 6 Zeilen für die Empfängerangaben in der Schriftgröße 11. Diese werden wie folgt aufgeteilt: 2 Zeilen für die Angaben zum Empfänger, darunter folgen die Zustellangaben.

	Beispiel[15]	**Merke**
5	¶	¶
4	¶	¶
3	¶	¶
2	Müngsten GmbH, Aggerstraße 7, 40474 Düsseldorf	Postanschrift des Absenders
1	Übergabe-Einschreiben	Beförderungsmerkmal
1	Herrn	Anrede
2	Kevin Meier	Vorname Name
3	Zu den Fünf Linden 8	Straße Hausnummer
4	47533 Goch	PLZ Ort
5		
6		
5	¶	¶
4	¶	¶
3	¶	¶
2	¶	¶
1	Müngsten GmbH, Aggerstraße 7, 40474 Düsseldorf	Postanschrift des Absenders
1	Kevin Meier[16]	Vorname Name
2	Zu den Fünf Linden 8	Straße Hausnummer
3	47533 Goch	PLZ Ort
4		
5		
6		

Nach dem Straßennamen folgen die Hausnummer, ggf. ein Unterscheidungsbuchstabe, der Gebäudeteil, das Stockwerk und die Wohnungsangabe. Nach der Hausnummer bzw. dem Unterscheidungsbuchstaben werden zwei Schrägstriche gesetzt.

	Beispiel	**Merke**
5	¶	¶
4	¶	¶
3	¶	¶
2	¶	¶
1	Müngsten GmbH, Aggerstraße 7, 40474 Düsseldorf	Postanschrift des Absenders
1	Herrn	Anrede
2	Kevin Meier	Vorname Name
3	Zu den Fünf Linden 8ˇcˇ//ˇr.ˇ3.ˇStockˇWˇ8	… Unterscheidungsbuchstabe // Gebäudeteil Stock Wohnung
4	47533 Goch	PLZ Ort
5		
6		

Eine Berufsbezeichnung steht hinter der Anrede und wird nicht abgekürzt. Diese Angabe kann tendenziell entfallen; anders bei einem akademischen Grad: Dr., Prof., Dipl.-Ing. etc. Diese Angabe steht vor dem Namen; der Master- (M. A. etc.) bzw. Bachelorabschluss (B. A. etc.) steht hinter dem Namen. Ein akademischer Grad wird abgekürzt.

[15] Alle Rahmen dienen der Orientierung und sind in einem Brief auszublenden.
[16] Tipp aus der Praxis: Bei einer genderneutralen Formulierung entfällt die Anrede. In der DIN 5008 gibt es ein solches Beispiel jedoch nicht.

Beispiel		Merke
5	¶	¶
4	¶	¶
3	¶	¶
2	Müngsten GmbH, Aggerstraße 7, 40474 Düsseldorf	Postanschrift des Absenders
1	Übergabe-Einschreiben	Beförderungsmerkmal
1	Herrn Rechtsanwalt	Anrede Berufsbezeichnung
2	Dr. Kevin Meier	akademischer Grad Vorname Name
3	Zu den Fünf Linden 8	Straße
4	47533 Goch	PLZ Ort
5		
6		

Zusatzangaben zur Untermiete oder zu einem kurzfristigen Aufenthalt werden oberhalb der Zustellangabe geschrieben. Falls notwendig, können hier auch Ortsteilnamen vermerkt werden.

Beispiel		Merke
5	¶	¶
4	¶	¶
3	¶	¶
2	¶	¶
1	Müngsten GmbH, Aggerstraße 7, 40474 Düsseldorf	Postanschrift des Absenders
1	Herrn	Anrede
2	Kevin Meier	Vorname Name
3	bei Familie Huber	Angabe zur Untermiete
4	Zu den Fünf Linden 8	Straße Hausnummer
5	47533 Goch	PLZ Ort
6		
5	¶	¶
4	¶	¶
3	¶	¶
2	¶	¶
1	Müngsten GmbH, Aggerstraße 7, 40474 Düsseldorf	Postanschrift des Absenders
1	Herrn	Anrede
2	Kevin Meier	Vorname Name
3	Pfalzdorf	Ortsteilname
4	Zu den Fünf Linden 8[17]	Straße Hausnummer
5	47533 Goch	PLZ Ort
6		

Routine erlangen

Aufgabe: Erstellen Sie mithilfe der Tabellenfunktion 10 Anschriftfelder[18] in der Größe von 8,5 x 4,5 cm und tragen Sie dort folgende Empfängeranschriften ein.

Arbeitshinweis: Sie sind Mitarbeiter*in bei der Müngsten GmbH, Aggerstraße 7 in 40474 Düsseldorf.

a) Frau Evi Schneider, Karl-Mohr-Allee 10, 33647 Bielefeld
b) Dialogpost, Eheleute Peter und Susanne Neu, Grüne Straße 6, 32657 Lemgo
c) Herrn Rechtsanwalt Dr. Otto Winter Leonard-Eck-Str. 7 // W 36, 76228 Karlsruhe
d) Olaf Fischer erhält ein Einschreiben – Rückschein. Er wohnt In den Auen 97 in 97072 Würzburg.
e) Die Eheleute Hildegard und Helmut Vogel wohnen in der Löffelholzstraße 7 im 5. Stock. Der Ort ist 90765 Fürth.
f) Otto Schönen wohnt auf dem Römerweg 7 und in der Wohnung 10, 76048 Karlsruhe.
g) Nils Oberhofer wohnt Im Halben Mond 53, im achten Stock, Wohnung 10 in 10061 Berlin.
h) Dr. Sven Brückner ist Studienrat und erhält eine Büchersendung. Er wohnt in der Felix-Roeloffs-Str. 33 in 76228 Karlsruhe.
i) Frau Elvira Fischer M. A. wohnt Unter den Sieben Eichen 150 in 33335 Gütersloh.
j) Frau Anna Garden ist auf Geschäftsreise und im Hotel „Zur Sonne“, Zur Großen Heide 39 in 30519 Hannover zu erreichen.

[17] Siehe Kapitel „Straßennamen“

[18] Bearbeitungstipp: Stellen Sie über die „Tabelleneigenschaften“ die Zeilenhöhe auf 4,5 cm „genau“ ein, damit sich die Zellenhöhe durch Absatzschaltungen nicht mehr verändern kann.

2.4.2 Firmenanschriften

Beispiel		Merke
5 4 3 2 1 1 2 3 4 5 6	¶ ¶ ¶ ¶ Postanschrift des Absenders Branche Firmenname Abteilung oder Sachbearbeiter Postfach 1 23 45[19] PLZ Ort 	• Die Branche kann entfallen. • Das Wort „Firma" wird niemals geschrieben. • Folgt dem Firmennamen die Angabe des Sachbearbeiters, handelt es sich um sogenannte „Firmenpost". Dieser Brief kann von Mitarbeitern, z. B. in einer zentralen Poststelle, geöffnet werden.
5 4 3 2 1 1 2 3 4 5 6	¶ ¶ ¶ ¶ Postanschrift des Absenders Anrede Sachbearbeiter Firmenname Postfach 1 23 45 PLZ Ort 	Folgt der Angabe des Sachbearbeiters der Firmenname, dann handelt es sich um private Post und wird nicht von anderen Mitarbeitern geöffnet.

Routine erlangen

Aufgabe: Erstellen Sie mithilfe der Tabellenfunktion 8 Anschriftfelder[20] in der Größe von 8,5 x 4,5 cm und tragen Sie dort folgende Empfängeranschriften ein.

Arbeitshinweis: Sie sind Mitarbeiter*in bei der Müngsten GmbH, Aggerstraße 7 in 40474 Düsseldorf.

a) Maschinenfabrik Karl Schäfer & Söhne OHG, Postfach 1 41 03, 45127 Essen
b) Karl Schäfer & Söhne OHG, Postfach 1 41 03, 45127 Essen
c) Karl Schäfer e. Kfm., Postfach 1 41 03, 45127 Essen
d) Einschreiben – Rückschein, Großhandlung, Schreiber & Kurz AG, Abteilung Buchhaltung, Postfach 6 07, 44137 Dortmund
e) Amtsgericht Emmerich, Grundbuchamt, Seufzerallee 20, 46446 Emmerich am Rhein, Express
f) Sie senden an die Firma Schneider GmbH & Co KG in 40474 Düsseldorf, Postfach 3 48 23 eine Rechnung.
g) Ergänzen Sie die vorgenannte Anschrift um die Ihnen bekannte Kontaktperson Irene Tschipken.
h) Verändern Sie die Anschrift so, dass der Brief verschlossen Frau Tschipken überreicht wird.

19 Siehe Kapitel „Besondere Zahlengliederungen (Postfachnummer)"
20 Bearbeitungstipp: Stellen Sie über die Tabelleneigenschaften die Zeilenhöhe auf 4,5 cm „genau" ein, damit sich die Höhe durch Zeilenschaltungen nicht mehr verändern kann.

2.4.3 Auslandsanschriften

	Beispiel	Merke
5 4 3 2 1 1 2 3 4 5 6	¶ ¶ ¶ ¶ Postanschrift des Absenders Anrede Vorname Name Straße Hausnummer PLZ ORT LAND 	Bei Auslandsanschriften werden der ORT und das LAND in Großbuchstaben geschrieben.

Routine erlangen

Aufgabe: Erstellen Sie mithilfe der Tabellenfunktion 4 Anschriftfelder[21] in der Größe von 8,5 x 4,5 cm und tragen Sie dort folgende Empfängeranschriften ein.

Arbeitshinweis: Sie sind Mitarbeiter*in bei der Müngsten GmbH, Aggerstraße 7 in 40474 Düsseldorf.

a) Mr George Cushing, 148 Broadway Suite 67, CINCINATTI, OH 45214 (USA)
b) Madame Janine COUDERC, 34 rue du Midi, 31400 Toulouse (Frankreich)
c) Meneer Piet van der Veen wohnt im Laanweg 7, 6225 Maastricht in den Niederlanden.
d) Ilona Oiman, ul. Kingi 3/6, 41-500 Chorzów II in Polen

Routine erlangen – Zusammenfassung

Aufgabe: Korrigieren Sie die Fehler in den folgenden Anschriften:

	Beispiel	Merke
5 4 3 2 1 1 2 3 4 5 6	¶ ¶ ¶ Warensendung Müngsten GmbH, Aggerstraße 7, 40474 Düsseldorf Müller&Jansen GmbH Frau Anne Jüngsten Postfach 4854 26209 Hatten	¶ ¶ ¶ ¶ Müngsten GmbH, Aggerstraße 7, 40474 Düsseldorf Firma Weber OHG Max-Petersstraße 9 04603 Gardschütz
5 4 3 2 1 1 2 3 4 5 6	¶ ¶ ¶ ¶ Müngsten GmbH, Aggerstraße 7, 40474 Düsseldorf Frau M. A. Ursula Meyer zz. Kurhaus „Sonnenblick“ Bogengasse 9 // 4. Stock // W 80 60320 Frankfurt am Main	¶ ¶ ¶ ¶ Müngsten GmbH, Aggerstraße 7, 40474 Düsseldorf Bank of Scotland Mrs Emily Strange 12 Bishop's Street EC24 3FT London United Kingdom

21 Bearbeitungstipp: Stellen Sie über die Tabelleneigenschaften die Zeilenhöhe auf 4,5 cm „genau“ ein, damit sich die Höhe durch Zeilenschaltungen nicht mehr verändern kann.

2.5 Informationsblock

2.5.1 Informationsblock richtig ausfüllen

DIN – kurzgefasst

Bei einem Brief werden Diktatzeichen und Datumsangaben im Infoblock eingetragen. Bei einem anschließenden Schriftwechsel werden diese Angaben übernommen und den passenden Leitwörtern zugeordnet. Die Einträge erfolgen in der im Brief verwendeten Schriftgröße (i. d. R. Schriftgröße 11). Im Folgenden dient der Schriftwechsel „Anfrage – Angebot – Bestellung“ als Beispiel.

Die Mitarbeiterin Hedwig Beuren (Schreibzeichen: hbeu) der Firma Müngsten GmbH, Aggerstraße 7 in 40474 Düsseldorf, schreibt eine Anfrage an die Firma Müller GmbH, Bayreuther Straße 50 – 54, 95030 Hof, am 20xx-10-23.

¶[22] ¶ ¶ ¶ Müngsten GmbH, Aggerstraße 7, 40474 Düsseldorf Müller GmbH Bayreuther Straße 50 – 54 95030 Hof		¶ Ihr Zeichen: Ihre Nachricht vom: Unser Zeichen: hbeu Unsere Nachricht vom: ¶ Name: Hedwig Beuren Telefon: 0211 4453-690 Telefax: 0211 4453-698 E-Mail: hedwig.beuren@muengsten-gmbh.de Internet: www.muengsten-gmbh.de ¶ Datum: 20xx-10-23

Der Mitarbeiter der Firma Müller GmbH heißt Niels Reinen (Schreibzeichen: nr) und schickt am 20xx-10-26 ein Angebot zurück.

¶ ¶ ¶ ¶ Müller GmbH, Bayreuther Straße 50 – 54, 95030 Hof Müngsten GmbH Frau Hedwig Beuren Aggerstraße 7 40474 Düsseldorf		¶ Ihr Zeichen: hbeu Ihre Nachricht vom: 20xx-10-23 Unser Zeichen: nr Unsere Nachricht vom: ¶ Name: Herr Reinen Telefon: 09281 766-734 Telefax: 09281 766-754 E-Mail: reinen@mueller.de Internet: www.mueller.de ¶ Datum: 20xx-10-26

Es folgt die Bestellung der Firma Müngsten von Hedwig Beuren am 20xx-10-28.

¶ ¶ ¶ ¶ Müngsten GmbH, Aggerstraße 7, 40474 Düsseldorf Müller GmbH Herrn Niels Reinen Bayreuther Straße 50 – 54 95030 Hof		¶ Ihr Zeichen: nr Ihre Nachricht vom: 20xx-10-26 Unser Zeichen: hbeu Unsere Nachricht vom: 20xx-10-23 ¶ Name: Hedwig Beuren Telefon: 0211 4453-690 Telefax: 0211 4453-698 E-Mail: hedwig.beuren@muengsten-gmbh.de Internet: www.muengsten-gmbh.de ¶ Datum: 20xx-10-28

[22] Die Rahmenlinien der Tabelle dienen der Orientierung. In einem Brief werden die Rahmen ausgeblendet.

2.5.2 Infoblock formatieren

Bei einem Standardinformationsblock erfolgen die Einträge der Diktatzeichen, des vorangegangenen Schriftwechsels und der Kontaktdaten in der im Brief verwendeten Schriftgröße.

Beispiel:

¶[23] ¶ ¶ ¶ Müngsten GmbH, Aggerstraße 7, 40474 Düsseldorf Bürobedarf Bartels KG Frau Frisch Hamburger Straße 3 80997 München		Ihr Zeichen: ba Ihre Nachricht vom: 20xx-08-08 Unser Zeichen: mü-gg Unsere Nachricht vom: 20xx-08-04 ¶ Name: Guido Garden Telefon: 0211 7654-20 Telefax: 0211 7654-21 E-Mail: garden@muengsten-gmbh.de Internet: www.buero-muengsten.de ¶ Datum: 20xx-08-10

Da ein Informationsblock variabel gestaltet werden kann, können Leitwörter individuell angepasst werden. Bei einem gestalteten Informationsblock orientieren sich die Einträge der Diktatzeichen, des vorangegangenen Schriftwechsels und der Kontaktdaten an einer neuen Fluchtlinie. Ggf. werden für die Einträge, die nicht mehr in die Zeile passen, kleinere Schriftgrößen gewählt.

¶ ¶ ¶ ¶ Müngsten GmbH, Aggerstraße 7, 40474 Düsseldorf Bürobedarf Bartels KG Frau Frisch Hamburger Straße 3 80997 München		Ihr Zeichen: Ihre Nachricht vom: ¶ Für Sie zuständig: ¶ Telefon: Telefax: E-Mail: Internet: ¶ Datum:	ba 20xx-08-08 Guido Garden 0211 7654-20 0211 7654-21 garden@muengsten-gmbh.de www.buero-muengsten.de 20xx-08-10

Routine erlangen

Aufgabe: Erstellen Sie für den Briefwechsel mit dem Lieferanten Scherer OHG, Moritzgasse 4, 81476 München die Anschriften mit den Infoblöcken.

- Der Sachbearbeiter, Karl Fischer (Schreibzeichen: kf) der Müngsten GmbH; Telefon 0211 4453-690; Telefax 0211 4453-698, schreibt eine Anfrage am 15. Januar.
- Wir erhalten am nächsten Tag das Angebot von unserem Lieferanten. Die Sachbearbeiterin heißt Ulla Mumber, Telefondurchwahl 347, E-Mail: mumber@scherer-ohg.de, Internet: www.scherer-ohg.de.
- Karl Fischer schreibt sofort die Bestellung.

[23] Die Rahmenlinien der Tabelle dienen der Orientierung. In einem Brief werden die Rahmen ausgeblendet.

2.6 Briefabschlüsse

DIN – kurzgefasst

Beispiel	Merke
… senden wir Ihnen. ¶ Freundliche Grüße ¶ Müngsten GmbH ¶ H. Beuren ¶ i. A. Hedwig Beuren ¶ **Anlage** 1 Prospekt ¶ **Verteiler** Abteilung Marketing	… letzter Satz des Briefes. ¶ Gruß ¶ Firma ¶ ¶ Unterschriftsraum ¶ Ggf. Unterschriftsvollmacht und Name/n des/r Unterzeichner/s ¶ **Anlage** (oder auch im Plural „Anlagen“ möglich) Anlagen auflisten ¶ **Verteiler** Verteiler auflisten

Routine erlangen

Aufgabe: Erstellen Sie folgende Briefabschlüsse. Angegeben ist der letzte Satz im Brief. Danach folgen ein Gruß nach Wahl, der Firmenname und unterschiedliche Angaben zur Unterschriftsvollmacht und zum Unterzeichner, ein Anlagenvermerk sowie eine Verteilerangabe. Aufgabe f) beinhaltet einen Briefabschluss einer Privatperson.

a) Der letzte Satz im Brief lautet: „Wir danken Ihnen sehr.“ Es folgt der Gruß. Müngsten GmbH. Es unterschreibt Frau Meier.

b) Der letzte Satz im Brief lautet: „Wir danken Ihnen sehr.“ Es folgt der Gruß. Müngsten GmbH. Es unterschreiben Frau Meier und Herr Müller.

c) Der letzte Satz im Brief lautet: „Wir danken Ihnen sehr.“ Es folgt der Gruß. Müngsten GmbH. Es unterschreibt die Prokuristin Frau Meier, und Herr Müller unterschreibt im Auftrag.

d) Der letzte Satz im Brief lautet: „Wir danken Ihnen sehr.“ Es folgt der Gruß. Müngsten GmbH. Es unterschreibt Herr Meier. Es werden 2 Anlagen, und zwar 1 Prospekt und 1 Entwurf versendet.

e) Der letzte Satz im Brief lautet: „Wir danken Ihnen sehr.“ Es folgt der Gruß. Müngsten GmbH. Es unterschreibt Simon Meier. Es werden 3 Anlagen versendet. Außerdem soll Herr Roth eine Kopie dieses Schreibens erhalten.

f) Der letzte Satz im Brief lautet: „Gern stelle ich mich persönlich bei Ihnen vor.“ Es folgt der Gruß. Sie unterschreiben den Brief. Es werden die für eine Bewerbung üblichen Unterlagen eingereicht.

2.7 Geschäftsbrief

DIN – kurzgefasst

Merke:

Briefkopf (Abstand von der Blattkante bis zum Anschriftfeld): 2,7 cm oder 4,5 cm bis zum Anschriftfeld

Anschriftfeld:
4,5 cm hoch und 8 cm breit

Abstand zwischen Anschriftfeld bzw. Infoblock und Betreff:
0,85 cm oder 2 Leerzeilen = 3-mal schalten

Nach dem Betreff:
2 Leerzeilen = 3-mal schalten

Nach der Anrede:
1 Leerzeile = 2-mal schalten

Zur Hervorhebung:
eine Einrückung auf 2,5 cm

Zwischen den Absätzen
1 Leerzeile setzen =
zweimal schalten

Bürobedarf **Müngsten** GmbH

¶
¶
¶
¶
Müngsten GmbH, Aggerstraße 7 in 40474 Düsseldorf
Bürobedarf
Bartels KG
Frau Frisch
Hamburger Straße 3
80997 München
¶
¶
¶

Für Sie zuständig: Guido Garden

Telefon: 0211 7654-20
Telefax: 0211 7654-21
E-Mail: garden@muengsten-gmbh.de
Internet: www.buero-muengsten.de

Datum: 20xx-08-10

Unser Gesamtkatalog
¶
¶
Sehr geehrte Frau Frisch,
¶
wir danken Ihnen für das Interesse an unseren Produkten. Gerne senden wir Ihnen unseren Gesamtkatalog zu und wünschen Ihnen viel Spaß beim Durchblättern.
¶
Besonders möchten wir Sie auf die
¶
Sonderangebote
¶
hinweisen, die im Katalog entsprechend gekennzeichnet sind. Für Fragen oder weitere Informationen stehen wir Ihnen gern zur Verfügung.
¶
Freundliche Grüße
¶
Müngsten GmbH
¶
¶
¶
Garden
¶
Anlage
Gesamtkatalog

HRB 2244 Amtsgericht Düsseldorf USt-IdNr. DE 147 000 234	Geschäftsführer Dr. Robert Müngsten	Tel.: 02177 7654-0 Zentrale Internet-Adresse: www.buero-muengsten.de	Volksbank Düsseldorf-Neuss e. G. IBAN DE99 3016 0213 2407 7254 28 BIC GENODED1DNE

Routine erlangen

Aufgabe: Finden Sie die 9 Fehler in diesem Brief.

Bürobedarf **Müngsten** GmbH

Müngsten GmbH, Aggerstraße 7, 40474 Düsseldorf
Welbers OHG
Herr Moritz
Im Tiefen Tal 3
27472 Cuxhaven

Ihr Zeichen:
Ihre Nachricht vom:
Unser Zeichen: VS
Abteilung: Verkauf

Name: Vanessa Schmidt
Telefon: 0511 3423 - 340
Telefax: 0511 3423 - 200
E-Mail: vschmidt@muengsten-gmbh.de

Datum: 20xx-06-16

Neue Bürostühle

Sehr geehrte Damen und Herren,

es sind neue Bürostühle der Marke **Komfortablo** und **Bequemo** bei uns eingetroffen.
Diese entsprechen nicht nur den sicherheitstechnischen Anforderungen nach DIN 4549, sondern verfügen auch über viele weitere ergonomische Details.

Überzeugen Sie sich von den günstigen Preisen. Die Marke Komfortablo entspricht unserer Preisstufe I und die Marke Bequemo der Preisstufe II.

Das Zahlungsziel beträgt 30 Tage. Bei Zahlungen innerhalb von 15 Tagen gewähren wir 3% Skonto. Die Lieferung erfolgt 6 Wochen nach Anzahlung in Höhe von 30 % der Auftragssumme.

Darüber hinaus können wir Ihnen aufgrund unserer langjährigen Geschäftsbeziehung einen Sonderrabatt von 10 % anbieten.

Wir freuen uns auf Ihre Bestellung.

Mit freundlichen Grüßen

Müngsten GmbH

i. A. Vanessa Schmidt

Anlage:

HRB 2244 Amtsgericht Düsseldorf
USt-IdNr. DE 147 000 234

Geschäftsführer
Dr. Robert Müngsten

Tel.: 02177 7654-0 Zentrale
Internet-Adresse:
www.buero-muengsten.de

Volksbank Düsseldorf-Neuss e. G.
IBAN DE99 3016 0213 2407 7254 28
BIC GENODED1DNE

2.8 E-Mail

DIN – kurzgefasst

Beispiel:

An:	frisch@bartelskg.de
Cc:	
Bcc:	
Betreff:	Unser Gesamtkatalog
Anhang:	gesamtkatalog.pdf

Sehr geehrte Frau Frisch,
¶
wir danken Ihnen für das Interesse an unseren Produkten. Gerne senden wir Ihnen unseren Gesamtkatalog zu und wünschen Ihnen viel Spaß beim Durchblättern.
¶
Besonders möchten wir Sie auf die
¶
Sonderangebote
¶
hinweisen, die im Katalog entsprechend gekennzeichnet sind. Für Fragen oder weitere Informationen stehen wir Ihnen gern zur Verfügung.
¶
Freundliche Grüße
¶
Müngsten GmbH
¶
Guido Garden
¶
E-Mail: garden@buero-muengsten.de
Telefon: +49 211 7654-20
Fax: +49 211 7654-21
Internet: http://www.buero-muengsten.de
¶
Sitz/Anschrift: Aggerstraße 7, 40474 Düsseldorf
Geschäftsführer: Simon Lehmann
Handelsregister HRB 3452 beim Amtsgericht Düsseldorf

Merke:
In einer E-Mail entsprechen die Anordnungsregeln dem Geschäftsbrief - nur der Unterschriftsraum entfällt.

An:	empfänger@provider.de
Cc:	empfänger@provider.de; empfänger@provider.de (Empfänger, die nur informiert werden sollen und für alle sichtbar sind)
Bcc:	empfänger@provider.de; empfänger@provider.de (Empfänger, die nur informiert werden sollen und für alle **nicht** sichtbar sind)
Betreff:	Stichwortartige Inhaltsangabe
Anhang:	Dateiname.pdf

Anrede,
¶
Text
¶
Text
¶
Hervorgehobener Text als Einrückung (beginnend bei 2,5 cm)
¶
Text
¶
Gruß
¶
Firma
¶
Unterzeichner
¶
Kommunikationsangaben
¶
Geschäftsangaben

Teil B: Prüfungsübungen Textverarbeitung

Aufgabe 1: Präsentationsregeln und Feedbackbogen

Situation

Sie sind in der Personalabteilung der Wohntal GmbH, Hauptstraße 7 in 33604 Bielefeld beschäftigt. Von der Personalleitung erhalten Sie den Auftrag, für die Auszubildenden des Unternehmens ein Script zu erstellen. Dieses Script soll den Auszubildenden der Wohntal GmbH grundlegende Informationen zum Anfertigen von Präsentationen geben.

Zusätzlich sollen Sie einen Feedbackbogen entwickeln, der für die Bewertung von Präsentationen im Unternehmen geeignet ist. Durch systematisch eingeholte, regelmäßige Rückmeldungen soll sich die Präsentationsfähigkeit stetig verbessern.

Übung

Arbeitsanweisungen

1. Teil: Script erstellen

- Öffnen Sie ein leeres Dokument.
- Verändern Sie den rechten und den linken Seitenrand jeweils auf 2 cm und verwenden Sie die Schriftart Arial, Schriftgrad 12.
- Verwenden Sie einen einfachen Zeilenabstand.
- Fügen Sie das Logo der Wohntal GmbH in der Kopfzeile ein.
- Erfassen Sie im Dokument die Überschrift „Präsentationsregeln" in einem WordArt-Text Ihrer Wahl.
- Erstellen Sie folgende Gliederung:

  1 Aufbau und Struktur
  1.1 Einstieg
  1.2 Darstellung
  1.3 Zusammenfassung
  2 Möglichkeit der Visualisierung
  2.1 Designvorlagen
  2.2 Bildschirmübergänge
  2.3 Animationen
  2.4 Grafiken, Bilder, Fotos etc.
  3 Vortrag
  3.1 Vorbereitung
  3.2 Durchführung

- Formulieren Sie folgende Stichpunkte zu Punkt 1 und 3 der Präsentationsregeln in ganzen Sätzen. Schreiben Sie den Text unter dem jeweiligen Gliederungspunkt der vorherigen Aufgabe.
  zu 1.1 Einstieg: Interesse wecken, begrüßen, Thema vorstellen
  zu 1.2 Darstellung: Kernbotschaft(en) vermitteln, auf eine nachvollziehbare Gliederung und einen logischen Aufbau der Präsentation achten

DIGITAL+

Arbeitsanweisungen (Fortsetzung)

zu 1.3 Zusammenfassung: Kerninhalte zusammenfassen, Teilnehmer erhalten die Möglichkeit, Fragen zu stellen, Diskussion ermöglichen, für die Teilnahme bedanken
zu 3.1 Vorbereitung: Manuskript mit Stichpunkten anfertigen, Karteikarten erstellen, präzise Planung der Präsentation
zu 3.2 Durchführung: Blickkontakt halten, akzentuierte Sprechweise, Körperhaltung, freies Sprechen

- Fügen Sie mindestens 2 zum Thema passende grafische Elemente ein.
- Schreiben Sie in die Fußzeile linksbündig Ihren Namen und rechtsbündig ein aktualisierbares Datum.
- Speichern Sie das Script unter dem Dateinamen **Script_Nachname**.

2. Teil: Feedbackbogen als Online-Formular erstellen und ausfüllen

- Öffnen Sie in Word ein leeres Dokument.
- Erstellen Sie den Feedbackbogen als Online-Formular mit geeigneten Entwicklertools. Achten Sie auf eine optisch ansprechende Darstellung.
- Arbeiten Sie mit der Schriftart Arial, wählen Sie die Schriftgröße angemessen.
- Verändern Sie den oberen Seitenrand auf 4,5 cm und den unteren auf 1,5 cm.
- Erfassen Sie links oben den Text **„zurück an"**. Formatieren Sie diesen Text in Arial, 8 Punkt, fett. Weisen Sie dem Vermerk „zurück an" eine Fußnote (am Seitenende) zu. Der Text der Fußnote lautet: Freiumschlag ist beigefügt (Formatierung Arial, 8 Punkt, fett). Im Text tragen Sie nach drei Leerzeilen unter „zurück an" die Adresse der Wohntal GmbH Bielefeld für die Rücksendung des Feedbackbogens ein.
- Fügen Sie rechts neben der Adresse ein passendes grafisches Element ein.
- Übernehmen Sie in der Kopfzeile untereinander die Angaben: Vorname Nachname
  aktualisierbares Datum
- Übernehmen Sie für die Kopfzeile die Formatierungen: Schriftart Arial, Schriftgröße 8 Punkt, Fettdruck, rechtsbündig.
- Erstellen Sie eine Tabelle nach folgendem Muster und übernehmen alle Formatierungen.
- Geben Sie der Tabelle eine Gesamtüberschrift. Formatieren Sie diese in Schriftgröße 16, fett und zentriert.
- In Spalte 1 ergänzen Sie passende Bewertungskriterien und ersetzen die Angabe durch Ihre Formulierungen.
- In Spalte 2 ergänzen Sie die Schulnoten 1 bis 6 um jeweils ein Ankreuzelement.

Arbeitsanweisungen (Fortsetzung)

Überschrift		
Thema:		
am:		
vom:		
Bewertungskriterien		**Bewertung in Schulnoten von 1 bis 6**
Inhalt der Präsentation		
Bewertungskriterium		
Bewertungskriterium		
Persönliche Darbietung durch die Moderation		
Bewertungskriterium		
Bewertungskriterium		
Optische Darbietung		
Bewertungskriterium		
Bewertungskriterium		
Bewertungskriterium		
Hinweise, Ergänzungen, Verbesserungsvorschläge etc.		

- Ergänzen Sie in der Tabelle an geeigneten Stellen mind. zwei grafische Elemente zur optischen Gestaltung.
- Speichern Sie das Formular unter dem Dateinamen **Feedbackbogen_blanko_Nachname**.
- Verwenden Sie anschließend das Formular und tragen Sie im oberen Formularbereich Ihre Daten ein.
- Füllen Sie das Formular zu jedem Kriterium (Inhalt – Persönliche Darbietung durch die Moderatorin/den Moderator – Optische Darbietung) nach Ihren Vorstellungen aus.
- Speichern Sie das ausgefüllte Formular unter dem Namen **Feedbackbogen_ausgefüllt_Nachname.**

Aufgabe 2: Informationsbeschaffung im Internet

Situation

Sie sind in der Abteilung Verwaltung der Wohntal GmbH in Bielefeld beschäftigt. Hans Kaufmann ist Ihr Vorgesetzter und Abteilungsleiter. Sie haben Artvollmacht.

Die Wohntal, ein Unternehmen der Möbelbranche, bietet ihren Besuchern auf zwei Ebenen mit insgesamt 12 000 m^2 Verkaufsfläche eine attraktive Auswahl moderner Wohnmöbel und das größte Büromöbelzentrum der Region an. 250 Mitarbeiter*innen arbeiten für die Wohntal. Davon sind 18 Auszubildende in gewerblichen und kaufmännischen Ausbildungsberufen tätig.

Ihr Chef hat auf der letzten internen Tagung über die Bewertung von Informationen aus dem Internet einen Vortrag gehalten (siehe unten). Er bittet Sie, aus dieser Präsentation für alle Auszubildenden des Unternehmens einen Flyer zu erstellen. Die Auszubildenden sollen damit ein Instrument systematischer und zielgerichteter Informationsbeschaffung an die Hand bekommen. Diesen Flyer sollen Sie den Auszubildenden mit einer internen Mitteilung zukommen lassen. Sollten die Auszubildenden Interesse haben, können sie auch ein Seminar zur Vertiefung ihres Wissens besuchen.

Die Power-Point-Präsentation von Herrn Kaufmann:

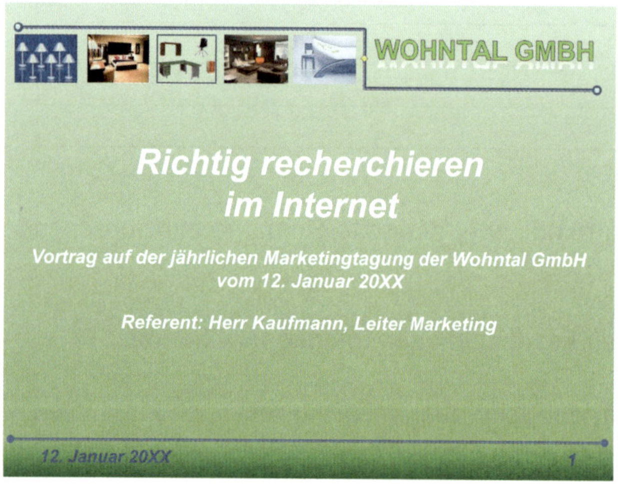

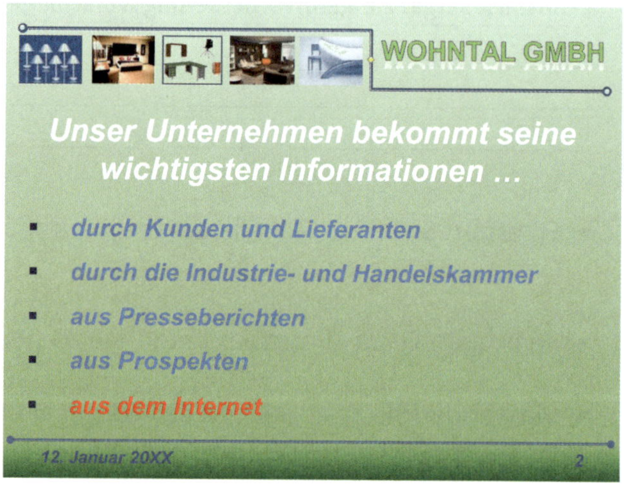

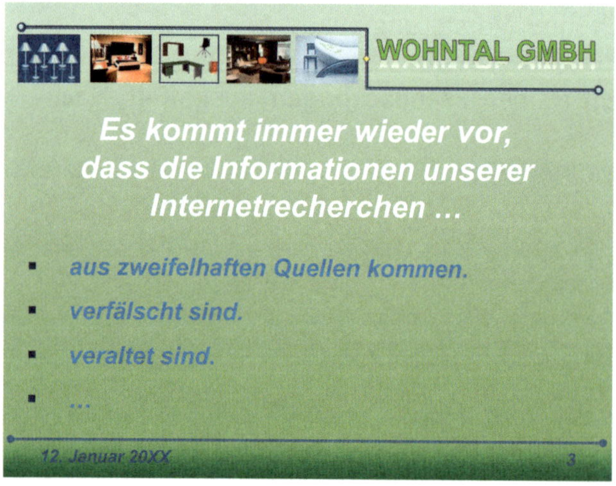

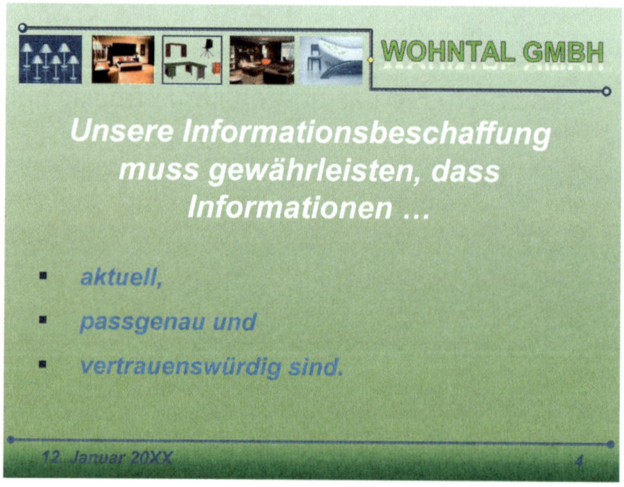

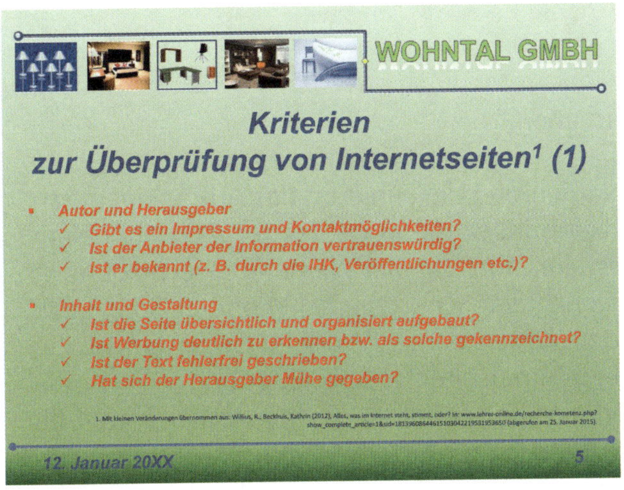

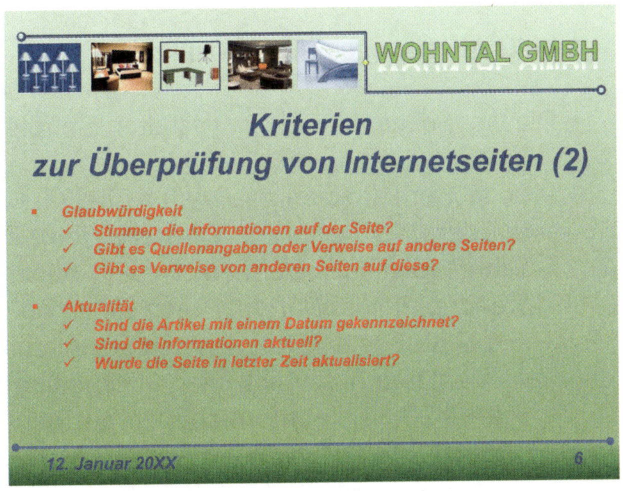

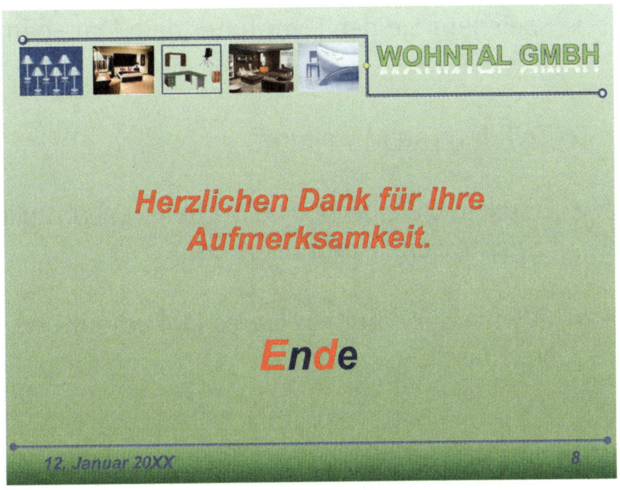

Übung

Arbeitsanweisungen

1. Teil: Flyer

- Öffnen Sie in Word ein leeres Dokument. Nutzen Sie es im Querformat.
- Sie erstellen einen Flyer in A5-Format. Dazu nehmen Sie ein A4-Blatt, das auf Vorder- und Rückseite bedruckt und in der Mitte gefaltet wird.
- Gestalten Sie Ihren Flyer (z. B. in Schrift und Farbe) ansprechend und in den Farben des Unternehmens (vgl. Logo) und versehen Sie ihn mit passenden grafischen Elementen und Formen. Die Auszubildenden sollen sofort erkennen, dass es sich um einen Flyer ihres Ausbildungsbetriebs handelt.

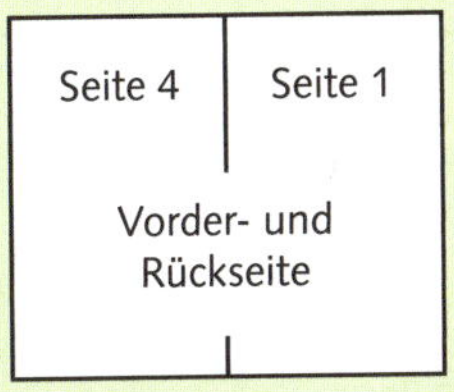

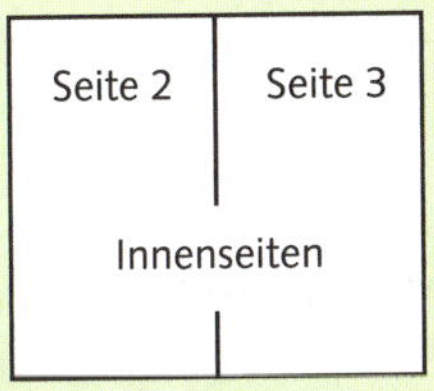

- Die Seitenränder verändern Sie auf links/unten/rechts: 1 cm und oben: 1,5 cm. Formatieren Sie das Blatt zweispaltig mit einem Abstand von 2 cm.

Arbeitsanweisungen (Fortsetzung)

- Die vier Seiten Ihres Flyers gestalten Sie folgendermaßen:
  - Seite 1 erhält einen geeigneten Titel und den Namen und die Funktion des Autors (identisch mit dem der PowerPoint-Präsentation). Zusätzlich bringen Sie in der letzten Zeile in kleiner Schrift folgenden Vermerk an: linksbündig: Gestaltet von: *Eigener Name* und rechtsbündig: Stand: *aktuelles Datum*. Fügen Sie im oberen Bereich den Schriftzug der Wohntal GmbH ein.
  - Auf Seite 2 und 3 übernehmen Sie, warum es dem Unternehmen Wohntal GmbH so wichtig ist, dass ihre Auszubildenden Informationen von Internetseiten so kritisch prüfen.
  - Seite 4 erhält die Informationen aus der PowerPoint-Präsentation „Richtig recherchieren im Internet".
  - Fügen Sie geeignete Grafiken ein.

- Speichern Sie den Flyer unter dem Dateinamen **Flyer_Nachname**.

2. Teil: Interne Mitteilung

- Erstellen Sie eine interne Mitteilung. Formulieren Sie dabei in ganzen Sätzen. Achten Sie auf eine angemessene Ausdrucksweise.

- Öffnen Sie dafür ein leeres Dokument und speichern Sie es unter **Interne Mitteilung Azubis_Nachname**.

- Ändern Sie den rechten Seitenrand auf 1 cm.

- Fügen Sie das Logo der Wohntal GmbH ein und positionieren Sie es in der Kopfzeile Ihres Dokuments.

- Als Schriftart wählen Sie Arial, 12 Punkt.

- Formulieren Sie eine Überschrift. Verwenden Sie darunter für eine Aufstellung die Leitwörter **„An – Von – Thema – Datum"**. Schreiben Sie hinter den Leitwörtern die passenden Angaben aus der Situationsbeschreibung. Nutzen Sie für Ihre Angaben Tabulatoren. Wählen Sie für den gesamten Block „Rahmen oben" und „Rahmen unten".

- Finden Sie eine gute Einleitung für Ihr Anliegen.

- Gehen Sie im Hauptteil Ihres Schreibens besonders auf folgende Punkte ein:
  - eine systematische Kontrolle der Internetseiten ist wichtig
  - Flyer (Titel des Flyers) beifügen
  - Checkliste mit Kriterien zur Überprüfung von Internetseiten auf Seiten 2 und 3 des Flyers
  - Checkliste bei Recherchen immer nutzen
  - bei weiterem Bedarf Anmeldung zu einem Seminar (Titel, Ort, Datum und Telefonnummer des Seminars selber formulieren)

- Beenden Sie Ihren Brief mit einem passenden Schlusssatz.

- Speichern Sie Ihr Ergebnis.

Aufgabe 3: Mitarbeiterbefragung

Situation

Sie sind Mitarbeiter*in in der Blue Design GmbH, Mannheim. Die letzte Mitarbeiterbefragung hat ergeben, dass sich 67 % der Mitarbeiter*innen für einen Betriebskindergarten ausgesprochen haben. In der letzten Sitzung haben der Geschäftsführer der Blue Design GmbH, Herr Blau, und die Betriebsräte, Frau Kettel und Herr Tauber, entschieden, über einen Fragebogen die genauen Bedürfnisse und Wünsche der betroffenen Eltern sowie konkrete organisatorische Fragen zu klären.

Herr Tauber bittet Sie, eine interne Mitteilung an Herrn Blau und Frau Kettel zu schreiben, in der Sie über den Sachverhalt informieren. Den Fragebogen für die Mitarbeiter*innen entwerfen Sie nach seinen Anweisungen und fügen ihn der Mitteilung bei.

Übung

Arbeitsanweisungen

1. Teil: Erstellen der internen Mitteilung

- Öffnen Sie ein neues Dokument und ändern Sie den rechten Seitenrand auf 1 cm. Speichern Sie das Dokument unter dem Namen **Interne Mitteilung Betriebskindergarten**.
- Fügen Sie das Logo der Blue Design GmbH ein und positionieren Sie es im oberen Bereich des Dokumentes.
- Formulieren Sie eine Überschrift.
- Erstellen Sie eine 2-spaltige Tabelle mit den Leitwörtern **„An - Von - Thema - Datum"**.
- Schreiben Sie in die 2. Spalte die passenden Angaben gemäß der Situationsbeschreibung.
- Beachten Sie, dass die Gleichstellungsbeauftragte der Blue Design GmbH, Frau Mallmanns, zum Empfängerkreis gehört.
- Wählen Sie für die Tabelle ausschließlich Rahmenlinien „unten" und „oben.
- Berücksichtigen Sie beim Formulieren des Sachverhaltes folgende inhaltliche Aspekte:
  - Entwurf „Fragebogen Betriebskindergarten" wird beigefügt
  - Kosten für die Betreuung eines Kindes liegen bei ca. 400 € jährlich
  - für Geschwisterkinder ist eine Ermäßigung vorgesehen
  - die Höhe der Ermäßigung muss noch festgelegt werden
  - geplantes Zusatzangebot: Sporterziehung, Musikunterricht, Pflanzenkunde und Sprachunterricht
  - bei der Auswahl des Sprachangebotes sollen die Wünsche der Mitarbeiter*innen einfließen
  - bitten Sie um Durchsicht des Fragebogens und um Mitteilung von Ergänzungen bzw. Änderungswünschen bis zur nächsten Monatssitzung (Termin selbst bilden)
- Fügen Sie an geeigneter Stelle eine zum Thema passende Grafik oder ein geeignetes grafisches Element ein.
- Erstellen Sie einen normgerechten Abschluss Ihrer internen Mitteilung mit Gruß, Namenswiederholung und Anlagenvermerk.
- Speichern Sie Ihr Ergebnis erneut unter dem vorgegebenen Namen.

DIGITAL+

Arbeitsanweisungen (Fortsetzung)

2. Teil: Erstellen des Fragebogens

- Öffnen Sie die Schülerdatei **Fragebogen Betriebskindergarten** und speichern die Datei ab.
- Verwenden Sie die Schriftart Arial, 10 Punkt, soweit nichts anderes angegeben.
- Fügen Sie über der Tabelle das Logo der Blue Design GmbH ein.
- Schreiben Sie zwischen dem Logo und den bereits vorhandenen Angaben den Text **Fragebogen zum Betriebskindergarten**. Verwenden Sie zur Formatierung eine Kontur und die Farbe „Blau".
- Fügen Sie an einer geeigneten Position eine passende Grafik ein.
- Setzen Sie hinter die Angabe „Mitarbeiter*in:" ein geeignetes Entwicklertool und hinter die Angabe „Abteilung:" ein Dropdown-Element der Abteilungen:
  Corporate Design, Printmedien, Events/Messen, Digitale Medien/Internet, Verwaltung.
- Erfassen Sie nachfolgende Texte (in Fettdruck) in der **ersten Spalte**:
  Zeile 1: Besteht Interesse an der Einrichtung eines Betriebskindergartens?
  Zeile 2: Anzahl der zu betreuenden Kinder
  Zeile 3: Altersgruppe der zu betreuenden Kinder
  Zeile 4: Betreuungszeit
  Zeile 5: Verpflegungswunsch
  Zeile 6: Zusatzangebot
  Zeile 7: Besondere Anregungen/Wünsche
  Zeile 8: Datum, Unterschrift
- Verändern Sie für alle Zeilen die Zeilenhöhe auf 1,5 cm.
- Erfassen Sie in der ersten Zeile in Spalte 2 den Text „ja" und in Spalte 3 den Text „nein". Fügen Sie jeweils ein Ankreuzkästchen hinzu.
- Verbinden Sie in Zeile 2 „Anzahl der zu betreuenden Kinder" die Spalten 2 und 3 und fügen Sie ein geeignetes Entwicklertool ein.
- Fügen Sie in den **Spalten 2 und 3** für folgende Zeilen Ankreuzkästchen ein:
  Zeile 3: Altersgruppe der zu betreuenden Kinder — Zeile 4: Betreuungszeit
  Zeile 5: Verpflegungswunsch — Zeile 6: Zusatzangebot
- Verbinden Sie in Zeile 7 und 8 die Spalten 2 und 3 und fügen Sie ein geeignetes Entwicklertool ein.
- Schützen Sie das Formular.
- Zentrieren Sie die Angaben in der Tabelle vertikal.

Aufgabe 4: Arbeitsplatzgestaltung

Situation

Sie sind Assistent*in der Geschäftsleitung der Werbeunternehmung Blue Design GmbH in Mannheim. Die Geschäfte laufen gut und die Blue Design ist gewachsen. Deshalb muss das Unternehmen unbedingt in größere Büros umziehen. Herr Blau, der Geschäftsführer, ist froh, dass er passende Räumlichkeiten in einem Neubau direkt in der City von Mannheim finden konnte. Der Innenausbau kann von der Blue Design GmbH noch gestaltet und an die Bedürfnisse des Unternehmens angepasst werden. Herr Blau bittet Sie, alle Führungskräfte und den Betriebsrat (siehe Tabelle) zu einer Tagesveranstaltung einzuladen. Gemeinsam will man klären, ob die Abteilungen prinzipiell in Großraumbüros untergebracht werden oder ob alle Mitarbeiter*innen Einzelbüros erhalten. Herr Blau bittet Sie, das Führungsteam und die beiden Betriebsräte mit einem persönlichen Schreiben einzuladen und als Entscheidungsgrundlage und Vorbereitung auf die Tagung ein Informationsblatt zum anstehenden Thema zu erstellen.

Teilnehmer/-innen	Funktion
Frau Marie-Sophie Marx	Leiterin Corporate Design
Herr Jan Hausmann	Leiter Printmedien
Herr Mark Kuhlert	Leiter Digitale Medien/Internet
Herr Paul Peters	Leiter Events/Messen
Herr Ron Taube	Betriebsrat
Frau Leila Kettel	Betriebsrätin

Übung

Arbeitsanweisungen

1. Teil: Gestalten eines Informationsblattes

- Öffnen Sie in Word ein leeres Dokument.
- Fügen Sie den Schriftzug der Blue Design GmbH in die Kopfzeile ein.
- Erstellen Sie eine Tabelle mit 7 Zeilen und 2 Spalten. Die Schriftart ist Arial und grundsätzlich 12 Punkt.

1. Tabellenzeile: Verbinden Sie die beiden Zellen. Fügen Sie in Schriftgröße 24, fett, zentriert, einen passenden Titel für die Tabelle ein. Die Zellenhöhe verändern Sie auf 2 cm.

2. und 5. Tabellenzeile: Verbinden Sie die beiden Zellen. Fügen Sie fett und zentriert das Wort „Großraumbüro" bzw. „Einzelbüro" ein. Die Zellenhöhe verändern Sie auf 1 cm.

3. und 6. Tabellenzeile: Fügen Sie fett und zentriert jeweils links „Vorteile" und rechts „Nachteile" ein. Die Zellenhöhe verändern Sie auf 1 cm.

4. und 7. Tabellenzeile:
- Beschreiben Sie – in ganzen Sätzen – jeweils zwei Vor- und zwei Nachteile für jede Raumform. Als Aufzählungszeichen nehmen Sie für die Vorteile lachende Smileys = ☺, für die Nachteile Smileys mit heruntergezogenen Mundwinkeln = ☹. Zwischen den einzelnen Aufzählungen lassen Sie 12 Punkt Platz.
- Ein zusätzliches Aufzählungszeichen mit drei Auslassungspunkten dahinter wird für individuelle Aufzeichnungen gesetzt. Die Zellenhöhe verändern Sie auf 6 cm.
- Gestalten Sie die Absätze normgerecht.

DIGITAL+

Arbeitsanweisungen (Fortsetzung)

- Zentrieren Sie die Inhalte der Tabellenzeilen 1, 2, 3, 5 und 6 horizontal und vertikal.
- Färben Sie die gesamte Tabelle blau, Akzent 1, heller 60 % ein.
- Gestalten Sie die Tabelle zusätzlich zu den inneren Linien mit einem äußeren Rahmen aus zwei Linien, mittelblau, 1 ½ Punkt.
- Fügen Sie zwei passende Grafiken an angemessener Stelle ein.
- Die Fußzeile (einzeilig) enthält in Schriftgröße Arial, 8 Punkt, fett, mittelblau:
  linksbündig: Name, Vorname
  rechtsbündig: Pfad + Dateiname (als Feldfunktion)
- Setzen Sie über die Zeile einen mittelblauen Strich.
- Speichern Sie Ihr Ergebnis unter **Informationblatt_Nachname**.

2. Teil: Erstellen einer internen Mitteilung als Serienbrief

a) Erstellen der Datenquelle

- Öffnen Sie in Word ein neues Dokument. Erstellen Sie für einen Serienbrief eine Datenquelle in Arial, 12 Punkt. Nutzen Sie dafür die Angaben aus der Tabelle auf der vorhergehenden Seite.
- Fügen Sie eine linksbündige Fußzeile (Arial, 8 Punkt, fett) mit folgenden Inhalten ein:
  Name
  aktuelles Datum
  Dateiname (als Feldfunktion)
- Speichern Sie Ihre Datenquelle unter **Interne Mitteilung_Datenquelle_Nachname**.

b) Erstellung des Serienbriefs

- Öffnen Sie in Word ein neues Dokument und ändern Sie den rechten Seitenrand auf 1 cm. Speichern Sie das Dokument unter dem Namen **Interne Mitteilung_Hauptdokument_Nachname**.
- Fügen Sie das Logo der Blue Design GmbH ein und positionieren Sie es im oberen Bereich des Dokuments.

DIGITAL+

- Erstellen Sie eine 2-spaltige Tabelle mit den Leitwörtern **„An - Von - Thema - Datum"**. Rahmen Sie diese Angaben mit einer blauen Linie oberhalb (mit Leerzeile) und unterhalb (mit Leerzeile).
- Schreiben Sie die Einladung an alle Führungskräfte und die beiden Mitglieder des Betriebsrats als Serienbrief. Nutzen Sie sowohl für die Namen als auch die Funktionen Seriendruckfelder. Erstellen Sie die Anrede im Brieftext mit einer Bedingung.
- Formulieren Sie die interne Mitteilung in ganzen Sätzen, nicht stichwortartig.

Arbeitsanweisungen (Fortsetzung)

Berücksichtigen Sie die Angaben der Situation und gehen Sie auf die folgenden Punkte ein:
- neue Geschäftsräume in einem Neubau in der City von Mannheim gefunden
- der Innenausbau kann mitgestaltet werden
- Entscheidung zwischen Großraumbüros oder Einzelbüros
- Entscheidung gemeinsam treffen
- Einladung zu einer Tagesveranstaltung im Hotel „Akandor", Goethestraße 1 in 68161 Mannheim (Datum und Uhrzeit frei wählbar)
- Ablauf der Tagung: Arbeitsfrühstück, Besichtigung, Diskussion

- Speichern Sie das Dokument.

Aufgabe 5: Entwicklung eines Ordnungssystems

Situation

Sie sind in der Verwaltung der Werbeunternehmung Blue Design GmbH in Mannheim tätig. Die Blue Design GmbH ist ein wachsendes Unternehmen. Viele Aufgaben, die früher jede*r Mitarbeiter*in nach bestem Wissen durchgeführt hat, sollen heute einheitlich wahrgenommen werden. Die Geschäftsführung erhofft sich davon eine Effizienzsteigerung in den Arbeitsabläufen. Heute Morgen haben Sie von Ihrem Vorgesetzten aus der Verwaltung, Herrn Berg, eine E-Mail (j.berg@bluedesign.de) mit folgendem Text erhalten:

„Ich habe festgestellt, dass in unserer Abteilung jede Mitarbeiterin und jeder Mitarbeiter ihre/seine Unterlagen anders ablegt. Besonders bei Vertretungen ist dies problematisch, weil der vertretende Kollege nicht weiß, wo er die benötigten Schriftstücke finden kann. Wie viel Zeit wir schon fürs Suchen gebraucht haben! Wir müssen unbedingt ein Ordnungssystem für die Blue Design GmbH entwickeln, das einheitlich ist! Ich möchte gerne auf der nächsten Abteilungsleiterkonferenz ein solches Ordnungssystem vorstellen. Bitte schicken Sie mir doch – ganz unkompliziert – eine E-Mail mit Ihrem Vorschlag. Eine Kopie können Sie direkt an meine Kollegin, Frau Breitenbacher (k.breitenbacher@bluedesign.de), schicken.“

Übung

Arbeitsanweisungen

1. Teil: Gestalten eines Informationsblattes zur Aufbewahrung von Schriftgut

DIGITAL+

- Öffnen Sie in Word die Datei **Abgabenordnung**.
- Löschen Sie anschließend alle Textpassagen außer
  - dem Titel
  - die 3 Zeilen unterhalb des Titels
  - den Paragraphen 147 (1), (2), (3) und (4)
- Verwenden Sie für den gesamten Text die Schriftart Calibri.
- Den Titel gestalten Sie in Schriftgröße 24 Punkt, fett, horizontal zentriert mit einem schwarzen Rahmen und einer Schattierung (orange, Akzent 6, heller 40 %).
- Fügen Sie an den Titel ein Fußnotenhinweiszeichen an. Die Fußnote in Schriftgröße 9 Punkt soll am Seitenende angeordnet sein. Der Text der Fußnote lautet (es handelt sich um Zeile 2 bis 4 des Ursprungstextes):

  In der Fassung der Bekanntmachung vom 01.10.2002 (BGBl. I S. 3866, ber. 2003 I S. 61); zuletzt geändert durch Artikel 3 G. v. 22.11.2020 BGBl. I S. 2466, Geltung ab 01.01.1977; FNA: 610-1-3 Vierter Teil - Durchführung der Besteuerung (§§ 134 - 217)

- Die Überschrift des Paragraphen 147 gestalten Sie in 16 Punkt, fett, in der Farbe Orange, Akzent 6, dunkler 25 %).
- Formatieren Sie die Absätze DIN-gerecht.
- Formatieren Sie die Absätze (1) bis (4) als hängende Absätze mit einem Sondereinzug von 0,8 cm.
- Die Aufzählungen in Absatz (1) und Absatz (2) versehen Sie auch als hängende Absätze mit einem Sondereinzug von 0,8 cm und einem Einzug links von 0,8 cm.

Arbeitsanweisungen (Fortsetzung)

- Fügen Sie in der Kopfzeile rechtsbündig Ihren Vor- und Nachnamen ein. Verwenden Sie Schriftgröße 8 Punkt, fett.

- Speichern Sie Ihr Ergebnis unter **Abgabenordnung_Nachname**.

2. Teil: Erstellen einer E-Mail

- Öffnen Sie ein leeres Dokument. Speichern Sie das Dokument unter **E-Mail_Nachname**.

- Schreiben Sie die E-Mail an Herrn Berg. Eine Blindkopie senden Sie an Ihre Arbeitskollegin, Frau Decker (c.decker@bluedesign.de), mit der Sie im regen Austausch über organisatorische Fragen stehen.

An:	
Cc:	
Bcc:	
Betreff:	
Anhang:	

Gehen Sie folgendermaßen vor:

- Erstellen Sie mit der Tabellenfunktion nebenstehende Grafik rechts.

- Wählen Sie für Ihre E-Mail grundsätzlich die Schrift Calibri in der Größe 11 Punkt.

- Verändern Sie die Seitenränder oben und unten auf 1,5 cm.

- Unterbreiten Sie Ihren Vorschlag eines effizienten Ordnungssystems für die Blue Design GmbH.

- Formulieren Sie die E-Mail in ganzen Sätzen, nicht stichwortartig. Achten Sie auf eine gute Ausdrucksweise und eine übersichtliche Darstellung.

- Behandeln Sie dabei folgende Stichwörter und erläutern Sie diese angemessen:

  - Aufbewahrung von Schriftstücken
    ➔ Nennen Sie sowohl einen gesetzlichen als auch einen betrieblichen Grund.
  - Einheitliche Wertstufen zur Aufbewahrung von Schriftgut.
    ➔ Benennen und erläutern Sie kurz die Wertstufen.
  - Gründe für eine gegenständliche und eine papierlose Registratur.
    ➔ Nennen Sie jeweils einen Grund.

- Beenden Sie die E-Mail wie gewohnt und geben Sie abschließend die Kommunikations- sowie die Firmenangaben an (Telefonnummer: 0621 200103-0, E-Mail-Adresse: info@bluedesign.de und Internet-Adresse: bluedesign.de).

- Versenden Sie Ihr Informationsblatt mit der E-Mail.

- Die Fußzeile (einzeilig) erhält in der Schrift Calibri, Schriftgröße 8 Punkt, fett:
  - linksbündig: Vorname Name
  - rechtsbündig: Pfad + Dateiname

- Setzen Sie über die Zeile eine rote Linie.

- Speichern Sie Ihr Ergebnis.

Aufgabe 6: Stammdaten erfassen/Datenschutz

Situation

Seit 4 Monaten sind Sie nun als Auszubildende*r der Bürobedarf Müngsten GmbH in der Einkaufsabteilung eingesetzt.

Sie erhalten den Auftrag, für einen neuen Lieferanten, Firma Altmann GmbH, Inhaber: Frank Altmann, die Stammdaten zu erfassen. Da es sich um einen neuen Lieferanten handelt, müssen Sie daran denken, das Formular für die Datenschutzbestimmungen vorzubereiten. Sie haben Artvollmacht. Ihre Durchwahlnummer ist 333, Ihre E-Mail-Adresse lautet eigenerName@buero-muengsten.de

Weitere Daten zur ersten Lieferung der Firma Altmann GmbH, Sorpener Straße 47, 40213 Düsseldorf:

100 Pakete Druckerpapier A4 à 250 Blatt pro Paket

Premium Deluxe für Laser, Inkjet Printers und Kopierer

80 g/m^2

Koloriert (Farbe: Sand)

Artikel-Nr. 30-1456-A

Preis pro Paket 7,99 €

Übung

Arbeitsanweisungen

Teil 1: Erstellen des Formulars Datenschutz

DIGITAL+

- Öffnen Sie die Datei **Formular Datenschutz**.
- Übertragen Sie alle vorhandenen und Ihnen bekannten Daten in das Formular. Als Absender verwenden Sie die Adresse von der Firma Altmann GmbH. Übernehmen Sie im Anschriftfeld Ihren Namen als Ansprechpartner*in.
- Erfassen Sie unter dem Betreff „Datenschutzbestimmungen" folgenden Text:

  „Folgende Daten werden von der Bürobedarf Müngsten GmbH im Zusammenhang mit der Auftragsabwicklung gespeichert:"
- Formatieren Sie die Tabelle wie folgt:
  - erste Spalte in Fettdruck, linksbündig, Spaltenbreite 8 cm
  - zweite Spalte rechtsbündig, Spaltenbreite 5 cm
  - in der zweiten Spalte Daten lt. Situation übernehmen
  - alle Zellen vertikal zentrieren
  - gesamte Tabelle zentrieren
  - Zeilenhöhe für alle Zeilen 0,6 cm
  - alle Rahmenlinien entfernen
- Gestalten Sie jede zweite Zeile der Tabelle mit einem farbigen Hintergrund Ihrer Wahl.

Arbeitsanweisungen (Fortsetzung)

- Lassen Sie unterhalb der Tabelle eine Zeile frei und erfassen Sie in Fettdruck die Überschrift **„Zustimmungserklärung"**.
- Fügen Sie nach einem Absatz linksbündig ein Ankreuzkästchen (in Rot) ein und erfassen Sie dahinter mit einem Abstand von 1,5 cm den Text **„Ich stimme der oben aufgelisteten Datenspeicherung zu"**.
- Fügen Sie nach einer Leerzeile ein weiteres Ankreuzkästchen (in Rot) ein und übernehmen Sie den Text **„Ich nehme zur Kenntnis, dass ich jederzeit das Recht auf Korrektur, Ergänzung/Änderung bzw. Löschung der Daten habe".** Der Abstand zwischen Ankreuzkästchen und Text beträgt ebenfalls 1,5 cm.
- Für Ort, Datum und Unterschrift (auf Position 10 cm) verwenden Sie (unter Berücksichtigung eines normgerechten Abstandes) folgende Darstellung:

Ort, Datum   Unterschrift

- Überarbeiten Sie die Passagen, die einen Fließtext beinhalten, mit einem normgerechten Randausgleich.
- Fügen Sie rechts neben dem Anschriftfeld zwei zum Thema passende grafische Elemente ein und ändern Sie deren Farbe nach Ihren Vorstellungen.
- Speichern Sie die Bearbeitung Teil 1 unter dem Namen **Datenschutzformular Altmann**.

Aufgabe 7: Rationalisierung der Postbearbeitung

Situation

Sie sind in der Allgemeinen Verwaltung des Unternehmens Bürobedarf Müngsten GmbH in Düsseldorf tätig. Ihre Durchwahlnummer ist 553.

Auf der letzten Sitzung der Abteilungsleiter*innen wurde besprochen, wie mit den Schriftstücken des Postein- und Postausganges einheitlich zu verfahren ist. Sie erhalten die Aufgabe, auf Grundlage des Protokolls einen Leitfaden zu entwickeln. Anschließend werden Sie diesen als 7. Rundschreiben per E-Mail an alle Kolleginnen und Kollegen sowie an alle Abteilungsleiterinnen und Abteilungsleiter versenden.

Übung

Arbeitsanweisungen

Teil 1: Gestalten eines Leitfadens

DIGITAL+

- Öffnen Sie mit einem Textverarbeitungsprogramm das Dokument **Auszug Protokoll**.
- Übernehmen Sie die Aufstellungen „Posteingang" und „Postausgang" in eine neue Datei und speichern Sie diese unter **Leitfaden_Nachname**.
- Verwenden Sie für Ihr Dokument die Schriftart Arial, innerhalb der Tabelle Schriftgröße 10.
- Fügen Sie in der Fußzeile links Ihren Namen ein. Automatisch als „Feld" fügen Sie zentriert den Dateinamen und rechts das Datum, Schriftgröße 8 Punkt, ein.

DIGITAL+

- Fügen Sie das Logo der Müngsten GmbH ein, platzieren Sie es vertikal 1 cm vom oberen Rand und zentrieren Sie es.
- Versehen Sie das Dokument mit der Überschrift „Leitfaden Postbearbeitung – Schriftstücke scannen, kopieren, drucken". Teilen Sie die Überschrift sinnvoll in zwei Zeilen auf und zentrieren Sie diese.
- „Leitfaden Postbearbeitung" erhält die Schriftgröße 18, Fettdruck und Kapitälchen; erweitern Sie die Laufweite auf 3,5 Punkt und stellen Sie den Absatzabstand 6 Punkt ein.
- Wandeln Sie jeweils die Aufstellungen Posteingang und Postausgang in eine Tabelle um, wählen Sie folgende Spaltenbreiten: 1. Spalte 3 cm, 2. Spalte 5 cm, 3. Spalte 10 cm.
- Fügen Sie als Kopfzeilen der Tabellen jeweils eine leere Tabellenzeile ein.
- Verbinden Sie die Zellen und fügen Sie „Posteingang" (1. Tabelle) und „Postausgang" (2. Tabelle) ein.
- Erzeugen Sie unterhalb der Tabellen jeweils drei weitere Tabellenzeilen.
- Stellen Sie die Zellenbegrenzung beider Tabellen oben und unten auf 0,1 cm ein.
- Ändern Sie die Zeilenhöhe der Tabellen auf 0,7 cm.

Arbeitsanweisungen (Fortsetzung)

- Die Überschriften der Tabellen zentrieren Sie horizontal und vertikal, die übrigen Zeilen nur vertikal.
- Entfernen Sie die Innenlinien der Tabellen.
- Die äußeren Rahmen der Tabellen und eine Linie unterhalb der Kopfzeile erhalten die Stärke 1,5 Punkt, Farbe Aquamarin, Akzent 5 dunkler 25 %.
- Sortieren Sie die Inhalte der Tabellen alphabetisch.
- Schattieren Sie jede zweite Tabellenzeile, Farbe Aquamarin, Akzent 5 heller 80 %.
- Speichern Sie Ihr Ergebnis.

Teil 2: Erstellen eines Rundschreibens Nr. 7

DIGITAL+

- Öffnen Sie die **E-Mail-Vorlage** und speichern Sie das Dokument unter **Rundschreiben_Nachname**.
- Beschriften Sie die Fußzeile: linksbündig Name, zentriert Datum (automatisch), rechtsbündig Pfad und Dateiname in der Schriftgröße 8.
- Das Unternehmen hat Verteiler für „Beschäftigte“ und „Abteilungsleitung“ angelegt. In diesen ist der Geschäftsführer Dr. Robert Müngsten nicht aufgenommen, die Rundschreiben erhält er als Kopie, seine E-Mail-Adresse ist: r.muengsten@buero-muengsten.de.
- Formulieren Sie ein Rundschreiben an alle Mitarbeiter*innen und an die Abteilungsleitungen des Unternehmens. Informieren Sie diese entsprechend der Situation. Verwenden Sie dazu auch die Angaben aus dem Protokoll vom 12.04.20.. (siehe Anlage). Begründen Sie die Maßnahme, die ab 1. Mai gilt. Den Leitfaden fügen Sie dem Rundschreiben bei.
- Formulieren Sie die E-Mail in ganzen Sätzen, nicht stichwortartig. Achten Sie auf eine gute Ausdrucksweise und eine übersichtliche Darstellung.
- Speichern Sie das Dokument.

Anlage: Auszug aus dem Protokoll der Abteilungsleitersitzung vom 12.04.20.. der Müngsten GmbH

TOP 3 Rationalisierung der Postbearbeitung

Die ein- und ausgehenden Schriftstücke werden zurzeit von den Mitarbeiter/n*innen unterschiedlich behandelt. In letzter Zeit hatte das Unternehmen wegen der schleppenden internen Weiterleitung von Rechnungen größere Verluste, weil das Skonto nicht ausgenutzt werden konnte. Ausgehende Schriftstücke werden häufig mehrere Male ausgedruckt und zusätzlich nach Unterschrift noch einmal kopiert, was nicht erforderlich ist.

Alle Schriftstücke des Unternehmens sollen in einem ersten Schritt erfasst werden. Die Allgemeine Verwaltung erstellt eine Übersicht nach folgendem Muster:

Posteingang

Schriftstücke	**vervielfältigen/weiterleiten**	**Bemerkungen**
Rechnungen	einscannen	Original an Buchhaltung, PDF-Datei an Einkauf
Briefe	einscannen	Original an 1. Sachbearbeiter*in, PDF-Datei an 2. Sachbearbeiter*in
Lieferscheine	einscannen	Original an Einkauf, PDF-Datei an Lager
Angebote	einscannen	Original an Einkauf, PDF-Datei an Abteilungsleiter*in
Bestellungen	einscannen	Original an Verkauf, PDF-Datei an Abteilungsleiter*in

Postausgang

Schriftstücke	**vervielfältigen/weiterleiten**	**Bemerkungen**
Rechnungen	3-mal ausdrucken	Original und eine Kopie an Kunde, 3. Kopie Buchhaltung
Angebote	nach Unterschrift kopieren	Original an Empfänger, Kopie Zwischenablage Verkauf
Bestellungen	nach Kopieren Unterschrift	Original an Empfänger, Kopie Zwischenablage Verkauf
Briefe	nach Unterschrift kopieren	Original an Empfänger, Kopie Ablage/Zwischenablage
Lieferschein	2-mal ausdrucken	Original an Empfänger, Kopie Zwischenablage Verkauf

Die Allgemeine Verwaltung ermittelt bei den Mitarbeiter/n*innen die Schriftstücke, die sie erhalten bzw. absenden und wie sie bisher hinsichtlich Scannen, Kopieren oder Drucken behandelt wurden. Das Ergebnis dieser Befragung muss der Allgemeinen Verwaltung spätestens **am 26.04.20..** vorliegen und wird auf der nächsten Abteilungsleitersitzung am 28.04.20.. besprochen.

Aufgabe 8: Angebotsvergleich

Situation

Sie haben sich gut im Einkauf eingearbeitet und die Abteilungsleiterin, Frau Höger, gibt Ihnen immer anspruchsvollere Aufgaben. Heute, am 03.05.20.., überreicht Sie Ihnen zwei Angebote. Sie erklärt Ihnen:

„Wir wollen E-Bikes in unser Sortiment aufnehmen. Wir haben zwei Angebote über 10 Fahrräder eingeholt. Einmal das **Velo Vento 350** vom Hersteller BikeTec GmbH und dann noch das **Move On 47S** von der Bikefactory GmbH. Beide Fahrräder sind in etwa gleichwertig. Und unsere Vorstellungen zum Liefertermin können auch beide Anbieter erfüllen. Jetzt geht es also nur noch darum, wer günstiger ist. Könnten Sie beide Angebote vergleichen? Ich benötige Ihr Arbeitsergebnis als Tischvorlage und die Bestellung bis heute Nachmittag zur Abteilungsleiterbesprechnung.

Übung

Arbeitsanweisungen

- Schauen Sie sich die beiden Angebote auf den folgenden Seiten gut an. Machen Sie sich dann an die Arbeit:

  1. beide Angebote zu vergleichen
  2. eine Tischvorlage zu erstellen
  3. die Bestellung beim günstigeren Lieferanten vorzubereiten

Teil 1: Erstellen Sie den Angebotsvergleich

- Öffnen Sie dafür die Datei **Angebotsvergleich.xlsx**, führen Sie den Vergleich durch und speichern Sie diese Datei unter **Angebotsvergleich E-Bikes**.

DIGITAL+

Teil 2: Erstellen Sie eine Tischvorlage

- Öffnen Sie dafür die Datei **Tischvorlage** und speichern diese unter **Tischvorlage Angebotsvergleich** ab.
- Füllen Sie die Datei aus. Berücksichtigen Sie die Angaben aus der Situation. Das Thema wird als 7. Tagesordnungspunkt in der Sitzung besprochen.
- Formulieren Sie Ihr Arbeitsergebnis. Fügen Sie die Excel-Datei zum Angebotsvergleich als verknüpftes Element hinzu.

Teil 3: Schreiben Sie die Bestellung

- Öffnen Sie die Datei **Geschäftsbriefvordruck Reif KG**. Speichern Sie diese Datei unter **Reif-Bestellung E-Bike**. Schreiben Sie die Bestellung. Formulieren Sie in ganzen Sätzen.

Arbeitsanweisungen (Fortsetzung)

- Übernehmen Sie die benötigten Informationen aus der Situation und den nachfolgenden Angeboten. Gehen Sie besonders auf folgende Punkte ein:

Einleitung und Schluss

Hauptteil: Bestellen Sie 10 E-Bikes – Nennen Sie die Produktbezeichnung und den Preis – Formulieren Sie die Lieferungs- und Zahlungsbedingungen – Wählen Sie die Farbe aus – Bitten Sie um einen aktuellen Katalog mit Preisliste

Angebot 1:

BikeTec GmbH · Zeller Straße 139 · 38820 Halberstadt
Reif KG
Frau Katharina Höger
Schlossgraben 30
45657 Recklinghausen

Ihr Zeichen: khö
Ihre Nachricht: 02.05.20..
Unser Zeichen: züg
Unsere Nachricht vom:

Name: Walter Zügner
Telefon: 03941 5577-12
Telefax: 03941 5577-1
E-Mail: zuegner@biketec.de

Datum: 03.05.20..

Angebot

Sehr geehrter Frau Höger,

vielen Dank für Ihr Interesse an unseren Produkten. Wir unterbreiten Ihnen gerne folgendes Angebot:

Pos.	Artikel-Nr.	Artikelbezeichnung	Menge	Einzelpreis	Gesamtpreis
001	12 543	Velo Vento 350	10 Stück	1.450,00 EUR	14.500,00 EUR

Das Velo Vento 350 mit einem Li-Ion 36 V-Akku besitzt eine Reichweite von 50 bis 120 km (je nach Modi). Die Ladezeit beträgt 4,5 Stunden. Das E-Bike wird mit einem Heckmotor von 250 W angetrieben. Die Gesamtbelastung beträgt 135 kg. Sie können das E-Bike in der Rahmenhöhe 26“ oder 28“ wählen. Wir bieten 10 Jahre Garantie auf den Rahmen sowie auf den Elektromotor. Das Velo Vento 350 ist in den Farben Schwarz-Grau oder Silber erhältlich.

Sie zahlen innerhalb von 30 Tagen netto oder innerhalb von 10 Tagen mit 2 % Skonto. Die Lieferung, die wir innerhalb von 10 Tagen nach Bestelleingang ausführen, erfolgt innerhalb Deutschland frei Haus.

Zudem gewähren wir Ihnen einen Rabatt in Höhe von 10 % bei Abnahme von 10 E-Bikes. Sollten Sie sich dazu entschließen, 30 E-Bikes zu kaufen, können Sie mit einem Rabatt von 20 % rechnen.

Wir freuen uns auf Ihren Auftrag, den wir zu Ihrer vollsten Zufriedenheit ausführen werden.

Mit freundlichen Grüßen

BikeTEC GmbH

i. A. *Walter Zügner*

Walter Zügner

Hausanschrift
BikeTec GmbH
Zum Zeller Loch 1
38805 Halberstadt

Geschäftsführer
Peter Schwarz
Handelsregister: HRB 647683
USt.-IdNr. DE156478984

Bankverbindung
Harzsparkasse
IBAN DE81 0520 0000 8939 8533 49
BIC NOLADE21HRZ

Angebot 2:

Bikefactory

Bikefactory GmbH - Ostwallring 65 - 44328 Dortmund
Reif KG
Frau Katharina Höger
Schlossgraben 30
45657 Recklinghausen

Ihr Zeichen: khö
Ihre Nachricht vom: 02.05.20..
Unser Zeichen: je
Unsere Nachricht vom:

Telefon: 0231 6532-731
Ihre Ansprechpartnerin: Jana Erdinger

Datum: 03.05.20..

Angebot 20../455

Sehr geehrte Frau Höger,

vielen Dank für Ihre telefonische Anfrage. Gerne unterbreiten wir Ihnen folgendes Angebot:

Pos./Artikelnr.	Artikelbezeichnung	Menge	Einzelpreis
01/14075	Move On 47S	10	1.500,00 EUR
		Gesamtpreis	**15.000,00 EUR**

Unser Move On 47S zeichnet sich durch seine enorme Reichweite von bis zu 130 km aus. Das hohe Leistungsvermögen ist auf den Heckmotor mit einer Leistung von 225 Watt und eine günstige Übersetzung zurückzuführen. Die Ladezeit beträgt 5 Stunden. Maximal kann Move On mit 120 kg belastet werden. Das Move On erhalten Sie in einer Rot-Silber- oder Kaiserblau-Lackierung.

Wir bieten Ihnen bei Abnahme von 10 Fahrrädern einen Mengenrabatt von 20 %. Bei Zahlung innerhalb von 2 Wochen gewähren wir Ihnen 3 % Skonto, sonst bitten wir um Zahlungsausgleich innerhalb von 30 Tage netto. Unsere Versandpauschale beträgt 350,00 €. Wir liefern spätestens 3 Tage nach Bestellung.

Wir freuen uns, wenn Ihnen unser Angebot zusagt, und sichern Ihnen eine zuverlässige Ausführung Ihres Auftrages zu.

Mit freundlichen Grüßen

Bikefactory GmbH

i. A. J. Erdinger

Jana Erdinger

Geschäftsräume	**Handelsregister-Nr.**	**Geschäftsführung**	**Bankverbindung**
Bikefactory GmbH	HBR 387 374	Gisela Waldhauer	TARGOBANK
Ostwallring 66 - 68	**Internetadresse**	Gertrude Weinheim	IBAN DE01 3002 0900 3645 2173 90
44328 Dortmund	www.bikefactory@com		BIC CMCIDEDDXXX

Aufgabe 9: Rechte des Verbrauchers bei Reklamationen

Situation

Sie sind in der Reklamationsabteilung der Reif KG in Recklinghausen beschäftigt. Die Reif KG ist das größte Zweiradgeschäft der Kreisstadt. Der Zweiradspezialist ist bekannt für gute Qualität zu günstigen Preisen, fachliche Beratung und zuverlässigen Service. Er beschreibt sich selbst als „Kaufhaus rund ums Fahrrad".

Heute kommt Ihr Vorgesetzter, Herr Groß, in Ihr Büro und legt Ihnen mit den Worten „Da ist wohl was schiefgegangen." einen Brief hin:

Charleen Rothfels

Marktstraße 150 ◆ 46045 Oberhausen ◆ ☎ 0208 23678 ◆ E-Mail: charo@gmx.de

Reif KG
Schlossgraben 30
45657 Recklinghausen

Montag, 19. Januar 20..

Rahmenbruch eines Damen-Mountainbike „Cute Lady S, Modellversion 20.."

Sehr geehrte Damen und Herren,

ich habe vor 5 Monaten ein Damen-Mountainbike „Cute Lady S, Modellversion 20.." bei Ihnen erworben. Dieses Rad benutze ich seitdem jeden Sonntag für Ausflüge ins Sauerland. Gestern bin ich aufgrund eines Rahmenbruchs mit diesem Fahrrad gestürzt. Der Radservice in Arnsberg wies mich darauf hin, dass die Ursache dieses Rahmenbruchs ein Haarriss im Rahmen sei. Es sei sehr wahrscheinlich, dass dieser Haarriss auf einen Produktionsfehler zurückzuführen sei.

Das Fahrrad erlitt einen Totalschaden. Meine Multifunktionsjacke im Wert von 400 Euro ist durch den Sturz zerrissen und damit nicht mehr zu gebrauchen.

Ich bitte Sie, mir einen angemessenen Vorschlag zur Regulierung dieses Schadens zu machen.

Freundliche Grüße

Charleen Rothfels

Herr Groß bittet Sie mit den Worten: „Wir wollen auf keinen Fall eine Kundin verlieren!", Frau Rothfels so schnell wie möglich schriftlich zu antworten. Sie sollen ihr den ihr rechtlich zustehenden Anspruch und eine angemessene Kulanzleistung anbieten.

Zusätzlich möchte Herr Groß, dass Sie für die Mitarbeiter*innen ein Merkblatt erstellen. Dieses Merkblatt soll darüber informieren, welche gesetzlichen Ansprüche Verbraucher im Falle einer mangelhaften Lieferung besitzen.

Übung

Arbeitsanweisungen

Teil 1: Merkblatt

- Öffnen Sie in Word ein neues Dokument. Speichern Sie das Dokument unter dem Dateinamen **Informationsblatt_Nachname**.
- Setzen Sie Ihren Vor- und Zunamen rechtsbündig in Arial, 8 Punkt in die Kopfzeile.
- Schreiben Sie in die erste Zeile in Arial, 12 Punkt, fett, „Informationsblatt".
- Erstellen Sie die unten stehende Grafik. Verwenden Sie dafür die Tabellenfunktion und Textfelder.
- Übernehmen Sie alle Absatz- und Zeichenformatierungen. Verwenden Sie als Schrift Arial, Schriftgröße 12 Punkt und 10 Punkt.

Rechte des Verbrauchers bei mangelhafter Lieferung[1]

vorrangige Rechte des Verbrauchers
(grundsätzlich ohne Fristsetzung)

Nacherfüllung
Verbraucher hat – unter Berücksichtigung von Unzumutbarkeit bzw. Unmöglichkeit – freie Wahl zwischen kostenloser

Nachbesserung | **Neulieferung**

und ggf. **Schadensersatz* neben der Leistung**

Umkehr der Beweislast: Zeigt sich beim Verbrauchsgüterkauf innerhalb von sechs Monaten seit Gefahrenübergang ein Sachmangel, so wird vermutet, dass die Sache bereits bei Gefahrenübergang mangelhaft war.

Übergang zu nachrangigen Rechten nur
- nach erfolglosem Ablauf einer angemessenen Nacherfüllungsfrist oder
- bei erfolgloser Nacherfüllung (fehlgeschlagen, verweigert oder unzumutbar) oder
- bei Fix- und Zweckkauf

nachrangige Rechte des Verbrauchers

nur bei erheblichen Mängeln (vgl. 1 bis 3)					**auch bei unerheblichen Mängeln (vgl. 4)**
1. Rücktritt vom Kaufvertrag	und ggf.	**2. Schadensersatz* statt** der Leistung	oder	**3. Ersatz vergeblicher** Aufwendungen	**4. Minderung** des Kaufpreises und ggf. **Schadensersatz* neben** der Leistung

* Voraussetzung: nachweisbarer Schaden und Verschulden des Verkäufers

- Setzen Sie ein Fußnotenzeichen hinter das Wort „Lieferung" in der Überschrift. Erzeugen Sie eine Fußnote (10 Punkt, Blocksatz) am Seitenende mit folgendem Inhalt:

  [1] Grafik mit kleinen Änderungen übernommen aus: Bartnik, D. u. a. (2014), Büro 2.1. Kaufmann/Kauffrau für Büromanagement. Informationsband. 1. Ausbildungsjahr, Verlag Europa-Lehrmittel, Haan-Gruiten, S. 375.

- Speichern Sie Ihr Ergebnis.

DIGITAL+

Arbeitsanweisungen (Fortsetzung)

Teil 2: Geschäftsbrief

- Öffnen Sie den **Geschäftsbriefvordruck Reif KG** und speichern Sie diesen unter dem Namen **Antwort auf Reklamation_Nachname**.
- Verwenden Sie Arial, 12 Punkt.
- Übernehmen Sie alle Angaben aus dem Brief von Frau Rothfels, die Sie für Ihre Antwort brauchen.
- Weitere Angaben:
  - Erstellen Sie Ihr eigenes Kurzzeichen.
  - Ihre Telefonnummer lautet 02361 2409-43.
  - Die Fax-Nummer der Radmarkt Reif KG ist 02361 2410.
  - Ihre E-Mail-Adresse heißt eigenerName@radmarkt.reif.de.
  - Sie besitzen Artvollmacht.
- Schreiben Sie die Antwort an Frau Rothfels. Formulieren Sie den Brief in ganzen Sätzen, nicht stichwortartig. Achten Sie auf eine gute Ausdrucksweise und übersichtliche Darstellung.
- Berücksichtigen Sie die Angaben der Situation und gehen Sie dabei besonders auf folgende Punkte ein:
  - Entschuldigung und Erläuterung der Situation
  - Rad zur Begutachtung vorbeibringen
  - Darstellen der Rechte, die Frau Rothfels aufgrund der geschilderten Situation hat
  - allerdings: Reparatur des Rahmens nicht möglich
  - Behebung des Schadens an der Jacke
  - Vorschlag über eine zusätzliche, angemessene Kulanzleistung
  - geeigneter Schlusssatz
- Speichern Sie Ihr erstelltes Dokument.

Aufgabe 10: Flyer „Seminarwoche für unsere Auszubildenden"

Situation

Die Ausbildungsleiterin der Markgraf Brunnen GmbH, Frau Arnold, bittet Sie einen Flyer zur Einladung für ein Seminar zur Prüfungsvorbereitung im A5-Format zu entwerfen. Mit diesem Flyer sollen alle Auszubildenden aus Freiburg eingeladen werden (PLZ-Gebiet 79098). Dazu muss eine vorhandene Datei entsprechend überarbeitet werden. Frau Arnold wünscht, dass der Flyer mit der Serienbrieffunktion erstellt wird, damit eine persönliche Anrede möglich ist.

Frau Arnold bittet Sie, ihr die Vorschläge der teilnehmenden Auszubildenden sowie zum Flyer per E-Mail zuzusenden. Der Seminarleiter, Herr Pfitzer, soll die Informationen per Kopie erhalten. Eine Erläuterung zur technischen Ausstattung zum Besuch von Webinaren fügen Sie bei.

Übung

Arbeitsanweisungen

Teil 1: Mitteilung an Frau Arnold per E-Mail

- Öffnen Sie ein neues Dokument in Word und ändern Sie den rechten Rand auf 1 cm.
- Erstellen Sie mit der Tabellenfunktion die Kopfangaben für ein E-Mail-Formular. Übertragen Sie die Leitwörter „An:", „Cc:", „Bcc:", „Betreff:" und „Anhang:" und füllen Sie die Bereiche gemäß der Situationsbeschreibung aus.
- Informieren Sie Frau Arnold über die inhaltlichen Punkte (siehe nachfolgende Stichpunkte), die Sie für den Flyer vorsehen:

  1. Seminarwoche in der Zeit vom … ***(Datum einsetzen)***
  2. Ort: Haus des Handwerks in Freiburg, Seminarstraße 7 - 11
  3. Veranstaltung als Präsenzveranstaltung oder als Webinar buchbar
  4. beim Webinar technische Ausstattung gemäß der beiliegenden Erläuterung beachten
  5. neue Lernerfahrungen beim hybriden Lernen sammeln (z. B. Interaktion, mobiles Lernen)
  6. Anmeldung bis zum TT.MM.JJJJ

- Weisen Sie auf die ausgewählten Auszubildenden hin. Die selektierte Datenquelle sowie den Entwurf für den Flyer fügen Sie der E-Mail als Anhang bei.
- Erstellen Sie gemäß den Gepflogenheiten in der Markgraf Brunnen GmbH einen normgerechten Abschluss der E-Mail.
- Speichern Sie die Bearbeitung unter **E-Mail-Flyer** ab.

Teil 2: Entwurf des Flyers

DIGITAL+

- Bearbeiten Sie als Vorbereitung zunächst die Auswahl der Auszubildenden. Öffnen Sie dazu in dem Ordner Schülerdateien die in Word erstellte Datenquelle **Auszubildende in Freiburg**.
- Sortieren Sie in der Datenquelle die Spalte PLZ aufsteigend. Löschen Sie alle Datensätze, die nicht der PLZ 79098 entsprechen. Sortieren Sie die verbleibenden Datensätze alphabetisch.
- Optimieren Sie die Spaltenbreiten und formatieren Sie die Datenquelle nach DIN 5008 und speichern Sie die überarbeitete Datenquelle unter dem Namen **Quelle Flyer**.

Arbeitsanweisungen (Fortsetzung)

- Um nun den Flyer zur Einladung zu erstellen, öffnen Sie ein neues Dokument (in Word) und verändern Sie den rechten Rand auf 1 cm.
- Fügen Sie eine Tabelle (1 Spalte, 1 Zeile) ein.
- Formatieren Sie die Tabelle wie folgt: Tabellenbreite 14 cm, Zeilenhöhe 20 cm.
- Zentrieren Sie die gesamte Tabelle.
- Leiten Sie einen Seriendruck ein und greifen Sie dazu über **Empfänger auswählen** auf die Datei „Quelle Flyer" zurück.
- Formulieren Sie eine persönliche Anrede mit der Wenn-dann-sonst-Bedingung.
- Erstellen Sie einen optisch ansprechenden Werbe-Flyer nach den Vorgaben der Situation.
- DIGITAL+ Fügen Sie an geeigneter Stelle das Logo der Markgraf Brunnen GmbH und die Datei **Produkte Markgraf Brunnen.jpg** ein.
- Speichern Sie den Flyer unter dem Namen **Flyer als Seriendruck**.

Teil C: Prüfungsübungen Tabellenkalkulation

Aufgabe 1: Ausbildungskosten

Situation

Sie sind in der Personalabteilung der Möbelfabrik Wohntal GmbH eingesetzt. Ihre Vorgesetzte bittet Sie, die Entwicklung der Ausbildungskosten der Wohntal GmbH mithilfe einer Tabellenkalkulation aufzubereiten.

Übung

Arbeitsaufträge

DIGITAL+

1. Erstellen Sie in einem Tabellenkalkulationsprogramm die folgende Tabelle oder öffnen Sie die Datei „Aufgabe 1".

	A	B	C	D	E
5	Jahr	Anzahl der Auszubildenden	Gesamtkosten	Kosten je Auszubildendem	Branchendurchschnitt Kosten je Auszubildendem
6	2005	11	60.775 €		5.680 €
7	2006	10	54.255 €		5.810 €
8	2007	9	50.762 €		5.890 €
9	2008	9	52.356 €		5.910 €
10	2009	12	70.084 €		5.980 €
11	2010	12	71.435 €		6.290 €
12	2011	15	96.751 €		6.470 €
13	2012	15	97.854 €		6.560 €
14	2013	14	96.211 €		6.690 €
15	2014	15	99.826 €		6.730 €
16	2015	16	105.624 €		6.820 €
17	2016	18	124.020 €		6.880 €
18	2017	20	149.598 €		6.870 €
19	2018	17	124.756 €		6.880 €
20	2019	18	131.224 €		6.890 €
21	2020	18	129.420 €		6.920 €
22	2021	17	120.996 €		6.975 €

2. Berechnen Sie in Spalte D mit einer geeigneten Formel die Kosten je Auszubildenden.

3. Formatieren Sie alle Zahlen im Währungsformat mit €-Symbol und zwei Nachkommastellen. Formatieren Sie die Ausrichtung der Spaltenbezeichnungen so, dass der Text nicht nur horizontal, sondern auch vertikal zentriert wird.

4. Erstellen Sie auf einem neuen Tabellenblatt ein Liniendiagramm, mit dessen Hilfe die Entwicklung der Kosten je Auszubildenden der Wohntal GmbH im Vergleich zu den Ausbildungskosten im Branchendurchschnitt veranschaulicht wird. Versehen Sie das Diagramm mit einer aussagekräftigen Überschrift und skalieren Sie die Y-Achse mit dem Minimum-Wert 5000 und dem Hauptintervall 200.

5. Der Geschäftsführer der Wohntal GmbH hat vor einiger Zeit geäußert, die Zahl der Auszubildenden des Unternehmens solle sich im Regelfall zwischen 12 und 18 bewegen. Berechnen Sie unterhalb der Tabelle mithilfe von geeigneten Funktionen

   a) die durchschnittliche Anzahl der Auszubildenden,
   b) den Anteil der Jahre mit mehr als 18 Auszubildenden sowie
   c) den Anteil der Jahre mit weniger als 12 Auszubildenden.

6. Die Abteilung Controlling hat in einem Bericht gegenüber der Geschäftsleitung die gestiegenen Ausbildungskosten problematisiert. Verfassen Sie dazu eine kurze Stellungnahme.

7. Richten Sie Ihre Seite so ein, dass die gesamte Aufgabe vollständig auf einer A4-Seite gedruckt werden kann.

Aufgabe 2: Kostenübersicht

Situation

Als Mitarbeiter*in in der Abteilung „Allgemeine Verwaltung“ werden Sie von Ihrem Abteilungsleiter gebeten, die Kosten der Abteilung im Fünfjahresvergleich darzustellen.

Übung

Arbeitsaufträge

DIGITAL+

1. Erstellen Sie in einem Tabellenkalkulationsprogramm die abgebildete Tabelle oder öffnen Sie die Datei „Aufgabe 2“.

5		1. Jahr	2. Jahr	3. Jahr	4. Jahr	5. Jahr
6		(in EUR)	(in EUR)	(in EUR)	(in EUR)	(in EUR)
7	Materialverbrauch	618763	682989	655911	621891	588874
8	Kommunikationsaufwand	389024	430936	458912	510723	545967
9	Energieaufwand	219892	245630	209855	199765	200114
10	Abschreibungen	530250	530250	530250	410000	410000
11	Gehälter / Sozialaufwand	911340	981430	1015421	1040120	1070645
12	Mieten	60000	60000	60000	75500	75500
13	Sonstige Kosten	3412	4112	3421	5231	1987

2. Ergänzen Sie eine weitere Spalte, in der Sie die Summen für den Fünfjahreszeitraum berechnen.

3. Berechnen Sie in einer weiteren Zeile den jährlichen Gesamtaufwand für jedes der fünf Jahre.

4. Berechnen Sie für jedes Jahr den prozentualen Anteil des Kommunikationsaufwandes am jährlichen Gesamtaufwand.

5. Berechnen Sie für jedes Jahr den prozentualen Anteil des Materialverbrauchs am jährlichen Gesamtaufwand.

6. Formatieren Sie die in 4. und 5. berechneten Ergebnisse in Prozent mit zwei Nachkommastellen.

7. Berechnen Sie mithilfe der entsprechenden Funktionen für jede Aufwandsart den Jahresdurchschnitt, den Maximalwert und den Minimalwert im Fünfjahresvergleich.

8. Formatieren Sie die Überschrift im Schriftformat Arial 12 Punkt, fett und die Zeilen- und Spaltenbezeichnungen jeweils fett. Zentrieren Sie die Spaltenbezeichnungen.

9. Formatieren Sie alle Zahlen mit 1000er-Trennzeichen ohne Nachkommastellen.

10. Erstellen Sie ein Säulendiagramm, in dem der Vergleich der Anteile des Kommunikationsaufwands und des Materialverbrauchs am jährlichen Gesamtaufwand veranschaulicht wird. Das Diagramm soll die Entwicklung dieser Anteile (ohne den Gesamtaufwand) über die gesamten fünf Jahre zeigen.

11. Erläutern Sie kurz, wie sich die Anteile des Kommunikationsaufwands und des Materialverbrauchs im Fünfjahreszeitraum entwickelt haben.

12. Richten Sie Ihre Seite so ein, dass die gesamte Aufgabe vollständig auf einer A4-Seite gedruckt werden kann.

Aufgabe 3: Mitarbeiterbefragung

Situation

Sie sind in der Personalabteilung der Möbelfabrik Wohntal GmbH eingesetzt. Ihr Vorgesetzter bittet Sie, eine Mitarbeiterbefragung zum Thema „Effizientes Zeitmanagement" mithilfe einer Tabellenkalkulation auszuwerten.

Übung

Arbeitsaufträge

1. Erstellen Sie in einem Tabellenkalkulationsprogramm die abgebildete Tabelle oder öffnen Sie die Datei „Aufgabe 3".

DIGITAL+

	A	B	C	D	E	F	G	H	I	J	K	L	M	N	O	P	Q	R	S	T	U	V	W	X	Y	Z	AA	AB	AC	AD	AE	AF	AG	AH	AI	AJ	AK	AL	AM
7	Rang	Aussage	Fragebogen 1 - 35																																			Nennungen	Häufigkeit
8			1	2	3	4	5	6	7	8	9	10	11	12	13	14	15	16	17	18	19	20	21	22	23	24	25	26	27	28	29	30	31	32	33	34	35		
9		Fehlende Selbstdisziplin								x					x	x														x					x	x			
10		Wartezeiten (bei Verabredungen)						x	x		x		x									x						x	x		x		x						
11		Privatgespräche		x					x	x					x	x		x						x					x	x					x	x			
12		Ablenkung durch Lärm im Büro					x			x				x				x						x			x			x									
13		Ineffiziente Besprechungen			x					x				x							x				x					x				x					
14		Fehlende Formulare und Vorlagen	x	x	x		x		x		x			x	x				x		x		x	x	x		x		x		x		x	x	x				
15		Keine Puffer und Pausen				x						x				x	x				x	x				x						x				x	x		
16		Fehlende Zielklarheit		x	x	x	x		x		x	x				x	x		x		x	x		x	x	x	x		x		x	x		x		x	x		
17		Falsche Prioritätensetzung				x		x						x		x		x				x				x							x						
18		Mängel im Teamwork			x								x		x		x		x	x					x								x				x		
19		Ineffizientes Ablagesystem	x		x	x	x	x					x		x		x		x				x			x									x				
20		Unterbrechungen durch E-Mails	x							x										x								x								x			
21		Unterbrechungen durch Anrufe										x							x	x			x		x		x	x				x		x	x		x		
22		Unvollständige Informationen		x				x	x		x	x	x	x			x	x					x					x	x	x	x	x	x	x			x		
23		Zu viel interne Kommunikation	x															x		x	x																		
24		Zu wenig Delegation	x	x		x	x	x			x	x	x							x		x	x	x		x	x	x			x	x							
25	Kontrollsumme (5 Aussagen)																																						

2. Ermitteln Sie in der Spalte AL mithilfe einer geeigneten Funktion für jede Aussage die Anzahl der Nennungen.

3. Berechnen Sie in der Spalte AM den Prozentanteil der Nennungen bezogen auf die Anzahl von 35 Fragebögen (Häufigkeit in Prozent). Formatieren Sie den berechneten Wert als Prozentzahl mit einer Nachkommastelle.

4. Überprüfen Sie in der Zeile 25 mithilfe einer geeigneten Funktion für jeden der Fragebögen die Anzahl der Nennungen. Jeder Teilnehmer sollte genau 5 Aussagen angekreuzt haben.

5. Berechnen Sie in der Zelle AL25 die Summe der Nennungen.

6. Ermitteln Sie in der Spalte A mithilfe einer geeigneten Funktion den Rang der jeweiligen Aussagen (häufigste Aussage Rang 1 usw.).

7. Sortieren Sie die Tabelle absteigend nach der Häufigkeit.

8. Fügen Sie in der Zeile 27 den Text „Anteil der 5 häufigsten Nennungen der Gesamtzahl der Nennungen" ein und berechnen Sie diese Größe in der Zelle AM27. Formatieren Sie die berechnete Größe als Prozentzahl mit einer Nachkommastelle. Formatieren Sie den Text und die berechnete Zahl fett und versehen Sie den berechneten Wert mit einem Rahmen.

9. Stellen Sie die fünf häufigsten Aussagen in Form eines Säulendiagramms dar. Versehen Sie das Diagramm mit einer aussagekräftigen Überschrift.

10. Welche Schlussfolgerungen können aus der Befragung gezogen werden? Schlagen Sie zwei Maßnahmen vor, die dazu beitragen können, das Zeitmanagement der befragten Mitarbeiter zu verbessern.

11. Richten Sie Ihre Seite so ein, dass die gesamte Aufgabe vollständig auf einer A4-Seite gedruckt werden kann.

Aufgabe 4: Ausgaben

Situation

Sie sind Mitarbeiter*in des Getränkeherstellers Markgraf Brunnen GmbH mit Firmensitz in Freiburg im Breisgau und werden beauftragt, mithilfe einer Tabellenkalkulation die Investitionen Ihres Unternehmens zu analysieren.

Übung

Arbeitsaufträge

DIGITAL+

1. Erstellen Sie die folgende Tabelle oder öffnen Sie die Datei „Aufgabe 4“.

5		I. Quartal	II. Quartal	III. Quartal	IV. Quartal
6	Maschinen	96429	159498	178947	0
7	Fuhrpark	59950	0	0	53890
8	Computerausstattung	34985	14513	0	12996
9	Büromöbel	698	1292	495	445
10	Weiterbildung	0	15598	1195	1098
11	Sonstige Ausgaben	12894	29991	5897	7618

2. Berechnen Sie die Summen für die einzelnen Quartale und für die einzelnen Ausgabenbereiche (Maschinen, Fuhrpark etc.).

3. Berechnen Sie – beginnend mit dem II. Quartal – die Differenz der Summe der Ausgaben im Vergleich zum unmittelbar vorhergehenden Quartal.

4. Berechnen Sie – beginnend mit dem II. Quartal – die prozentuale Veränderung der Ausgabensumme im Vergleich zum unmittelbar vorhergehenden Quartal.

5. Formatieren Sie die Überschrift "Ausgaben der Markgraf Brunnen GmbH" im Schriftformat Times New Roman 14 Punkt, fett, die einzelnen Investitionsbereiche in Times New Roman 12 Punkt, fett und kursiv sowie die Zeilen- und Spaltenbezeichnung „Summe“ und die Quartalsüberschriften in Times New Roman 12 Punkt und fett. Alle Zahlen sollen im Währungsformat mit zwei Nachkommastellen und €-Symbol erscheinen.

6. Erstellen Sie ein Kreisdiagramm, das die Anteile der einzelnen Ausgabenbereiche an den jährlichen Gesamtausgaben verdeutlicht. Versehen Sie das Diagramm mit einer aussagefähigen Überschrift und einer Legende rechts neben dem Diagramm im Schriftformat Arial 9 Punkt. Ergänzen Sie im Kreisdiagramm das Diagrammelement Datenbeschriftung (Prozentanteile der einzelnen Ausgabenbereiche).

7. Der Geschäftsführer der Markgraf Brunnen GmbH möchte einen gerafften Bericht über die von Ihnen ausgewerteten Zahlen. Dabei interessieren ihn vor allem diese Fragen:

   Welchen Anteil haben die Ausgaben für neue Maschinen an den Gesamtausgaben?
   Wie haben sich die Ausgaben im Laufe des Jahres von Quartal zu Quartal entwickelt? Gibt es irgendwelche Besonderheiten? Wie erklären sich diese?

   Der Geschäftsführer erklärt, dass es sich bei allen Ausgaben um Investitionen handle, die sich auch wieder amortisieren würden. Erläutern Sie kurz, wie diese Aussage zu verstehen ist.

8. Richten Sie Ihre Seite so ein, dass die gesamte Aufgabe vollständig auf einer A4-Seite gedruckt werden kann.

Aufgabe 5: Lagerkosten

Situation

Zwei Räume der Markgraf Brunnen GmbH, die für die Ablage von Dokumenten verwendet werden, sollen zusammengelegt werden. Bei den einzulagernden Dokumenten handelt es sich um Schriftgut mit gesetzlicher Aufbewahrungsfrist, welches noch nicht vernichtet werden kann. Die gesamte Ablage soll nun in einen anderen, etwas größeren Raum umziehen. Vorab wurden die Mitarbeiter*innen befragt, wie hoch die Anzahl der Ordner ist, die dort eingelagert werden sollen. Dabei wurde zwischen Ordnern der Größe A4-50 (50 mm breit), A4-80 (80 mm breit) und A4-100 (100 mm breit) unterschieden.

Übung

Arbeitsaufträge

1. Erstellen Sie in einem Tabellenkalkulationsprogramm die folgende Tabelle oder öffnen Sie die Datei „Aufgabe 5“.

	A	B	C	D	E	F	G	H
5	Benötigte Regalmeter							
6								
7		Anzahl der Ordner im		Breite der	Benötigte Regalbreite in		Gesamte	
8	Ablage	Raum A und B		Ordner	m (aufgerundet)		Regalmeter	
9		Raum A	Raum B	(in cm)	Raum A	Raum B		
10	A4-50	497	201	5				
11	A4-80	682	325	8				
12	A4-100	595	691	10				
13	Summe							
14								
15								
16	Angebote für Fremdlagerung							
17								
18			Lagerhaus Meier OHG		Lagerservice MGS KG		Storage & more GmbH	
19	Kosten je Regalmeter			2,99 €		4,00 €		4,90 €
20	Servicepauschale			499,00 €		300,00 €		- €
21	Gesamte Lagerkosten							
22								
23	Günstigster Preis:							
24	Günstigster Anbieter:							

2. Berechnen Sie in der Spalte E und F die benötigte Regalbreite in Metern. Nutzen Sie eine Funktion, um die berechneten Werte auf ganze Meter aufzurunden.

3. Berechnen Sie die gesamten Regalmeter, die im neuen Lagerraum für die einzelnen Ordner benötigt werden (Spalte G).

4. Bilden Sie die Summen für die Anzahl der benötigten Ordner im Raum A und B, die benötigte Regalbreite im Raum A und B sowie die gesamten Regalmeter.

5. Als Alternative zur eigenen Lagerung liegen 3 Angebote für die Fremdlagerung der Dokumente vor (unterer Teil der Tabelle).

   Berechnen Sie die gesamten monatlichen Lagerkosten bei den 3 Angeboten für die Fremdlagerung.

6. Berechnen Sie den günstigsten Preis und den günstigsten Anbieter jeweils mit einer geeigneten Funktion.

Arbeitsaufträge (Fortsetzung)

7. Formatieren Sie alle Zahlen in der Tabelle „Benötigte Regalmeter“ als Zahl ohne Nachkommastelle mit 1.000-Trennzeichen und alle Zahlen der Tabelle „Angebote für Fremdlagerung“ im Format „Buchhaltung“ mit 2 Nachkommastellen und €-Symbol.

8. Versehen Sie die gesamte Tabelle mit einem Gitternetz. Formatieren Sie die Überschriften der Tabellen und die berechneten Summen fett.

9. Zentrieren Sie die Spaltenbezeichnungen und versehen Sie die entsprechenden Zellen mit einem grauen Hintergrund.

10. Von der Kostenrechnung erhalten Sie die Informationen, dass der vorgesehene eigene Lagerraum der Markgraf Brunnen GmbH bei Berücksichtigung aller Kosten nur mit ca. 850 EUR zu Buche schlage und eine Fremdlagerung daher nicht in Frage komme.

    Wie müsste sich der Umfang der zu lagernden Regalmeter verändern, damit eine Fremdlagerung ggf. wieder interessant werden könnte? Nennen Sie zwei weitere Kriterien, die – neben dem reinen Kostenvergleich – bei der Entscheidung zwischen Eigen- und Fremdlagerung eine Rolle spielen können.

11. Richten Sie Ihre Seite so ein, dass die gesamte Aufgabe vollständig auf einer A4-Seite gedruckt werden kann.

Aufgabe 6: Kopierverbrauch

Situation

Sie sind in der Abteilung Controlling der Bürowelt Müngsten GmbH beschäftigt. Das Unternehmen hat sich das Ziel gesetzt, die Abläufe zunehmend papierlos abzuwickeln. Ihr Vorgesetzter beauftragt Sie damit, eine genaue Aufstellung des Kopierpapierverbrauchs vorzunehmen, um zu analysieren, wie dies bislang umgesetzt wurde.

Übung

Arbeitsaufträge

1. Erstellen Sie die folgende Tabelle oder öffnen Sie die Datei „Aufgabe 6".

5	Kopier-code	Name	Abteilung	1. Quartal	2. Quartal	3. Quartal	4. Quartal	Kopien pro Jahr	Anteil an gesamten Kopien
6	2544	Bach	Rechnungswesen	3945	992	4512	4412		
7	4511	Bader	Auftragsbearbeitung	3625	4719	4431	1021		
8	2790	Berg	Personalwesen	1987	1823	1789	1845		
9	6351	Erwin	Auftragsbearbeitung	2598	3599	4492	3855		
10	6621	Horsch	Rechnungswesen	2389	2156	1101	2009		
11	1585	Jacobs	Verkauf/Marketing	3588	2901	4102	2145		
12	8369	Jansen	Verkauf/Marketing	4615	3561	4113	3983		
13	5410	Karafil	Verkauf/Marketing	4209	4512	3005	2578		
14	4521	Kaschinski	Einkauf	3451	2723	2002	3109		
15	1412	Kemnade	Fuhrpark	146	89	45	157		
16	9702	Liebig	Personalwesen	3782	4523	4481	934		
17	9451	Lujé	Verkauf/Marketing	2588	2085	4236	3887		
18	5418	Oehler	Verkauf/Marketing	4037	4373	4523	4561		
19	6641	Reinartz	Einkauf	3857	3341	3561	1983		
20	8872	Schrader	Verkauf/Marketing	4413	3421	4515	5341		
21	6523	Schwarz	Verkauf/Marketing	3798	2367	4566	911		
22	3781	Sterz	Fuhrpark	102	143	122	174		
23	8432	Tasar	Rechnungswesen	3314	3498	2516	892		
24	8874	Wächter	Einkauf	2412	2978	1089	1005		
25	2298	Wiegener	Einkauf	4238	3469	3019	1905		
26	2503	Wildenach	Auftragsbearbeitung	2111	1985	2548	2214		

2. Berechnen Sie die Kopien pro Jahr (Spalte H) und den jeweiligen Anteil an den gesamten Kopien (Spalte I).

3. Sortieren Sie die Tabelle nach den Abteilungen und anschließend nach den Beschäftigten (jeweils alphabetisch).

4. Ergänzen Sie die folgende Zusatztabelle zur weiteren Auswertung der Zahlen.

	Anzahl Mitarbeiter	Anzahl Kopien	Ø Anzahl Kopien je Mitarbeiter	Handlungs-bedarf (ja/nein)	Anteil an gesamten Kopien
Auftragsbearbeitung					
Einkauf					
Fuhrpark					
Personalwesen					
Rechnungswesen					
Verkauf/Marketing					
Summe					

Arbeitsaufträge (Fortsetzung)

5. Ermitteln Sie die fehlenden Werte in der Tabelle jeweils mit geeigneten Formeln und Funktionen. Verwenden Sie zur Ermittlung der Anzahl der Beschäftigten die ZÄHLENWENN-Funktion und für die Ermittlung der Anzahl der Kopien die SUMMEWENN-Funktion.

6. Als erstes Etappenziel der Digitalisierung der Abläufe wurde festgelegt, dass die durchschnittliche Anzahl der Kopien je Mitarbeiter*in grundsätzlich in jeder Abteilung unter 10.000 liegen sollte. Wird dieser Wert überschritten, sieht die Geschäftsleitung Handlungsbedarf. Diese Beurteilung („Ja“ oder „Nein“) soll in der Spalte „Handlungsbedarf (ja/nein)“ mithilfe der WENN-Funktion erfolgen.

7. Ergänzen Sie die folgende Tabelle zur weiteren Analyse.

gesamter Jahresverbrauch	
höchster Jahresverbrauch	
niedrigster Jahresverbrauch	
Ø Jahresverbrauch pro Mitarbeiter	

8. Berechnen Sie in der Tabelle mit geeigneten Funktionen den gesamten Jahresverbrauch sowie den höchsten, den niedrigsten und den durchschnittlichen Jahresverbrauch je Mitarbeiter*in.

9. Ihr Vorgesetzter bittet Sie um eine kurze Zusammenfassung der Ergebnisse. Ergänzen Sie diese in einem separaten Textfeld unterhalb der Tabellen.

10. Richten Sie Ihre Seite so ein, dass die gesamte Aufgabe vollständig auf einer A4-Seite gedruckt werden kann.

Aufgabe 7: Terminplanung

Situation

Sie sind Beschäftigte*r des Getränkeherstellers Markgraf Brunnen GmbH und derzeit in der Abteilung Vertrieb eingesetzt. In der wöchentlichen Videokonferenz wurde beschlossen, regelmäßig Präsenz-Meetings mit einer Übernachtung durchzuführen. Die Sitzung soll am Anreisetag um 13 Uhr beginnen und am Abreisetag um 12 Uhr enden. Sie werden beauftragt, dieses Präsenz-Meeting zu organisieren und zunächst auf der Grundlage des vorliegenden Gruppenkalenders einen gemeinsamen Termin für die KW 23 festzulegen.

Übung

Arbeitsaufträge

DIGITAL+

1. Erstellen Sie die folgende Tabelle oder öffnen Sie die Datei „Aufgabe 7“.

3	Gruppenkalender für Beschäftigte im Außendienst KW 23																				
4																					
5	**Beschäftigte**	**Montag, 7. Juni**				**Dienstag, 8. Juni**				**Mittwoch, 9. Juni**				**Donnerstag, 10. Juni**				**Freitag, 11. Juni**			
6		08:00 bis 10:00	10:00 bis 12:00	13:00 bis 15:00	15:00 bis 17:00	08:00 bis 10:00	10:00 bis 12:00	13:00 bis 15:00	15:00 bis 17:00	08:00 bis 10:00	10:00 bis 12:00	13:00 bis 15:00	15:00 bis 17:00	08:00 bis 10:00	10:00 bis 12:00	13:00 bis 15:00	15:00 bis 17:00	08:00 bis 10:00	10:00 bis 12:00	13:00 bis 15:00	15:00 bis 17:00
7	Amann, Ralf	A		T		A	A	A	A	A	A			VK							A
8	Bauer, Robert	T	T					T			T	T		VK						T	
9	Dietl, Gerd			T			T	T		T			A	VK				A			T
10	Erich, Thomas		T					T		T			A	VK							T
11	Feilmeier, Jonas			A	A		T				A	A		VK		A				T	
12	Gruber, Tom					T	T	T	T				A	VK					T		
13	Hellmann, Max	T	T					T	T	T	T	T		VK	T						
14	Müller, Markus	A	A	A	A	A			T	A	A	A		VK						T	
15	Schmidt, Tobias				A		T	T	T					VK			A			T	
16																					
17	Geplante Termine gesamt																				
18	Freie Zeitfenster																				

2. Ermitteln Sie in der Zeile 17 mithilfe einer geeigneten Funktion für jedes Terminfenster (sprich jede Spalte) die Anzahl der geplanten Termine (für alle Beschäftigten).

3. In der Zeile 18 sollen mithilfe einer geeigneten Funktion freie Zeitfenster ermittelt werden. Dabei gilt folgende Bedingung: Wenn bei allen Beschäftigten insgesamt weniger als 2 Termine pro Spalte verplant sind, soll ein „X“ erscheinen. Andernfalls soll die Zelle leer bleiben.

4. Ihr Vorgesetzter beauftragt Sie, eine weitere Auswertung vorzunehmen. Er möchte eine Übersicht über die Anzahl der Außentermine der einzelnen Beschäftigten im Außendienst. Ergänzen Sie die Tabelle um eine weitere Spalte, in der Sie funktionsgesteuert die Anzahl der Außentermine je Mitarbeiter*in ermitteln.

5. Erstellen Sie ein Säulendiagramm, in dem die Anzahl der Außentermine der einzelnen Beschäftigten im Vergleich veranschaulicht wird. Versehen Sie das Diagramm mit einer passenden Überschrift und vergrößern Sie die Schriftgröße der Achsenbeschriftungen sowohl bei der X-Achse als auch bei der Y-Achse auf 11 Punkte.

6. Ihr Vorgesetzter bittet Sie um eine kurze Notiz, wann das Präsenz-Meeting stattfinden kann. Darüber hinaus will er eine kurze Zusammenfassung des Erkenntnisgewinns aus dem Vergleich der Anzahl der Außentermine. Ergänzen Sie Ihre Notiz in einem separaten Textfeld unterhalb des Diagramms.

7. Richten Sie Ihre Seite so ein, dass die gesamte Aufgabe vollständig auf einer A4-Seite gedruckt werden kann.

Aufgabe 8: Lagerkennzahlen

Situation

Sie sind Mitarbeiter*in der Abteilung Einkauf der Radmarkt Reif KG. Ihr Vorgesetzter bittet Sie, auf der Grundlage der vorliegenden Zahlen der Buchhaltung die Wirtschaftlichkeit der Lagerhaltung der beiden Warengruppen „Fitnessgeräte" und „Pulsmesser" zu analysieren.

Übung

Arbeitsaufträge

DIGITAL+

1. Erstellen Sie in einem Tabellenkalkulationsprogramm die folgende Tabelle oder öffnen Sie die Datei „Aufgabe 8".

	A	B
6	**Lagerbestände zu Einstandspreisen (EUR)**	
7	01.01.20..	9.300,00
8	31.01.20..	10.800,00
9	28.02.20..	15.100,00
10	31.03.20..	14.600,00
11	30.04.20..	14.200,00
12	31.05.20..	15.000,00
13	30.06.20..	13.800,00
14	31.07.20..	12.100,00
15	31.08.20..	13.900,00
16	30.09.20..	17.400,00
17	31.10.20..	17.900,00
18	30.11.20..	15.200,00
19	31.12.20..	11.400,00
20	**Summe**	
21		
22	Die Wareneingänge vom 01.01.20.. bis zum 31.12.20.. (EUR):	113.300,00
23		
24	**Lagerkennziffern**	
25	**Jahreszinssatz (in %):**	**4,00**
26	**Ø Lagerbestand (in EUR):**	
27	**Umschlagshäufigkeit:**	
28	**Ø Lagerdauer (in Tagen):**	
29	**Lagerzinssatz (in %):**	
30	**Lagerzinsen pro Umschlag (in EUR):**	
31	**Lagerzinsen pro Jahr (in EUR):**	

2. Ermitteln Sie die Summe der Lagerbestände der Warengruppe „Fitnessgeräte" und berechnen Sie die Lagerkennziffern für diese Warengruppe mithilfe geeigneter Formeln.

3. Erstellen Sie auf zwei weiteren Registerblättern die folgenden beiden Tabellen oder öffnen Sie die Datei „Aufgabe 8".

Arbeitsaufträge (Fortsetzung)

	A	B	C	D	E	F
4	Artikeldaten					
5	Artikelnummer:	10108				
6	Artikelbezeichnung:					
7	Einheit:					
8	Lieferant:					
9						
10	Bestandsdaten					
11	Anfangsbestand:	126				
12	Höchstbestand:					
13	Mindestbestand:					
14	Meldebestand:					
15						
16	Lieferdatum	Zugang	Abgang	Bestand	Lagerstatus	Bestell-vorschlag
17	Januar		82			
18	Februar		26			
19	März	262				
20	April		48			
21	Mai		86			
22	Juni		114			
23	Juli	248				
24	August		145			
25	September		125			
26	Oktober	270				
27	November		89			
28	Dezember		156			
29	Summe					
30						
31	Lagerstatus					
32	Bei Erreichen/Unterschreiten des Meldebestands:				Nachbestellung erforderlich	
33	Bei Unterschreiten des Mindestbestands:				Mindestbestand unterschritten	
34	Bei Erreichen des Höchstbestands:				Höchstbestand erreicht	

Auswertung der Warenbewegungen	
Anzahl der Warenabgänge:	
Anzahl der Warenabgänge >100 Stück:	
Warenwert aller Zugänge (in EUR):	
durchschnittlicher Lagerbestand (in Stück):	

Lagerkennziffern	
Jahreszinssatz der Hausbank (in %):	4,50
Ø Lagerbestand (in EUR):	
Umschlagshäufigkeit:	
Ø Lagerdauer (in Tagen):	
Lagerzinssatz (in %):	
Lagerzinsen pro Umschlag (in EUR):	
Lagerzinsen pro Jahr (in EUR):	

Probe	
Bankzinsen für das Ø gebundene Kapital (in EUR):	

	A	B	C	D	E	F	G	H	I
3/4	Artikel-nummer	Artikelbezeichnung	Lieferant	Einstands-preis (EUR)	Anfangs-bestand (Stück)	Höchst-bestand (Stück)	Mindest-bestand (Stück)	Melde-bestand (Stück)	Einheit
5	10101	Fahrradrucksack 20 L	Tretwerk KG	169,95	38	73	21	25	Stück
6	10102	Trinksystem (mag.)	Planet of Bikes	29,45	62	86	15	30	Stück
7	10103	FC25 Trinksystem	Fahrrad XXL	67,84	110	115	5	12	Stück
8	10104	Abos X-Plus 540	Fahrrad L.A. Cycles	72,50	138	390	30	55	Stück
9	10105	Spiralschloss NITE	Move GmbH & Co KG	14,30	122	165	10	18	Stück
10	10106	Rückenprotector PRO	Sattelfest OHG	98,63	17	115	15	32	Stück
11	10107	Custom Flaschenhalter	Rad & Tat OHG	6,90	24	160	20	45	Stück
12	10108	Pulsmesser Cardio i18	Tretwerk KG	96,95	126	280	15	35	Stück
13	10109	Schutzblech Blade 29"	Bergetappe KG	27,99	12	74	10	22	Set
14	10110	Cobe Lenkerkorb	Rad123 e. K.	17,20	67	380	8	40	Stück
15	10111	Fahrradsitze grau	Müller OHG	99,95	125	285	12	22	Stück
16	10112	Fahrradständer 29"	Rücktritt GmbH	11,25	97	230	4	10	Stück
17	10113	RideCase Handy Halter	Fahrrad Alev	35,40	105	190	20	37	Stück
18	10114	Bike Cover Topeak	Planet of Bikes	29,95	12	60	15	20	Stück
19	10115	Mini-Klingel grau	Move GmbH & Co KG	2,64	121	375	24	50	Stück

4. Für den Artikel 10108 (Pulsmesser) sollen alle fehlenden Artikel- und Bestandsdaten mithilfe einer geeigneten Funktion ergänzt werden. Die Informationen dazu befinden sich im Tabellenblatt „Auszug Artikeldatei“.

5. Vervollständigen Sie die Lagerkarte, indem Sie

   – in der Spalte D die Monatsendbestände berechnen,
   – in der Spalte E den jeweiligen Lagerstatus gemäß den Vorgaben in den Zeilen 31–34 funktionsgesteuert ergänzen (achten Sie darauf, dass sich die Hintergrundfüllung automatisch anpasst) und
   – in der Spalte F einen sinnvollen Bestellvorschlag ermitteln.

6. Werten Sie abschließend die Warenbewegungen aus und ermitteln Sie die Lagerkennziffern für die Pulsmesser.

Aufgabe 9: Zeitmanagement

Situation

Sie sind Mitarbeiter*in des Getränkeherstellers Markgraf Brunnen GmbH und derzeit in der Abteilung Personal eingesetzt. Da sich im Unternehmen die Probleme eines Tabellenkalkulationsprogrammes mit dem Zeitmanagement häufen, hat sich die Geschäftsleitung das Ziel gesetzt, die Belegschaft in diesem Bereich gezielt zu schulen. Unter anderem soll das Instrument der Eisenhower-Matrix eingeführt und dazu auch ein entsprechendes Tabllenkalkulations-Tool zur Verfügung gestellt werden.

Übung

Arbeitsaufträge

DIGITAL+

1. Erstellen Sie die folgenden beiden Tabellen auf zwei Tabellenblätter der gleichen Datei oder öffnen Sie die Datei „Aufgabe 9".

5	Aufgaben	Datum	Wertigkeit	Vorgehen	Erledigen bis
6	Infoblatt für neue Mitarbeiter bis Ende des Jahres erstellen	10. Dez.			
7	Vorlage für neue Reisekostenabrechnung bis zum 14.12. erstellen	10. Dez.			
8	Reisedokumente für Indien-Reise des Geschäftsführers organisieren	10. Dez.			
9	Teilnahme an außerordentl. Teamsitzung 10.12.,16 Uhr	10. Dez.			
10	Flugticket für eigene Dienstreise nach Paris besorgen	10. Dez.			
11	Anfrage von Großkunden, Bitte um Rückruf	10. Dez.			
12	Fortbildungsplanung für nächstes Kalenderjahr	10. Dez.			
13	Vorhandene Schulungsunterlagen grafisch "aufpeppen"	10. Dez.			
14	Auszubildender bittet um Mithilfe bei Suche nach verlorenem Handy	10. Dez.			
15	Erkrankte Kollegin bei Kundentermin vertreten	10. Dez.			
16	Prospektmaterial von Konkurrenzunternehmen sichten	10. Dez.			
17	Fachzeitschrift lesen	10. Dez.			

	A	B	C
3	Wertig-keit	Vorgehen	
4	A	sofort selbst erledigen	
5	B	exakt terminieren, persönlich erledigen	
6	C	delegieren	
7	D	nicht bearbeiten/eliminieren	
8			
9		**nicht dringend**	**dringend**
10	**wichtig**	**B-Aufgaben**	**A-Aufgaben**
11	**unwichtig**	**D-Aufgaben**	**C-Aufgaben**

2. Entscheiden Sie auf der Grundlage der Eisenhower-Matrix, welche Wertigkeit Sie jeder Aufgabe geben und tragen Sie die Wertigkeit in die dafür vorgesehene Spalte der Aufgabenliste ein. Alle erforderlichen Informationen für Ihre Entscheidung finden Sie im Tabellenblatt „Eisenhower-Matrix".

3. Übertragen Sie mithilfe einer geeigneten Funktion die je nach Wertigkeit laut Eisenhower-Matrix (A – D) geeignete Vorgehensweise in die entsprechende Spalte der Aufgabenliste.

4. Entscheiden Sie, bis zu welchen Terminen Sie die Aufgaben der Wertigkeit B (B-Aufgaben) erledigen wollen und tragen Sie diese in die Tabelle ein.

5. Nun gilt es, die Kolleginnen und Kollegen zu überzeugen, dass die Eisenhower-Matrix dazu geeignet ist, das eigene Zeitmanagement zu professionalisieren. Ergänzen Sie auf dem Tabellenblatt „Eisenhower-Matrix" unterhalb der Matrix eine Aufzählung der Vorteile, die die Arbeit mit der Eisenhower-Matrix mit sich bringt.

Aufgabe 10: Lieferantenkontrolle

Situation

Sie sind Mitarbeiter*in der Abteilung Einkauf der Radmarkt Reif KG. Ihr Vorgesetzter beauftragt Sie, für die Warengruppe „Fahrradbekleidung" mithilfe eines Tabellenkalkulationsprogrammes den pünktlichen Eingang der Lieferungen und die rechtzeitige Zahlung der Ausgangsrechnungen zu überprüfen. Darüber hinaus soll eine umfangreiche Auswertung der Daten erfolgen.

Übung

Arbeitsaufträge

DIGITAL+

1. Erstellen Sie die folgende Tabelle oder öffnen Sie die Datei „Aufgabe 10".

Jahresübersicht

	A	B	C	D	E	F	G	H	I	J	K	L	M	N	O
5	Bestell-datum	geplantes Lieferdatum	tatsächliches Lieferdatum	Kalender-woche	Abweichung in Tagen	Lieferant	Lieferantenname	Rechnungs-betrag	Rechnungs-datum	Fälligkeit mit Skonto	Fälligkeit ohne Skonto	Überweisungs-datum	Überweisungs-betrag	Abweichung in Tagen	Verzugs-zinsen
6	03. Jan	09. Jan	11. Jan			L 10151		1.335,62 €				24. Jan	1.335,62 €		
7	20. Jan	02. Feb	12. Feb			L 10149		26,23 €				24. Feb	25,44 €		
8	29. Jan	13. Feb	13. Feb			L 10125		4.368,00 €				02. Mrz	4.236,96 €		
9	17. Feb	06. Mrz	26. Mrz			L 10122		6.545,23 €				25. Apr	6.545,23 €		
10	01. Mrz	16. Mrz	16. Mrz			L 10129		2.345,12 €				28. Mai	2.345,12 €		
11	29. Mrz	11. Apr	13. Apr			L 10133		623,78 €				24. Apr	605,07 €		
12	19. Apr	07. Mai	10. Mai			L 10150		791,23 €				18. Mai	767,49 €		
13	02. Mai	15. Mai	15. Mai			L 10137		2.523,28 €				25. Mai	2.447,58 €		
14	31. Mai	13. Jun	13. Jun			L 10122		993,23 €				05. Jul	963,43 €		
15	13. Jun	27. Jun	28. Jun			L 10124		1.485,54 €				17. Jul	1.485,54 €		
16	29. Jun	16. Jul	16. Jul			L 10128		698,42 €				26. Jul	677,47 €		
17	03. Jul	18. Jul	18. Jul			L 10144		1.043,00 €				01. Aug	1.011,71 €		
18	18. Jul	01. Aug	01. Aug			L 10135		827,60 €				15. Aug	802,77 €		
19	30. Jul	03. Aug	12. Aug			L 10148		520,25 €				17. Okt	520,25 €		
20	03. Aug	17. Aug	20. Aug			L 10139		23,00 €				19. Sep	23,00 €		
21	07. Aug	21. Aug	21. Aug			L 10144		230,13 €				28. Sep	230,13 €		
22	16. Aug	03. Sep	03. Sep			L 10125		1.248,00 €				21. Sep	1.210,56 €		
23	04. Sep	18. Sep	17. Sep			L 10125		1.679,56 €				05. Okt	1.629,17 €		
24	06. Sep	20. Sep	22. Sep			L 10121		456,12 €				01. Okt	442,44 €		
25	10. Sep	24. Sep	24. Sep			L 10125		789,32 €				14. Dez	789,32 €		
26	12. Sep	14. Sep	24. Sep			L 10122		4.560,78 €				16. Okt	4.423,96 €		
27	27. Sep	12. Okt	12. Okt			L 10150		318,12 €				22. Okt	308,58 €		
28	02. Okt	16. Okt	16. Okt			L 10131		1.212,86 €				29. Okt	1.176,47 €		
29	29. Okt	31. Okt	14. Nov			L 10124		3.391,86 €				21. Nov	3.290,10 €		
30	09. Nov	21. Nov	21. Nov			L 10135		2.076,34 €				07. Dez	2.014,05 €		
31	21. Nov	07. Dez	07. Dez			L 10134		224,50 €				27. Dez	217,77 €		
32	12. Dez	29. Dez	29. Dez			L 10146		2.323,23 €				04. Jan	2.253,53 €		

	Q	R
5	Basiszinssatz in %	Verzugszinssatz für Handelsgeschäfte in %
6	-0,88	8,12

	Auswertung: Lieferungen		Anteil in %
35	durchschnittliche Abweichung in Tagen:		
36	größte Abweichung:		
37	Anzahl der Lieferungen, die vor gepl. Lieferdatum eingetroffen sind:		
38	Anzahl der Lieferungen, die pünktlich eingetroffen sind:		
39	Anzahl der Lieferungen, die zu spät eingetroffen sind:		

Auswertung: Zahlungen		Anteil in %
durchschnittliche Abweichung in Tagen:		
größte Abweichung:		
Anzahl der Überweisungen, die vor Fälligkeit getätigt wurden:		
Anzahl der Überweisungen, die pünktlich getätigt wurden:		
Anzahl der Überweisungen, die erst nach Fälligkeit getätigt wurden:		

2. Ermitteln Sie in der Spalte D mithilfe einer geeigneten Funktion die jeweilige Kalenderwoche.

3. In der Spalte G sollen die Lieferantennamen funktionsgesteuert durch Zugriff auf die Daten des Tabellenblattes „Lieferantendatei" ermittelt werden.

	A	B	C	D	E	F	G	H	I	J	K	L	M
3	Lieferanten-nummer	Lieferant	Ansprechpartner	m/w	Straße	PLZ	Ort	Region	Zahlungsziel mit Skonto (in Tagen)	Zahlungsziel (in Tagen)	Telefon	Handy	E-Mail
4	L 10121	Fahrrad XXL	Turgut	w	Am Graben 14	47533	Kleve	West	10	30	02821 595561	0160 8856432	turgut@fahrradxxl.de
5	L 10122	Radmanufaktur	Habermann	w	Lange Str. 36	34117	Kassel	Mitte	20	30	0561 49788	0158 1186257	habermann@radmanufaktur.de
6	L 10123	Fahrraddienst A. Ece	Ece	m	Südstr. 19	86343	Königsbrunn	Süd	0	14	08231 171755	0162 8856434	ece@fahrraddienst.de
7	L 10124	Rad Weber	Weber	m	Badergasse 68	44701	Bochum	West	7	20	0234 58364	0170 4355931	erwin-weber@radweber.de
8	L 10125	Zweirad Solak	Solak	m	Stadelberg 2	10006	Berlin	Ost	20	65	010 4122897	0172 6638221	solak@zweirad-solak-berlin.de
9	L 10126	Müller OHG	Kuhn	w	Ernestinenstraße 28	37006	Göttingen	Mitte	10	30	0551 694112	0160 1722631	heike.kuhn@mueller-ohg.de
10	L 10127	Radlager GmbH	Weinberg	w	Sechzigstraße 6	50679	Köln	West	0	10	0221 734640	0153 4519657	Weinberg@radlagergmbh.de
11	L 10128	Tretwerk KG	Harms	m	Rotter Wall 19	97070	Würzburg	Mitte	10	30	0931 253784	0163 6537981	werner.harms@tretwerk-kg.de
12	L 10129	Rad123 e. K.	Popow	m	Pegauer Str. 23	27501	Bremerhaven	Nord	20	45	0471 55866	0160 9136552	popow@rad123.de
13	L 10110	Radsport Hutmann	Bruns	m	Hohnstädter Str.25	89073	Ulm	Süd	10	30	0731 75481	0173 8856441	arne.bruns@radsport-hutmann.de
14	L 10131	Rad & Tat OHG	Golubew	w	Markwebener Str.7	79098	Freiburg	Süd	14	20	0761 12549	0152 1265783	golubew.anja@radundtat.de
15	L 10132	Zweirad Wegemann	Ercan	w	Dr.-Otto-Nischke-Str. 8	26125	Oldenburg	Nord	0	30	0441 448451	0171 5483647	aylin.ercan@zweirad-wegemann.de
16	L 10133	Bergetappe KG	Albers	m	Huyssenallee 95	24105	Kiel	Nord	10	30	0431 85456	0152 5691451	albers@bergetappe-kg.de
17	L 10134	RadFreund GmbH	Ahlers	m	Klarastraße 1	52066	Aachen	West	20	60	0241 463998	0179 1887623	jochen.ahlers@radfreund-gmbh.de
18	L 10135	Radsport Paals	Paals	w	Österreicher Str. 27	10010	Berlin	Ost	14	30	0351 25293	0162 1876658	paals@paalsradsport.de
19	L 10136	Sebold KG	Sebold	w	Geiststr. 60	38100	Braunschweig	Mitte	0	14	0531 38875	0172 3589652	sebold@t-online.de
20	L 10137	Radfieber KG	Michelbrinck	w	Kopstadtplatz 10	50829	Köln	West	10	45	0221 5107574	0158 7856644	sonja-michelbrinck@radfieberkg.de
21	L 10138	Pedali GmbH	Iwanow	w	Lönststr. 145	61350	Bad Homburg	Mitte	20	30	06621 14689	0160 2552650	iwanow@pedali-gmbh.de
22	L 10139	Sattelfest-Rad	Eilers	w	Friedrich-Karl-Str. 105	50735	Köln	West	0	30	0221 48857	0172 9635964	janine.eilers@sattelfest-rad.de
23	L 10140	Planet of Bikes	Janssen	w	Friedrich-Ebert-Ring 654	85049	Ingolstadt	Süd	14	65	0841 37419	0163 8856454	janssen@planetofbikes-ingolstadt.de
24	L 10141	Yeti OHG	Penkhues	w	Bahnhofstr. 38	24852	Eggebek	Nord	10	30	04609 27841	0150 5685645	jutta-penkhues@yetiii.de
25	L 10142	Fahrradladen L.A. Cycles	Akgün	w	Frankenstraße 116	54290	Trier	West	0	14	0651 44993	0178 1556487	info@fahrradladen-cycles.de
26	L 10143	T.O.B. GmbH	Behrens	w	Venloer Str. 389	53111	Bonn	West	0	7	05121 64221	0171 6991087	janna.behrens@tob-bonn.de
27	L 10144	Fahrradhaus Schlüter	Schwarting	w	Nikolaistr. 92	14406	Potsdam	Ost	14	30	0331 48857	0163 4556458	schwarting@fahrradhaus-schlueter.de
28	L 10145	Rücktritt GmbH	Macke	w	Heumarkt 22	31141	Hildesheim	Mitte	10	20	05121 64223	0179 7413261	elke.macke@ruecktritt-rad.de
29	L 10146	2Rad Thissen	Schwilbert	w	Reilstr. 126	97070	Würzburg	Mitte	7	30	0931 86317	0153 5452398	schwilbert@rad-thissen.de
30	L 10147	Fahrrad Alev	Alev	w	Triftstr. 98	10019	Berlin	Ost	20	45	0355 59934	0163 8765239	alev@fahrradalev.de
31	L 10148	AGV-Versandhandel	Pitzner	w	Weißenfelser Str. 98	47057	Duisburg	West	0	30	0203 5869231	0172 5656462	pitzner@agv-duisburg.de
32	L 10149	Move GmbH & Co KG	Özer	w	August-Bebel-Str. 43	44135	Dortmund	West	10	20	0231 591477	0171 7152946	oezer@move-gmbh.de
33	L 10150	Zweirad-Center Stadler	Gerdes	w	Osterstr. 162	20255	Hamburg	Nord	10	45	040 43175	0160 7796543	annika.gerdes@zweirad-center-stadler.de
34	L 10151	Sattelfest OHG	Sannler	w	Könneritzstr. 38	14420	Potsdam	Ost	0	7	0331 47254	0179 5655767	sannler@sattelfest-ohg.de
35	L 10152	Lucky Bike World	Kruse	w	Altendorfer Str. 40	31054	Essen	West	7	30	0201 43757970	0172 2401498	j.kruse@lbw-essen.de

4. Das Rechnungsdatum in der Spalte I entspricht generell dem Liederdatum. Lediglich die Lieferanten mit den Nummern 10122, 10139 und 10144 stellen ihre Rechnungen erst 2 Tage nach der Lieferung aus. Ermitteln Sie das Rechnungsdatum mithilfe einer geeigneten Funktion.

Arbeitsaufträge (Fortsetzung)

5. Ermitteln Sie in den Spalten J und K funktionsgesteuert, wann die Rechnung mit bzw. ohne Skontoabzug zu begleichen ist. Gewährt der Lieferant kein Skonto, soll in der Spalte J der Hinweis „Kein Skonto!" erscheinen. Beziehen Sie die entsprechenden Daten aus dem Tabellenblatt „Lieferantendatei".

6. Berechnen Sie die Abweichung zwischen dem Überweisungsdatum und dem Fälligkeitstermin (in Tagen). Berücksichtigen Sie in der Formel die Höhe des Überweisungsbetrages, um zu ermitteln, welcher Fälligkeitstermin maßgeblich ist (mit oder ohne Skonto).

7. Ermitteln Sie in der Spalte O auf der Grundlage der in Spalte N ermittelten Abweichung in Tagen die Verzugszinsen, die bei verspäteter Zahlung anfallen. Legen Sie dabei den Verzugszinssatz aus der Zelle R6 zugrunde.

8. Vervollständigen Sie die Tabellen „Auswertung: Lieferungen" und „Auswertung: Zahlungen" (Zeilen 34 – 39).

Aufgabe 11: Preisentwicklung

Situation

Sie sind Mitarbeiter*in der Abteilung Einkauf der Radmarkt Reif KG. In einer Verbandszeitschrift der Zweirad-Industrie wurde eine umfangreiche Auswertung zum deutschen Fahrradmarkt vorgenommen. Es wurden u. a. Absatzmengen differenziert nach einzelnen Modellgruppen (Cityräder, Mountainbikes, Trekkingräder, Kinderräder und E-Bikes) und Gesamtumsätze veröffentlicht. Aus diesen Daten lassen sich auch die durchschnittlichen Monatspreise ableiten. Damit zukünftig auch Preisschwankungen bei der Beschaffung von Fahrrädern besser berücksichtigt werden können, bittet Sie Ihr Vorgesetzter, die Daten mithilfe einer Tabellenkalkulation auszuwerten.

Übung

Arbeitsaufträge

DIGITAL+

1. Erstellen Sie die folgende Tabelle oder öffnen Sie die Datei „Aufgabe 11".

Zahlen, Daten und Fakten zum deutschen Fahrradmarkt des vergangenen Jahres

	A	B
5	Anteil der Modellgruppen am Gesamtmarkt	
6	32%	Cityräder
7	18%	Mountainbikes
8	12%	Trekkingräder
9	8%	Kinder- und Jugendräder
10	18%	E-Bikes
11	12%	Sonstige (Lastenräder, Liegeräder, Singlespeed)
12	100%	

	Monat	Cityräder	Mountainbikes	Trekkingräder	Kinderräder etc.	E-Bikes	Sonstige	Gesamtabsatz in Stück
14/15		Ø Monatsabsatz der Modellgruppen in Stück						
16	Januar	53.196	24.125	12.194	24.019	4.548	8.993	
17	Februar	92.743	20.518	14.754	21.584	4.281	7.109	
18	März	155.593	28.320	18.459	39.451	7.363	16.673	
19	April	196.056	51.889	27.589	40.458	8.173	19.593	
20	Mai	255.547	96.534	36.895	55.687	20.515	29.482	
21	Juni	321.785	101.771	48.545	69.854	25.287	33.556	
22	Juli	302.428	91.416	42.512	44.658	19.629	36.445	
23	August	219.773	83.267	36.088	42.956	17.757	29.640	
24	September	180.714	50.708	27.559	30.512	11.314	16.222	
25	Oktober	107.535	23.031	20.045	19.854	5.986	11.666	
26	November	97.071	20.062	11.885	20.958	4.972	9.333	
27	Dezember	262.112	66.835	25.689	41.548	11.298	15.594	
28								

	Monat	Cityräder	Mountainbikes	Trekkingräder	Kinderräder etc.	E-Bikes	Sonstige	Gesamtumsatz in €
30/31		Ø Monatsumsatz der Modellgruppen in €						
32	Januar							81.387.412
33	Februar							74.774.825
34	März							119.393.473
35	April							161.639.533
36	Mai							343.832.120
37	Juni							480.037.062
38	Juli							371.229.650
39	August							346.916.060
40	September							195.614.825
41	Oktober							111.711.119
42	November							88.822.237
43	Dezember							229.319.593
44								

	Monat	Cityräder	Mountainbikes	Trekkingräder	Kinderräder etc.	E-Bikes	Sonstige
46/47		Ø Monatspreis der Modellgruppen in €					
48	Januar						
49	Februar						
50	März						
51	April						
52	Mai						
53	Juni						
54	Juli						
55	August						
56	September						
57	Oktober						
58	November						
59	Dezember						
60							
61	niedrigster Preis (in €)						
62	höchster Preis (in €)						
63	Differenz (in €)						

Arbeitsaufträge (Fortsetzung)

2. Ermitteln Sie den Gesamtabsatz je Monat und die durchschnittlichen Monatsabsätze und -preise der einzelnen Modellgruppen.

3. Berechnen Sie in den Zeilen 61 bis 63 für jede Modellgruppe den niedrigsten und höchsten Durchschnittspreis sowie die Differenz zwischen den beiden Werten.

4. Stellen Sie die Entwicklung der durchschnittlichen Monatspreise aller Modelle in einem Liniendiagramm mit Datenpunkten dar. Berücksichtigen Sie dabei folgende Formatierungshinweise:

   - Passen Sie die Farbgebung der einzelnen Datenlinien so an, dass die Treckingräder rot formatiert werden und sich alle Modellgruppen deutlich voneinander unterscheiden.
   - Die Legende soll rechts angeordnet sein.
   - Die Zeichnungsfläche soll hellgrau hinterlegt werden.
   - Die Y-Achse soll ein Maximum von 4.000 und ein Hauptintervall von 500 aufweisen, ebenso ist ein Haupt- und Hilfsgitternetz einzufügen.
   - Bei der Y-Achse ist eine sinnvolle Achsenbeschriftung zu ergänzen.
   - Beide Achsen sollen mit Teilstrichen außen versehen werden.
   - Die Monatsbezeichnungen sollen zwischen den Teilstrichen erscheinen.
   - Eine aussagefähige Überschrift soll eingefügt werden (Arial, 14 Punkt, fett).
   - Das Diagramm soll einen schwarzen Rahmen (2,25 Punkt) erhalten.

5. Verschieben Sie das Diagramm anschließend auf ein neues Tabellenblatt, welchem Sie den Namen „Diagramm" geben.

6. Kurz bevor Sie Ihre Auswertung fertiggestellt haben, erhalten Sie eine Mail von Ihrem Vorgesetzten. In dieser schreibt er u. a.: „Ich habe die Zahlen aus der Verbandszeitschrift zwar nur kurz überflogen, aber bei den Trekkingrädern scheinen die Preise ja relativ konstant zu sein, oder?". Ergänzen Sie ein Textfeld, in dem Sie Ihre Antwort auf diese Frage formulieren. Geben Sie darüber hinaus eine Empfehlung ab, zu welchem Zeitpunkt neue Trekkingräder sinnvollerweise beschafft werden sollten.

Aufgabe 12: Bestellpunktverfahren

Situation

Sie sind Mitarbeiter*in der Abteilung Einkauf der Radmarkt Reif KG. Im Beschaffungsmanagement Ihres Unternehmens wird das Bestellpunktverfahren eingesetzt. Sie werden beauftragt, dieses mithilfe einer Tabellenkalkulation zu veranschaulichen.

Übung

Arbeitsaufträge

DIGITAL+

1. Erstellen Sie die folgende Tabelle oder öffnen Sie die Datei „Aufgabe 12“.

Reif KG

Bestellpunktverfahren - Sägezahnmodell

Höchstbestand	120		Mindestbestand	
Tagesverbrauch	8		Meldebestand	
Sicherheitsreserve in Tagen	3			
Lieferzeit in Tagen	4			

Tage	Abgänge	Zugänge	Lagerbestand	Mindestbestand	Meldebestand	Höchstbestand
01			96			
02						
03						
04						
05						
06						
07						
08						
09						
10						
11						
12						
13						
14						
15						
16						
17						
18						
19						
20						
21						
22						
23						
24						
25						
26						
27						
28						
29						
30						

2. Ermitteln Sie zunächst in den Zellen J6 und J7 den Mindest- und Meldebestand und vervollständigen Sie anschließend die Tabelle, die als Grundlage zur Erstellung eines Diagramms dienen soll. Tragen Sie zunächst die Abgänge (Tagesverbrauch) sowie den Mindest-, Melde- und Höchstbestand ein.

3. Ergänzen Sie die Zugänge in der Tabelle. Fügen Sie jeweils an den Tagen, an denen Zugänge erfolgen, eine weitere Zeile ein, in der der Zugang erfasst wird. Versehen Sie die Zeilen, in denen aufgrund des Erreichens des Meldebestands eine Bestellung ausgelöst wird, mit einem gelben Hintergrund und die Zeilen, in denen ein Zugang erfolgt, mit einem grünen Hintergrund.

4. Erstellen Sie ein Liniendiagramm, welches das Bestellpunktverfahren veranschaulicht. Versehen Sie das Diagramm mit einer passenden Überschrift, ergänzen Sie eine Legende und fügen Sie bei der X-Achse und der Y-Achse jeweils eine sinnvolle Achsenbeschriftung hinzu. Die Y-Achse soll als Grenzen das Minimum 0 und das Maximum 130 und das Intervall 20 enthalten. Versehen Sie sowohl die X-Achse als auch die Y-Achse mit Teilstrichen außen und die Achsenposition soll jeweils nicht zwischen, sondern auf den Teilstrichen angeordnet sein.

5. Kennzeichnen Sie durch Einfügen von Textfeldern und roten Formen (Pfeilen, Klammern etc.) die optimale Bestellmenge, den Bestellzeitpunkt, die Lieferfrist und den Liefertermin.

Aufgabe 13: Nutzwertanalyse

Situation

In der Markgraf Brunnen GmbH, einem mittelständischen Getränkehersteller mit Firmensitz in Freiburg im Breisgau, steht eine wichtige Investitionsentscheidung an. Es ist geplant, eine neue automatische Flaschenabfüllanlage anzuschaffen. Nach einer Vorauswahl soll nun die Entscheidung zwischen den zwei verbliebenen Angeboten unter Berücksichtigung aller Entscheidungskriterien getroffen werden. Als Mitarbeiter*in der Abteilung Einkauf werden Sie beauftragt, mithilfe einer Nutzwertanalyse die Entscheidungsgrundlagen aufzubereiten.

Übung

Arbeitsaufträge

5	**Kalkulation**			Eingabefelder		
6						
7			**Conrad Systems GmbH**		**Dr. Bechert GmbH & Co. KG**	
8			**Eingabe**	**Ausgabe**	**Eingabe**	**Ausgabe**
9	**Listeneinkaufspreis**		79.490,00 €		88.500,00 €	
10	**- Lieferrabatt**		5%		10%	
11	**= Zieleinkaufspreis**					
12	**- Liefererskonto**		2%		3%	
13	**= Bareinkaufspreis**					
14	**+ Bezugskosten**		1.250,00 €		850,00 €	
15	**= Bezugspreis (Einstandspreis)**					
16						
17	**Nutzwertanalyse**					
18						
19			**Conrad Systems GmbH**		**Dr. Bechert GmbH & Co. KG**	
20	**Entscheidungskriterien**	**Gewichtung in Prozent**	**Punkte (0 - 10)**	**Gewichtete Punkte**	**Punkte (0 - 10)**	**Gewichtete Punkte**
21	**Preis**	35	6		4	
22	**Produktqualität**	30	8		9	
23	**Service/Kundendienst**	15	6		9	
24	**Zuverlässigkeit**	10	7		7	
25	**Lieferbedingungen**	5	3		5	
26	**Zahlungsbedingungen**	5	3		5	
27	**Summe**	100				

DIGITAL+

1. Erstellen Sie in einem Tabellenkalkulationsprogramm die oben dargestellte Tabelle oder öffnen Sie die Datei „Aufgabe 13".

2. Führen Sie in den Spalten D und F jeweils eine Bezugskalkulation für das Angebot der Conrad Systems GmbH bzw. der Dr. Bechert GmbH & Co. KG durch. Fügen Sie dazu die entsprechenden Formeln ein, sodass die Berechnung der Werte für die Bezugskalkulation automatisch aus den in den Spalten C bzw. E gelb hinterlegten Daten erfolgt.

3. Formatieren Sie die berechneten Werte als Zahlen der Kategorie Buchhaltung mit 2 Nachkommastellen und €-Symbol.

4. Führen Sie in den Spalten D und F jeweils eine Nutzwertanalyse für das Angebot der Conrad-Systems GmbH bzw. der Dr. Bechert GmbH & Co. KG durch. Fügen Sie dazu die entsprechenden Formeln ein, sodass die Berechnung der Werte für die gewichtete Bepunktung automatisch aus den in den Spalten C bzw. E gelb hinterlegten Daten erfolgt.

5. Bilden Sie in der Zeile 30 jeweils einen Summenwert für die gewichteten Punkte der Nutzwertanalyse und formatieren Sie alle gewichteten Punktwerte als Zahl mit zwei Nachkommastellen.

Arbeitsaufträge (Fortsetzung)

6. Formatieren Sie die errechneten Bezugspreise und die Summen der gewichteten Punktwerte der Nutzwertanalyse in Arial 12 Punkt und fett.
7. Blenden Sie die Spalte B aus. Beobachten Sie, ob sich an den berechneten Werten etwas ändert. Blenden Sie die Spalte B anschließend wieder ein.
8. Erstellen Sie auf einem eigenen Tabellenblatt ein 3-D-Säulendiagramm (gruppiert), das die Einzelergebnisse der Nutzwertanalyse, also die gewichteten Punkte der beiden Angebote für die einzelnen Entscheidungskriterien einander gegenüberstellt. Versehen Sie das Diagramm mit einer aussagefähigen Überschrift. Die Legende und die Achsenbeschriftung sollen jeweils in Calibri 11 Punkt, fett, die Überschrift in Calibri 18 Punkt und fett formatiert werden.
9. Erläutern Sie Ihrem Chef auf der Grundlage der Ergebnisse der Nutzwertanalyse in einem kurzen schriftlichen Statement, für welches der beiden Angebote Sie sich entscheiden würden.
10. Richten Sie Ihre Seite so ein, dass die Tabelle und Ihr Kommentar (Aufgabe 9) auf einer und das Diagramm auf einer zweiten Seite gedruckt werden können.

Aufgabe 14: Angebotsvergleich I

Situation

Sie sind als Mitarbeiter*in der Abteilung Einkauf der Bürobedarf Müngsten GmbH verantwortlich für die Beschaffung von Büromöbeln, mit denen Ihr Unternehmen handelt. Ihnen liegen Angebote der SEATAN GmbH und BÜMO GmbH & Co. KG vor, die Ihnen jeweils qualitativ gleichwertige Bürostühle anbieten. Sie haben geplant, 20 Bürostühle zu beschaffen.

Übung

Arbeitsaufträge

DIGITAL+

1. Erstellen Sie in einem Tabellenkalkulationsprogramm die folgende Tabelle oder öffnen Sie die Datei „Aufgabe 14".

	A	B	C	D	E
5	Geplante Bestellmenge:	20			
6					
7		**Angebot SEATAN GmbH**		**Angebot BÜMO GmbH & Co. KG**	
8	Stückpreis		416,00 €		429,00 €
9	Rabatt bei Abnahme von mind.	20 Stück	12,50%	15 Stück	15,00%
10	Skonto bei Zahlung innerhalb vor	8 Tagen	2,50%	8 Tagen	3,00%
11	Bezugskosten je Stück		2,25 €		1,85 €
12	zusätzliche Lieferkosten	bis 40 Stück	55,50 €	bis 35 Stück	47,50 €

2. Ergänzen Sie auf dem Tabellenblatt das folgende Kalkulationsschema der Bezugskalkulation. Achten Sie dabei auch auf die entsprechenden Formatierungen.

14	Bezugskalkulation	**Angebot SEATAN GmbH**		**Angebot BÜMO GmbH & Co. KG**	
15			**in EUR**		**in EUR**
16	Listeneinkaufspreis (LEP)				
17	- Rabatt				
18	= Zieleinkaufspreis (ZEP)				
19	- Skonto				
20	= Bareinkaufspreis				
21	+ Bezugskosten				
22	= Bezugspreis (Einstandspreis)				
23					
24	**Bezugspreis pro Stück**				

3. Berechnen Sie mit der erstellen Tabelle auf der Grundlage der in den beiden Angeboten vorgegebenen Werte jeweils den Bezugspreis für 20 Stück und den Bezugspreis pro Stück. Setzen Sie so weit wie möglich Formeln und Funktionen ein, sodass die Angaben der beiden Angebote (Zellbereich B8 bis E12) im Kalkulationsschema automatisch berücksichtigt werden.

4. Formatieren Sie alle Geldwerte als Währung mit zwei Nachkommastellen ohne €-Symbol. Die berechneten Bezugspreise pro Stück sollen in Fettschrift erscheinen.

5. Welches der beiden Angebote ist günstiger? Wie wäre es, wenn der Rabatt der BÜMO GmbH & Co. KG nur 14 % betragen würde? Nennen Sie drei qualitative Kriterien, die neben dem Bezugspreis beim Angebotsvergleich als Entscheidungskriterien herangezogen werden sollten. Welchen Stellenwert haben solche qualitativen Kriterien für den vorliegenden Angebotsvergleich?

6. Richten Sie Ihre Seite so ein, dass die gesamte Aufgabe vollständig auf einer A4-Seite gedruckt werden kann.

Aufgabe 15: ABC-Analyse I

Situation

Sie sind Mitarbeiter*in der Radmarkt Reif KG und dort in der Abteilung Einkauf eingesetzt. Ihre Vorgesetzte bittet Sie, mithilfe einer Tabellenkalkulation eine ABC-Analyse der Lieferanten vorzunehmen.

Übung

Arbeitsaufträge

DIGITAL+

1. Erstellen Sie die folgende Tabelle oder öffnen Sie die Datei „Aufgabe 15“.

	A	B	C	D	E
5	Kategorie	Mindestanteil am Gesamteinkaufswert			
6	A	10%			
7	B	5%			
8	C	alle übrigen			
9					
10	Lieferanten-Nr.	Lieferant	Einkaufswert	Anteil am Gesamteinkaufswert	ABC-Analyse
11	44101	Alpina Velo GmbH			
12	44102	Safetyride Ltd.			
13	44104	RADioACTIV GmbH			
14	44201	Conti AG			
15	44202	Zweiradtechnik GmbH			
16	44301	Neumann & Söhne OHG			
17	44302	Velo Fun KG			
18	44304	HEHA Radzubehör GmbH			
19	44305	R & S GmbH			
20	44307	FST & Partner KG			
21	Gesamt				
22					
23	Kategorie	Anteil am Gesamteinkaufswert	Anzahl der Lieferanten		
24	A				
25	B				
26	C				

2. Ermitteln Sie im Zellbereich C11 bis C20 die Summe der Einkaufswerte der einzelnen Lieferanten. Greifen Sie dabei mit einer geeigneten Funktion auf die Daten des Tabellenblattes „Beschaffungswerte“ zu. Ermitteln Sie die Summe der Einkaufswerte und formatieren Sie alle Werte als Währung mit €-Symbol und zwei Nachkommastellen.

3. Berechnen Sie für jeden Lieferanten den prozentualen Anteil am Gesamteinkaufswert (Spalte D).

4. Ermitteln Sie in der Spalte E mit einer geeigneten Funktion, welcher Kategorie (A, B oder C) der jeweilige Lieferant zuzuordnen ist. Legen Sie dabei die Definition der Kategorien aus der Tabelle A5 bis B8 zugrunde. Vervollständigen Sie anschließend mithilfe geeigneter Funktionen die Tabelle A23 bis C26.

5. Sortieren Sie die Tabelle nach dem Einkaufswert absteigend.

6. Fügen Sie ein Säulendiagramm ein, das die Einkaufswerte je Lieferant im Vergleich verdeutlicht. Geben Sie dem Säulendiagramm eine aussagekräftige Überschrift.

7. Richten Sie Ihre Seite so ein, dass sie auf einer A4-Seite gedruckt werden kann.

Aufgabe 16: Artikeldatei

Situation

Sie sind als Mitarbeiter*in in der Abteilung Einkauf der Bürobedarf Müngsten GmbH eingesetzt und bearbeiten die folgende Artikeldatei.

Übung

DIGITAL+

Arbeitsaufträge

1. Erstellen Sie in einem Tabellenkalkulationsprogramm die folgende Tabelle oder öffnen Sie die Datei „Aufgabe 16".

	A	B	C	D	E	F	G	H	I
5	Artikel-Nr.	Gattung	Artikelname	Verkaufspreis (netto)	Verkaufspreis (brutto)	Meldebestand	Lagerbestand	Lieferanten-Nr.	Wiederbeschaffung
6	11001	Büromaterial	Korrekturroller - 2er Set		1,99 €	9	15	5161	
7	11012	Büromaterial	Haftnotizen Klebezettel		3,95 €	20	18	5161	
8	11483	Büromaterial	Post-it Organizer		19,95 €	20	24	5161	
9	11895	Büromaterial	Fineliner 25er Etui		12,95 €	9	10	5233	
10	12104	Büromaterial	Pigment Liner		4,95 €	8	6	5234	
11	12409	Büromaterial	Kugelschreiber		6,95 €	5	10	5344	
12	12411	Büromaterial	Füllfederhalter		19,95 €	5	9	5672	
13	12413	Büromaterial	Faserschreiber		6,95 €	5	7	5897	
14	14358	Büromaterial	Textmarker 8er Set		8,95 €	4	5	6157	
15	14982	Büromaterial	Whiteboard Marker		7,95 €	3	2	6157	
16	15070	Büromaterial	OHP-Marker 5er Set		9,98 €	8	10	5735	
17	15079	Büromaterial	Textmarker 4er Etui		2,99 €	7	10	5137	
18	16045	Büromaterial	Bleistiftspitzer		1,99 €	20	23	4089	
19	16471	Büromaterial	Dosenspitzer		4,99 €	15	17	4089	
20	16754	Büromaterial	Radiergummi		2,99 €	15	18	4089	
21	21389	Ablagesysteme	Ablagebox		5,95 €	5	7	6782	
22	23458	Ablagesysteme	Schreibtischbox		4,98 €	5	7	6945	
23	23499	Ablagesysteme	Ordnungsmappe		5,98 €	5	6	7866	
24	23438	Ablagesysteme	Ringbuchmappe		24,95 €	3	4	7866	
25	23678	Ablagesysteme	Dokumentenmappe		9,95 €	5	10	7866	
26	24978	Ablagesysteme	Fächermappe		14,95 €	5	11	7866	
27	27583	Ablagesysteme	Pultordner		19,95 €	5	6	7866	
28	33002	Ablagesysteme	Präsentationsmappe		9,95 €	10	8	7866	
29	33148	Ablagesysteme	Eckspanner		5,99 €	15	24	5988	
30	47835	Ablagesysteme	Hängetasche Set		9,95 €	10	14	6725	
31	48735	Ablagesysteme	Konferenzmappe		29,95 €	8	9	7866	
32	57935	Ablagesysteme	Ordner		5,95 €	20	35	4836	
33	58201	Ablagesysteme	Schnellhefter		2,99 €	20	23	4836	
34	69452	Ablagesysteme	Stehsammler		13,99 €	9	14	4836	
35	69910	Büromöbel	Aktenvernichter		139,95 €	3	2	7389	
36	71685	Büromöbel	Telefonarm		49,95 €	3	4	9456	
37	71345	Büromöbel	Rollcontainer		99,95 €	2	3	8346	
38	74583	Büromöbel	Hängeregisterschrank		295,95 €	2	3	8346	
39	86543	Büromöbel	Bürostuhl		249,95 €	3	5	9238	
40	87598	Büromöbel	Besucherstuhl		89,95 €	3	5	9238	
41	94537	Büromöbel	Schreibtisch		395,95 €	2	3	9877	
42	98426	Büromöbel	Konferenztisch		495,95 €	2	3	9877	

2. Formatieren Sie die Spaltenbezeichnungen fett und versehen Sie sie mit einem hellgrauen Hintergrund. Die Zeilenhöhe der Spaltenbezeichnungen soll den Wert 20 betragen. Der Text in der Zelle soll horizontal und vertikal zentriert dargestellt werden. Versehen Sie die gesamte Tabelle mit einem Gitternetz.

3. Berechnen Sie in der Spalte D mithilfe einer geeigneten Formel die Verkaufspreise (netto).

4. Fixieren Sie die Spaltenüberschrift (Zeile 5) über die Funktion „Fenster einfrieren", sodass Sie die Artikel bei feststehenden Spaltenbezeichnungen scrollen können.

5. In der Spalte I soll mithilfe der WENN-Funktion eine automatische Überprüfung stattfinden, ob eine Bestellung notwendig ist. Ist der Lagerbestand ausreichend, soll hier der Schriftzug „Auf Lager" erscheinen. Muss eine Bestellung erfolgen, soll der Hinweis „Bestellung!!!" dies automatisch anzeigen.

6. Filtern Sie mithilfe der Funktion „Filtern" die Daten der Gattung „Ablagesysteme" aus. Es sollen nur noch die Gattungen „Büromaterial" und „Büromöbel" sichtbar sein.

Arbeitsaufträge (Fortsetzung)

7. Sortieren Sie die Daten über die Funktion „Benutzerdefiniertes Sortieren“ nach den drei folgenden Kriterien:

   1. Sortierung: Gattung (Werte, A – Z)
   2. Sortierung: Verkaufspreis netto (Werte, nach Größe aufsteigend)
   3. Sortierung: Artikelname (Werte, A – Z)

8. Ihr Vorgesetzter möchte von Ihnen wissen, für welchen prozentualen Anteil aller Artikel der Meldebestand 10 oder höher ist. Berechnen Sie dies unterhalb der Tabelle mithilfe einer geeigneten Funktion.

9. Erläutern Sie, wie Sie bei der Lösung der Aufgabe 6 (Spalte I) vorgegangen sind. Gehen Sie dabei darauf ein, wie der Mindestbestand definiert ist und wie er sich vom Meldebestand abgrenzen lässt.

10. Richten Sie Ihre Seite so ein, dass die gesamte Aufgabe vollständig auf einer A4-Seite gedruckt werden kann.

Aufgabe 17: Handelsspanne

Situation

Sie sind Mitarbeiter*in der Young Cosmetics KG und sollen die Handelsspannen verschiedener Parfüms anhand deren Einkaufs- und Verkaufspreis analysieren.

Übung

Arbeitsaufträge

DIGITAL+

1. Erstellen Sie die folgende Tabelle oder öffnen Sie die Datei „Aufgabe 17".

	A	B	C	D	E
5	Produkt	Einkaufspreis (netto)	Verkaufspreis (netto)	Handelsspanne	Verkaufspreis (brutto)
6					
7	Beauty Woman	23,50	37,80		44,98
8	Bottled Homme	22,99	33,60		39,98
9	Classique femme	6,90	11,75		13,98
10	Desire	29,99	47,05		55,99
11	Ladylike	21,50	33,60		39,98
12	Obsession	24,90	37,80		44,98
13	One unisex	20,00	27,72		32,99
14	Parfum de France	7,95	16,80		19,99

2. Berechnen Sie die Handelsspanne mit der Formel:

   Handelsspanne = (Verkaufspreis – Einkaufspreis) / Verkaufspreis

3. Erweitern Sie die Tabelle zusätzlich um die Durchschnittswerte der Einkaufspreise (netto), Verkaufspreise (netto), Handelsspannen und Verkaufspreise (brutto) durch die Eingabe der entsprechenden Funktionen in die Zeile 15.

4. Formatieren Sie alle Geldbeträge im Währungsformat mit €-Symbol und zwei Nachkommastellen sowie die Handelsspannen in Prozent ohne Nachkommastelle.

5. Fügen Sie im Zellbereich A5 bis A14 zusätzliche Zellen so ein, dass sich die restliche Tabelle um eine Zelle nach rechts verschiebt.

6. Verbinden Sie die Zellen A7 bis A14 zu einem Zellbereich und schreiben Sie in diesen Zellbereich in Fettschrift den Überbegriff Parfüms. Das Wort soll 90° gedreht und horizontal wie vertikal zentriert sein. [Lösungshinweis: Dialogfenster Zellen formatieren/Ausrichtung]

7. Zentrieren Sie die Spaltenüberschrift Produkt über den Spalten A und B.

8. Formatieren Sie die Tabellenüberschrift in Arial 12 Punkt, fett und über den Spalten A bis F zentriert mit einem gelben Hintergrund. Alle Spaltenbezeichnungen sollen in Fettschrift dargestellt werden. Die Zeile 5 soll von der Spalte A bis F doppelt unterstrichen sein.

9. Erstellen Sie ein Balkendiagramm, in dem die Handelsspannen der verschiedenen Parfüms verglichen werden. Stellen Sie das Diagramm ohne Legende dar und versehen Sie es mit einer aussagefähigen Überschrift.

10. Welche Parfüms weichen deutlich von der durchschnittlichen Handelsspanne ab?

11. Richten Sie Ihre Seite so ein, dass die gesamte Aufgabe vollständig auf einer A4-Seite gedruckt werden kann.

Aufgabe 18: Veranstaltungen

Situation

Sie sind im Veranstaltungsmanagement tätig und haben die Aufgabe, den wirtschaftlichen Erfolg verschiedener Konzertveranstaltungen miteinander zu vergleichen.

Übung

Arbeitsaufträge

DIGITAL+

1. Erstellen Sie die folgende Tabelle oder öffnen Sie die Datei „Aufgabe 18“.

	A	B	C	D	E	F	G
5			Preis pro Karte	Karten gesamt	Verkaufte	Freie Plätze	Umsatz
6			in EUR		Karten		in EUR
7	Montag	Klavierkonzert Nr.5 in Es-Dur	45,00	1500	945		
8	Dienstag	Sopranistin Henriette Kelch	35,00	1500	654		
9	Mittwoch	A tribute to George Gershwin	40,00	2500	2500		
10	Donnerstag	Big Band "Swing time"	45,00	2000	1879		
11	Freitag	Musical "Cats"	65,00	2500	2176		
12	Samstag	Musical "Cats"	65,00	2500	2370		
13	Sonntag	Jazztime	25,00	1500	1341		

2. Ergänzen Sie eine Spalte, in der Sie für jeden Wochentag die Anzahl der freien Plätze berechnen.
3. Ermitteln Sie in einer weiteren Spalte für jeden Wochentag den Umsatz aus dem Preis pro Karte und der Anzahl der verkauften Karten.
4. Ergänzen Sie eine Zeile, in der die Summen für „Karten gesamt“, „Verkaufte Karten“, „Freie Plätze“ und Umsatz in EUR berechnet werden.
5. Formatieren Sie die Überschrift im Schriftformat Arial 12 Punkt, fett und die Wochentage und die Summen fett, die Spaltenbezeichnungen fett und zentriert sowie die Veranstaltungsbezeichnungen kursiv.
6. Versehen Sie die komplette Tabelle mit einem Gitternetz.
7. Formatieren Sie alle Preise im Zahlenformat mit zwei Nachkommastellen. Alle Zahlen sollen mit einem 1000er-Trennzeichen versehen werden.
8. Erstellen Sie ein Kreisdiagramm, in dem das Verhältnis der Gesamtsumme der verkauften Karten zu der Gesamtsumme der freien Plätze dargestellt wird. Versehen Sie das Kreisdiagramm mit einer sinnvollen Überschrift. Die Legende soll rechts platziert und im Kreisdiagramm sollen die Prozentwerte angezeigt werden.
9. Als Event-Manager wissen Sie, dass Veranstaltungen im Konzertsaal erst bei einer Kapazitätsauslastung von 80 % wirtschaftlich rentabel sind. Wie beurteilen Sie die vorliegenden Zahlen unter diesem Aspekt?
10. Richten Sie Ihre Seite so ein, dass die gesamte Aufgabe vollständig auf einer A4-Seite gedruckt werden kann.

Aufgabe 19: Angebotsvergleich II

Situation

Sie sind Mitarbeiter*in der Radmarkt Reif KG und verantwortlich für die Beschaffung von Carbon-Fahrradrahmen. Dazu nehmen Sie für die folgenden fünf Anbieter mithilfe einer Tabellenkalkulation eine Bezugskalkulation vor, die als Grundlage für den Angebotsvergleich dient.

Es liegen Ihnen folgende Daten vor:

MGS GmbH: LP 180,00 €/Stück; 5 % Rabatt; 2 % Skonto; Anfuhr 0,40 €/Stück; Verladen 0,75 €/Stück; Frachtkosten 2,50 €/Stück

VMR-Tech GmbH: LP 210,00 €/Stück; 3 % Skonto; Verladen 0,65 €/Stück; Fracht 2,90 €/Stück

Rad-Held OHG: LP 190,00 €/Stück; 3 % Rabatt; 3 % Skonto; Anfuhr 0,30 €/Stück; Verladen 0,45 €/Stück

Spitzer & Co. KG: LP 200,00 €/Stück; 10 % Rabatt; 3 % Skonto; Verl. 0,55 €/Stück; Fracht 1,20 €/Stück

CLS AG: LP 220,00 €/Stück; 4 % Rabatt; 2 % Skonto; Anfuhr 0,27 €/Stück; Verladen 0,65 €/Stück; Fracht 1,95 €/Stück

Übung

Arbeitsaufträge

DIGITAL+

1. Erstellen Sie die folgende Tabelle oder öffnen Sie die Datei „Aufgabe 19“.

	A	B	C	D	E	F
5	Angebote	MGS GmbH	VMR-Tech GmbH	Rad-Held OHG	Spitzer & Co. KG	CLS AG
6	Listenpreis					
7	Rabatt					
8	- Rabattbetrag					
9						
10	Zieleinkaufspreis					
11	Skonto					
12	- Skontobetrag					
13						
14	Bareinkaufspreis					
15	+ Anfuhr					
16	+ Verladen					
17	+ Fracht					
18						
19	Bezugspreis					
20						
21	Bewertung					

2. Vervollständigen Sie die obige Tabelle mithilfe der angegebenen Werte und ermitteln Sie alle noch zu berechnenden Werte mit den geeigneten Formeln.

3. Formatieren Sie das Kalkulationsschema in Fettschrift und die Spaltenbezeichnungen in Fettschrift, kursiv und zentriert. Alle Prozentangaben sollen in Prozent mit zwei Nachkommastellen, alle Geldbeträge im Währungsformat mit €-Symbol mit zwei Nachkommastellen formatiert werden.

4. In der letzten Zeile soll mithilfe einer geeigneten Funktion die Wertung „teuer“ angezeigt werden, wenn der Bezugspreis größer 200,00 € ist und die Wertung „günstig“, wenn der Bezugspreis darunter liegt. Formatieren Sie die Wertung fett und kursiv.

Arbeitsaufträge (Fortsetzung)

5. Welches Angebot ist das günstigste? Nennen Sie drei weitere Entscheidungskriterien, die Sie neben dem Bezugspreis für einen Angebotsvergleich heranziehen würden.

6. Richten Sie Ihre Seite so ein, dass die gesamte Aufgabe vollständig auf einer A4-Seite gedruckt werden kann.

Aufgabe 20: ABC-Analyse II

Situation

Sie sind Mitarbeiter*in in der Abteilung Einkauf der Bürobedarf Müngsten GmbH. Die Bürobedarf Müngsten GmbH ist ein Großhändler für Bürobedarf, Bürotechnik und Büromöbel. Bei der Vielfalt der Artikel, die eingekauft werden, lohnt es sich, das Hauptaugenmerk auf bestimmte Waren zu richten. Hierbei kann die ABC-Analyse gute Dienste leisten. Die Geschäftsleitung möchte den Verwaltungsaufwand bei der Beschaffung der Artikelgruppe 3 durch eine ABC-Analyse vermindern und beauftragt Sie, diese mithilfe einer Tabellenkalkulation durchzuführen.

Übung

DIGITAL+

Arbeitsaufträge

1. Erstellen Sie die folgende Tabelle oder öffnen Sie die Datei „Aufgabe 20".

	A	B	C	D	E	F	G	H
5	Art.-Nr.	EK-Preis	Bestellmenge pro Jahr	Anzahl der Best. pro Jahr	Wert pro Bestellung	Wert insges.	% vom Gesamtwert	Gruppe A/B/C
6	39012	17,90 €	38.000	16				
7	39013	58,90 €	58.000	8				
8	39014	1,85 €	79.600	24				
9	39015	34,50 €	61.500	12				
10	39016	12,50 €	28.000	14				
11	39017	19,90 €	50.400	6				
12	39018	4,20 €	72.000	24				
13	39019	7,90 €	33.600	12				
14	39020	1,25 €	184.000	24				
15	39021	17,95 €	28.900	16				
16	Summe:							

2. Berechnen Sie den Wert pro Bestellung (Spalte E) und den Wert der beschafften Ware insgesamt (Spalte F) sowie in der Zeile 16 die Summen der Spalten F und G.
3. Berechnen Sie für jeden Artikel den Prozentanteil der einzelnen Artikel vom Gesamtwert aller Bestellungen (Spalte G).
4. Sortieren Sie die Tabelle nach dem Prozentanteil vom Gesamtwert des Einkaufs absteigend.
5. Fügen Sie zwischen Spalte G und H eine weitere Spalte ein, in der Sie die kumulierten Prozentwerte ermitteln.
6. Kategorisieren Sie die Artikel in A-, B- und C-Güter. A-Güter sollen dadurch definiert sein, dass ihr kumulierter Wertanteil bis zu 80 % des gesamten Einkaufsvolumens ausmacht. C-Güter sind dadurch gekennzeichnet, dass ihr Wertanteil in der Summe weniger als 5 % ausmacht. Setzen Sie dazu die WENN-Funktion ein.
7. Stellen Sie die Ergebnisse der ABC-Analyse mit einem geeigneten Säulendiagramm („gruppierte Säulen") graphisch sinnvoll dar. Nutzen Sie dazu auch die Möglichkeit, Textfelder und Formen in das Diagramm zu integrieren, um die Klassifizierung in A-, B- und C-Güter zu verdeutlichen.
8. In der A-Gruppe werden bisher verhältnismäßig wenige Bestellungen aufgegeben, die aber einen hohen Wert aufweisen. Wie beurteilen Sie dieses Vorgehen? Wie könnte in der Gruppe C die Beschaffung vereinfacht werden? Welche Probleme könnten sich durch die Vereinfachung ergeben?
9. Richten Sie Ihre Seite so ein, dass die gesamte Aufgabe vollständig auf einer A4-Seite gedruckt werden kann.

Aufgabe 21: Handelskalkulation

Situation

Sie sind Mitarbeiter*in in der Abteilung Vertrieb der Bürobedarf Müngsten GmbH. Für einen eingekauften Schreibtisch, der als Handelsware weiterverkauft wird, sollen Sie mithilfe einer Tabellenkalkulation mit den unten angegebenen Werten die vollständige Handelskalkulation vom Listeneinkaufspreis bis zum Bruttoverkaufspreis berechnen.

Übung

Arbeitsaufträge

DIGITAL+

1. Erstellen Sie die folgende Tabelle oder öffnen Sie die Datei „Aufgabe 21".

5	Kalkulationsschema	Eingabe in Prozent	Eingabe in €	Betrag in €
6	**Listeneinkaufspreis**			289,00
7	- Liefererrabatt	15%		
8	Zieleinkaufspreis			
9	- Liefererskonto	2%		
10	Bareinkaufspreis			
11	+ Bezugskosten		10,50	
12	Bezugs- bzw. Einstandspreis			
13	+ Handlungskosten	18%		
14	Selbstkosten			
15	+ Gewinn	21%		
16	Barverkaufspreis			
17	+ Kundenskonto	2%		
18	+ Vertreterprovision	3%		
19	Zielverkaufspreis			
20	+ Kundenrabatt	10%		
21	Listenverkaufspreis bzw Nettopreis			
22	+ Umsatzsteuer	19%		
23	**Bruttoverkaufspreis**			

2. Vervollständigen Sie das Kalkulationsschema. Die fehlenden Größen sollen mit den entsprechenden Formeln berechnet werden.

3. Erstellen Sie ein Kreisdiagramm, das die folgenden Anteile des Bruttoverkaufspreises verdeutlicht: Selbstkosten, Gewinn, Skonto für Kunden, Vertreterprovision, Rabatt für Kunden und Umsatzsteuer. Versehen Sie das Diagramm mit einer aussagefähigen Überschrift und platzieren Sie die Legende unterhalb des Diagramms.

4. Was versteht man unter Handlungskosten? Warum muss Kundenskonto und Kundenrabatt in einer Im-Hundert-Rechnung berechnet werden (für das Kundenskonto entspricht der Zielverkaufspreis 100 %, für den Kundenrabatt entspricht der Listenverkaufspreis 100 %)?

5. Richten Sie Ihre Seite so ein, dass die gesamte Aufgabe vollständig auf einer A4-Seite gedruckt werden kann.

Aufgabe 22: Optimale Bestellmenge

Situation

Sie sind in der Abteilung Einkauf der Bürobedarf Müngsten GmbH eingesetzt. Sie haben die Aufgabe zu überprüfen, ob die bisherige monatliche Beschaffung des Artikels 79253 (Recycling Kopierpapier) unter Berücksichtigung der entstehenden Lagerhaltungs- und Bestellkosten sinnvoll ist.

Die Bürobedarf Müngsten GmbH bezieht diesen Artikel zum Einstandspreis von 6,50 €. Bei Bestellungen ab 5000 Verpackungseinheiten (VE) reduziert sich der Preis je VE auf 6,40 €, bei Bestellungen ab 10000 VE auf 6,30 € pro VE. Um diejenigen Faktoren, die unmittelbar Einfluss auf die einzelne Bestellung haben, zu berücksichtigen, hat Ihr Chef aus den vorliegenden Absatzstatistiken die voraussichtliche Jahresbeschaffungsmenge ermittelt und maßgebliche, von Einzelbestellmengen abhängige Kosten kalkuliert (Kosten je Bestellung und den Zinssatz, der für das in den Lagerbeständen gebundene Kapital anzusetzen ist).

Außerdem sind folgende Daten zu berücksichtigen:

Jahresbeschaffungsmenge: 15000 VE; Kosten je Bestellung: 30,00 €
Lagerhaltungskostensatz: 6,5 % (jährlich vom durchschnittlichen Lagerbestand)

Übung

Arbeitsaufträge

DIGITAL+

1. Erstellen Sie in einem Tabellenkalkulationsprogramm die folgende Tabelle oder öffnen Sie die Datei „Aufgabe 22“.

	A	B	C	D	E	F
5 6	Bestell-häufigkeit	Bestellmenge VE	Durchschnittl. Lagerbestand in €	Lagerhaltungs-kosten pro Jahr in €	Bestellkosten pro Jahr in €	Beschaffungs-kosten pro Jahr in €
7	1					
8	2					
9	3					
10	4					
11	5					
12	6					
13	7					
14	8					
15	9					
16	10					
17	11					
18	12					

2. Fügen Sie oberhalb der vorgegebenen Tabelle eine Zusatztabelle ein, aus der die angegebenen Werte hervorgehen.

3. Vervollständigen Sie die Tabelle. Die fehlenden Größen sollen mit den entsprechenden Formeln berechnet werden. (Hier gilt: Mindestbestand = 0)

   Lösungshinweise:
   $$\textit{Durchschnittlicher Lagerbestand} = \frac{\textit{Bestellmenge}}{2} \cdot \textit{Einstandspreis}$$
   Lagerhaltungskosten = durchschn. Lagerbestand · Lagerhaltungskostensatz
   Bestellkosten = Bestellhäufigkeit · Kosten je Bestellung
   Beschaffungskosten = Bestellkosten + Lagerhaltungskosten

4. Beschreiben Sie den Zielkonflikt der optimalen Bestellmenge mit eigenen Worten. Ist die bisherige Praxis, den gesamten Jahresbedarf auf einmal zu bestellen, wirtschaftlich vernünftig? Zu welcher Bestellhäufigkeit würden Sie im vorliegenden Fall raten? Markieren Sie diese in der Tabelle.

5. Richten Sie Ihre Seite so ein, dass die gesamte Aufgabe vollständig auf einer A4-Seite gedruckt werden kann.

Aufgabe 23: Outsourcing

Situation

Ein Kunde der Wohntal GmbH ist die Online-Möbelshop KG, die Möbel über das Internet vertreibt. Die Pakete dieses Unternehmens werden von vier Vertriebszentren verschickt: Augsburg, Bonn, Bremen und Halle. Die Online-Möbelshop KG erwägt, die Zustellung der Waren, die bisher mit eigenem Fuhrpark bewerkstelligt wurde, an private Logistikdienstleister zu übertragen. Zur Auswahl stehen dabei die SCL Systems AG, die KHM Logistics GmbH und die Riedl & Partner KG. Das Outsourcing soll jedoch nur dann durchgeführt werden, wenn die Kostenersparnis mindestens 10 % beträgt.

Übung

Arbeitsaufträge

DIGITAL+

1. Erstellen Sie in einem Tabellenkalkulationsprogramm die folgende Tabelle oder öffnen Sie die Datei „Aufgabe 23".

	A	B	C	D	E	F	G	H
5	Vertriebs-zentren	Anzahl der Pakete	Kosten des eigenen Zustelldienstes	SCL Systems AG	KHM Logistics GmbH	Riedl & Partner KG	günstigste Versandkosten	preisgünstigste Lösung
6	Augsburg	1.556.423	6.537.153,00 €					
7	Bonn	2.345.457	10.471.506,20 €					
8	Bremen	1.350.167	5.234.962,20 €					
9	Halle	1.985.463	6.353.481,60 €					
10	Summe					Summe		
11						Einsparung in €		
12						Einsparung in %		
13	Angebote der Logistikdienstleister für die einzelnen Vertriebsgebiete							
14								
15	Vertriebs-zentren	Kosten je Paket						
16		SCL Systems AG	KHM Logistics GmbH	Riedl & Partner KG				
17	Augsburg	3,60 €	3,75 €	3,80 €				
18	Bonn	3,30 €	2,95 €	2,90 €				
19	Bremen	3,50 €	3,35 €	3,50 €				
20	Halle	2,85 €	3,00 €	2,90 €				

2. Berechnen Sie die Gesamtzahl der Pakete sowie die Gesamtkosten für den eigenen Zustelldienst.

3. Ermitteln Sie in den Spalten D, E und F mithilfe der SVERWEIS-Funktion (→ Zusatztabelle über die Kosten je Paket) die Kosten der Logistikdienstleister für die einzelnen Vertriebszentren.

4. In der Spalte G soll durch den Einsatz einer geeigneten Funktion der günstigste Betrag aller möglichen Varianten erscheinen.

5. Berechnen Sie die Summe der günstigsten Versandkosten (Zelle G10). Vergleichen Sie diesen Betrag mit den Gesamtkosten des eigenen Zustelldienstes (Zelle C10), indem Sie die Einsparungen in € (Zelle G11) und die Einsparungen in % (Zelle G12) mithilfe geeigneter Formeln berechnen.

6. In der Spalte H soll mithilfe der WENN-Funktion jeweils der preisgünstigste Anbieter ermittelt werden. Entsprechend soll in dieser Spalte „SCL Systems AG", „KHM Logistics GmbH" oder „Riedl & Partner KG" erscheinen.

7. Formatieren Sie alle berechneten Werte im Währungsformat mit €-Zeichen und zwei Nachkommastellen und die Einsparung in % als Prozentzahl mit einer Nachkommastelle.

8. Lohnt es sich für die Online-Möbelshop KG auf externe Logistikdienstleister zurückzugreifen? Nennen Sie – neben den Kosten – zwei weitere Aspekte, die bei einer Entscheidung für oder gegen Outsourcing zu berücksichtigen sind.

9. Richten Sie Ihre Seite so ein, dass die gesamte Aufgabe vollständig auf einer A4-Seite gedruckt werden kann.

Aufgabe 24: Fehlzeitenstatistik

Situation

Der Geschäftsführer der Wohntal GmbH beklagt die deutliche Zunahme der Fehltage im letzten Jahr. Als Hauptursache sieht er die hohen Fehlzeiten der Belegschaft in der Produktion. Sie werden als Mitarbeiter*in der Personalabteilung gebeten, eine detaillierte, nach Abteilungen gegliederte Analyse der Fehlzeiten des letzten Jahres durchzuführen.

Übung

DIGITAL+

Arbeitsaufträge

1. Erstellen Sie die folgende Tabelle oder öffnen Sie die Datei „Aufgabe 24".

	A	B	C	D	E	F	G
5	Abteilung	Belegschaft	Anteil an der Gesamtbelegschaft	ø Fehltage Summe pro Monat	ø monatl. Fehltage je Mitarbeiter	ø jährliche Fehltage je Mitarbeiter	Wertung
6	Personalabteilung	6		3,9			
7	Buchhaltung	5		3,5			
8	Finanzabteilung	4		2,5			
9	Einkauf	14		7,5			
10	Verkauf	15		12,1			
11	Marketing	6		8,6			
12	Außendienst	12		23,7			
13	Technik und Entwicklung	21		5,4			
14	Produktion	149		113,7			
15	**Gesamt**						

2. Berechnen Sie mithilfe einer geeigneten Formel für jede Abteilung den Anteil der Mitarbeiterzahl an der Gesamtbelegschaft. Formatieren Sie die Ergebnisse in Prozent mit einer Nachkommastelle.

3. Berechnen Sie die durchschnittlichen monatlichen Fehltage sowie die durchschnittlichen jährlichen Fehltage je Mitarbeiter*in mithilfe der jeweils geeigneten Formel. Formatieren Sie die Ergebnisse als Zahl mit einer Nachkommastelle.

4. In der Spalte G soll mithilfe der SVERWEIS-Funktion eine Wertung der Fehlzeiten vorgenommen werden. Erstellen Sie dazu eine Zusatztabelle, aus der folgende Wertungen hervorgehen: Wenn die durchschnittlichen jährlichen Fehltage < 7 sind, soll die Wertung „niedrig" erfolgen. Liegt diese Zahl bei 7 oder 8, erfolgt die Wertung „normal". Ist die Zahl größer oder gleich 9, aber kleiner 11, soll „leicht erhöht" gemeldet werden. Ab dem Wert 11 soll die Wertung „deutlich erhöht!!!" erscheinen. Die Wertungen sollen jeweils in Fettschrift formatiert sein.

5. Vervollständigen Sie die Zeile „Gesamt" mithilfe von geeigneten Funktionen bzw. Formeln.

6. Erstellen Sie ein Säulendiagramm, in dem der Vergleich der durchschnittlichen jährlichen Fehltage je Mitarbeiter*in in den einzelnen Abteilungen und im Gesamtdurchschnitt veranschaulicht wird. Versehen Sie das Diagramm mit einer aussagefähigen Überschrift und verzichten Sie auf eine Legende.

7. Hatte der Geschäftsführer mit seiner Einschätzung recht? Welche Schlussfolgerungen ziehen Sie aus den Ergebnissen Ihrer Auswertungen? Nennen Sie zwei mögliche Ursachen für erhöhte Fehlzeiten.

8. Richten Sie Ihre Seite so ein, dass die gesamte Aufgabe vollständig auf einer A4-Seite gedruckt werden kann.

Aufgabe 25: Artikelumsätze

Situation

Sie sind in der Abteilung Controlling der Young Cosmetics KG eingesetzt. Das Unternehmen hat fünf Nachtcremes im Sortiment. Ihr Chef beauftragt Sie, mithilfe einer Tabellenkalkulation für das abgelaufene Geschäftsjahr die Umsätze der fünf Artikel zu analysieren.

Übung

Arbeitsaufträge

DIGITAL+

1. Erstellen Sie die folgende Tabelle oder öffnen Sie die Datei „Aufgabe 25".

	A	B	C	D	E
5	**Art. Nr.**	**1. Quartal**	**2. Quartal**	**3. Quartal**	**4. Quartal**
6	2381276	119,67	83,64	144,89	209,89
7	3109273	67,49	79,02	88,98	97,89
8	5732262	214,97	187,02	175,09	149,93
9	5937769	197,89	216,49	214,11	234,01
10	7837463	88,94	120,92	150,03	134,06

2. Ergänzen Sie die Tabelle um eine Summenzeile und eine Summenspalte, in der Sie die Werte der einzelnen Quartale bzw. der einzelnen Artikel addieren.

3. Fügen Sie zur Tabelle eine weitere Zeile hinzu, in der mit einer geeigneten Formel die absoluten Veränderungen der Quartalssummen im Vergleich zum vorangegangenen Quartal ermittelt werden (ab dem 2. Quartal).

4. In einer weiteren Zeile sind ab dem 2. Quartal die prozentualen Veränderungen der Quartalssummen im Vergleich zum vorherigen Quartal mit einer geeigneten Formel zu berechnen. Formatieren Sie die Ergebnisse im Prozentformat mit zwei Nachkommastellen.

5. Erweitern Sie die Tabelle um drei Zeilen, in denen Sie mit der jeweils geeigneten Funktion für jedes Quartal den Quartalsdurchschnitt, den höchsten Wert des Quartals und den niedrigsten Wert des Quartals berechnen.

6. Formatieren Sie alle Geldbeträge im Währungsformat mit €-Symbol, 1000er-Trennzeichen und zwei Nachkommastellen. Versehen Sie die Datentabelle mit geeigneten Rahmenlinien.

7. Fügen Sie rechts neben den Umsatzsummen eine Spalte ein, in der Sie mit einer geeigneten Formel den prozentualen Anteil der einzelnen Artikel am Jahresgesamtumsatz aller Nachtcremes berechnen. Die Ergebnisse sind als Prozentzahlen mit einer Nachkommastelle darzustellen und sollen mittels einer geeigneten Funktion abgerundet werden.

8. Veranschaulichen Sie die Tabelle, indem Sie die Quartalszahlen der fünf Artikel (einschließlich der Jahresumsätze je Artikel, aber ohne die Quartalssummen aller Artikel) mit einem Säulendiagramm („Gestapelte Säulen 100 %") darstellen. Das Diagramm soll mit einer Legende, aber ohne Überschrift unter die Tabelle platziert werden.

9. Ihr Vorgesetzter bittet Sie, insbesondere die Umsatzentwicklung der Artikels Nr. 5732262 zu analysieren, da dieser Artikel ggf. aus dem Sortiment genommen werden soll. Wie beurteilen Sie die Umsatzentwicklung dieses Artikels?

10. Richten Sie Ihre Seite so ein, dass die gesamte Aufgabe vollständig auf eine A4-Seite gedruckt werden kann.

Teil D: Prüfungssimulation

Prüfung 1: Kopierpapiere und Werbebrief

Allgemeine Hinweise

Sie benötigen folgende Dateien:
Interne Mitteilung.docx
Geschäftsbriefvordruck Müngsten GmbH.docx
P1.xlsx

Corporate-Design

Tabellenkalkulation	**Textverarbeitung**
Schriftart Arial, Schriftgröße 10 Überschriften zentriert, Schriftgröße 14	Text: Schriftart Arial, Schriftgröße 11 Überschrift: Schriftart Arial, Schriftgröße 16, Fettschrift, zentriert

Achten Sie generell auf die Rechtschreibung, Zeichensetzung und übersichtliche Darstellung. Wenden Sie die **DIN 5008** an und berücksichtigen Sie das **Corporate Design**. Formulieren Sie in ganzen Sätzen, nicht stichwortartig, berücksichtigen Sie einen modernen Korrespondenzstil. Schreiben Sie in die Kopfzeile jedes Dokumentes linksbündig Ihren Vor- und Zunamen.

Situation

Sie sind in der Firma Bürobedarf Müngsten GmbH in Düsseldorf beschäftigt und haben Artvollmacht.

Die Büro Müngsten GmbH ist ein mittelständisches Unternehmen und handelt mit Bürobedarf und Büromöbeln aller Art.

Kontaktdaten:	Aggerstraße 7 40474 Düsseldorf Ihre Durchwahl: 564 Telefon: 02177 7654-0 Telefax: 02177 7654-40	 Homepage: buero-muengsten.de E-Mail: name@buero-muengsten.de

In der heutigen Besprechung mit Ihnen und dem Leiter der Verkaufsabteilung Fritz Meurer geht es unter anderem um den Absatz von Kopierpapier. Fritz Meurer berichtet:

„Ich bin der Meinung, dass der Absatz von Recycling-Papier den von Standard-Kopierpapier in den letzten Kalenderwochen übertroffen hat. Ich habe den Eindruck, dass besonders die vielen kleineren Kunden großen Wert auf ökologisch hergestelltes Papier legen, wohingegen unsere fünf großen Stammkunden nach wie vor ausschließlich hochweißes Standard-Kopierpapier bestellen. Um dies zu prüfen, bitte ich Sie, den Absatz unserer vier Sorten Kopierpapier von der 33. bis zur 38. Kalenderwoche (KW) auszuwerten.

Mich interessieren vor allem die beiden anfangs erwähnten Kopierpapiere, das Ergebnis hätte ich gerne von Ihnen schriftlich. Sollte sich meine Vermutung bestätigen, sollten wir dann auch das Recycling-Papier bei den größten Stammkunden bewerben. Bitte formulieren Sie hierzu einen ansprechenden Werbebrief und gehen Sie dabei besonders auf die ökologischen Gesichtspunkte ein. Weisen Sie die Kunden darauf hin, dass unser Recycling-Papier problemlos von allen Druckern und Kopierern verarbeitet werden kann und auch in der Farbe Weiß zu erhalten ist. Papiermuster werden sie sicher überzeugen, legen Sie diese deshalb bei."

Sie antworten: „Das mache ich gerne für Sie, Herr Meurer. Den Werbebrief an die Kunden werde ich dann als Serienbrief anlegen, das geht ganz einfach."

Prüfung 1

Aufgabe 1: Ermittlung des Gesamtabsatzes

DIGITAL+

1. Öffnen Sie die Datei „P1" und speichern Sie diese unter dem Namen „Name P1". Erstellen Sie die in der Anlage 1 erstellte Tabelle und nennen Sie dieses Tabellenblatt „Auswertung".
2. Übernehmen Sie die Angaben aus der Anlage positionsgerecht in das Tabellenblatt „Auswertung" und berechnen Sie alle fehlenden Werte.
3. Geben Sie dem Tabellenblatt eine aussagefähige Überschrift.
4. Fügen Sie ein Textfeld für den Kommentar ein. Interpretieren Sie Ihr Ergebnis, achten Sie auf eine gute Ausdrucksweise.

Aufgabe 2: Erstellen des Diagramms

1. Erstellen Sie ein Liniendiagramm, das für die Kalenderwochen 33 bis 38 den Absatz der Kopierpapiere „Recycling" und „Standard" zeigt. Auf der X-Achse sollen die Bezeichnungen KW 33 bis KW 38 erscheinen.
2. Geben Sie dem Diagramm eine aussagefähige Überschrift.

Aufgabe 3: Erstellen einer internen Mitteilung

DIGITAL+

Öffnen Sie die Datei „Interne Mitteilung" und speichern Sie die Datei unter „Name Mitteilung".

1. Informieren Sie Fritz Meurer über die Absatzzahlen der Kopierpapiere.
2. Beachten Sie die Angaben aus der Situationsbeschreibung.
3. Das Excel-Diagramm legen Sie Ihrem Schreiben bei.

Aufgabe 4: Quellendatei erstellen

Öffnen Sie ein leeres Word-Dokument und speichern Sie dieses unter „Name Quellendatei".

1. Schauen Sie sich die Kundenanschriften an (Anlage 4) und legen Sie zunächst für Ihren Serienbrief die erforderlichen Feldnamen fest.
2. Achten Sie darauf, dass die Anreden im Brief später über das Bedingungsfeld einzugeben sind.
3. Fügen Sie eine Tabelle mit den erforderlichen Zeilen und Spalten ein.

4. Füllen Sie die Tabelle entsprechend aus.
5. Ändern Sie die Zellbegrenzungen der Tabelle oben und unten auf 0,2 cm.
6. Die Zeilenhöhe der Kopfzeile ändern Sie auf 0,8 cm.
7. Zentrieren Sie die Angaben in der Tabelle horizontal und vertikal.
8. Setzen Sie mindestens zwei DIN-Empfehlungen um.
9. Passen Sie den Inhalt an.

Aufgabe 5: Werbebrief formulieren

Öffnen Sie die Datei „Geschäftsbriefvordruck Müngsten GmbH" und speichern Sie den Brief unter „Name Werbebrief". Achten Sie beim Formulieren auf die AIDA-Formel.

1. Erstellen Sie einen Serienbrief, fügen Sie die Feldnamen an den passenden Stellen ein.
2. Formulieren Sie einen ansprechenden Werbebrief, gehen Sie auf die Eigenschaften des Recycling-Papiers (Anlage 5) ein.
3. Es gelten die Katalogpreise, die Kunden erhalten einmalig 10 % Rabatt auf das Recycling-Papier.
4. Berücksichtigen Sie auch die Angaben der Situationsbeschreibung.

Seitenlayout:

Passen Sie die Seite der Excel-Datei so an, dass sie auf einer A4-Seite im Querformat ausgedruckt werden kann. Kopieren Sie die Datei „Auswertung" in ein neues Tabellenblatt und nennen Sie dieses Tabellenblatt „Formelansicht".

Drucken Sie aus:

Tabellenkalkulation:
Datei „Name P1" mit Diagramm
Datei „Name P1" mit Formelansicht

Textverarbeitung:
Quellendatei
Werbebrief
Werbebrief mit Feldfunktionen

Anlage 1: Schülervorlage

Absatz unserer Kopierpapiere in den Kalenderwochen 33 bis 38

Artikel-Nr.	Bezeichnung	Mengeneinheit	KW 33	KW 34	KW 35	KW 36	KW 37	KW 38	Gesamtabsatz
101									
102									
103									
104									
Gesamtabsatz je KW									
höchster Absatz									
niedrigster Absatz									
Anteil je KW am Gesamtabsatz									

Anlage 2: Tabellenblatt KW 33

	A	B	C
1	Datum	Artikel	Absatz
2	09.08.	104	8140
3	10.08.	103	4275
4	11.08.	102	1083
5	14.08.	103	4275
6	15.08.	102	1083
7	16.08.	102	1083
8	19.08.	101	697
9	28.08.	101	697
10	30.08.	101	697
11	03.09.	103	4275
12	05.09.	104	8140
13	06.09.	103	4275
14	07.09.	102	1083
15	08.09.	104	8140
16	10.09.	101	697
17	12.09.	104	8145
18	13.09.	101	1291
19	16.09.	102	1578
20	17.09.	103	4512
21	18.09.	104	4104

Anlage 3: Musterdiagramm

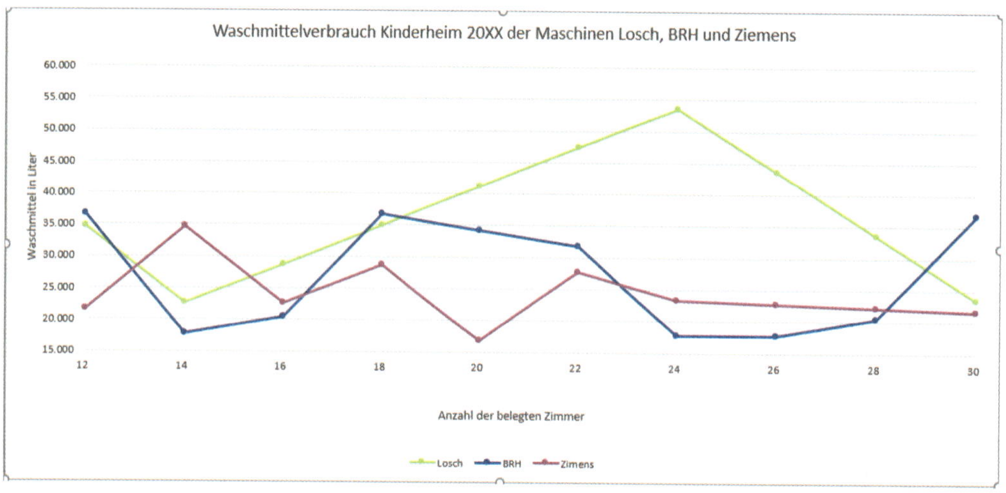

Anlage 4:

Kundenanschriften und Ansprechpartner:

Klinger GmbH, Frieda Klein, Postfach 34 67 88, 65534 Limburg
Point of Sport, Jörg Malz, Postfach 34 55 88; 62412 Wiesbaden
Fischer GmbH, Gerlinde Seibel; Steinweg 34; 50668 Köln
Dankler & Co., Paul Schneider, Postfach 23 45 45, 40478 Düsseldorf
Hesselbach AG, Elke Stein, Postfach 32 22, 60345 Frankfurt

Anlage 5:

Eigenschaften des Kopierpapiers:

80 g/m^2, aus 100 % Recycling-Papier, ausgezeichnet mit dem Umweltsiegel Blauer Engel
Eigenschaften: Hochwertige Anmutung, sehr hohe Weiße

Prüfung 2: Nachhaltiges Wirtschaften

Allgemeine Hinweise

Sie benötigen folgende Dateien:
Protokoll.docx
Impulsreferat.docx
P2-A3.xlsx

Corporate-Design

Tabellenkalkulation

Schriftart Arial, Schriftgröße 10
Überschriften zentriert, Schriftgröße 14

Textverarbeitung

Text: Schriftart Arial, Schriftgröße 14
Überschrift: Schriftart Arial, Schriftgröße 16, Fettschrift, zentriert

Achten Sie generell auf die Rechtschreibung, Zeichensetzung und übersichtliche Darstellung. Wenden Sie die **DIN 5008** an und berücksichtigen Sie das **Corporate Design**. Formulieren Sie in ganzen Sätzen, nicht stichwortartig, berücksichtigen Sie einen modernen Korrespondenzstil. Schreiben Sie in die Kopfzeile jedes Dokumentes linksbündig Ihren Vor- und Zunamen.

Situation

Sie sind in der Verwaltung der Firma Bürobedarf Müngsten GmbH in Düsseldorf beschäftigt und haben Artvollmacht.

Die Büro Müngsten GmbH ist ein mittelständisches Unternehmen und handelt mit Bürobedarf und Büromöbeln aller Art.

Kontaktdaten:
Aggerstraße 7
40474 Düsseldorf
Ihre Durchwahl: 564
Telefon: 02177 7654-0
Telefax: 02177 7654-40
Homepage: buero-muengsten.de
E-Mail: name@buero-muengsten.de

Bei einem Meeting hat die Geschäftsleitung der Müngsten GmbH ihr Unternehmensziel „Nachhaltiges Wirtschaften" vorgestellt. Ein Impulsreferat des Abteilungsleiters aus dem Einkauf fand großen Anklang.

In einer darauffolgenden Teambesprechung hat man sich auf ein erstes Etappenziel verständigt. Man möchte den Papierverbrauch senken und künftig verstärkt Recyclingpapier einsetzen. Am 22.02.xx fand diesbezüglich eine Teambesprechung der Abteilungsleiter statt.

Das nächste Meeting findet in zwei Wochen statt. Folgende Unterlagen werden dafür benötigt:

- Vorstellung des ersten Etappenziels
- Impulsvortrag des Abteilungsleiters zum Thema „Nachhaltigkeit"
- Analyse zum Thema „Papierverbrauch"

Prüfung 2

Aufgabe 1: Protokoll der Teambesprechung anfertigen

DIGITAL+

1. Öffnen Sie die Datei „Protokoll" und speichern Sie die Datei unter „Name-P2-A1".
2. Fertigen Sie über die Teambesprechung (Anlage 1), die am 22.02. von 11:30 bis 11:50 Uhr im Raum 1.01 stattfand, ein Ergebnisprotokoll an.

Aufgabe 2: Impulsreferat des Abteilungsleiters

DIGITAL+

Öffnen Sie Datei „Impulsreferat" und speichern Sie die Datei unter „Name-P2-A2".

1. Nehmen Sie die vorgeschlagenen Änderungen vor.
2. Formatieren Sie den Text entsprechend des Corporate Designs.

Aufgabe 3: Analyse zum Thema „Nachhaltigkeit"

DIGITAL+

Öffnen Sie die Datei „P2-A3" und speichern Sie die Datei unter „Name-P2-A3".

1. Übernehmen Sie die Anlage 2 in Ihr Tabellenkalkulationsprogramm mit allen Formatierungen. Benennen Sie dieses Tabellenblatt „Auswertung".
2. Vervollständigen Sie die Spalten B bis F und H in der Tabelle, beziehen Sie sich dabei entweder auf das Tabellenblatt „Standard" oder auf das Tabellenblatt „Recycling", falls erforderlich.
3. Ermitteln Sie den Handlungsbedarf in Spalte G. Es soll das Wort „Ja" erscheinen, wenn der Verbrauch der Papiersorten „Standard" größer ist als „Recycling" und der durchschnittliche Verbrauch in der Abteilung über 25.000 Kopien liegt, sonst das Wort „Nein".

Aufgabe 4: Diagramm erstellen

1. Erstellen Sie ein gestapeltes Säulendiagramm nach Muster XY, welches den Verbrauch der Papiersorten „Recycling" und „Standard" in den verschiedenen Abteilungen darstellt.
2. Versehen Sie das Diagramm mit einer aussagefähigen Überschrift.

Aufgabe 5: Sitzungsunterlagen zusammenstellen

DIGITAL+

Öffnen Sie die Datei „Blanko" und speichern Sie unter „Name-P2-A5".

1. Beschreiben Sie Ihre Arbeitsergebnisse. Gehen Sie dabei auf den Papierverbrauch ein. Beschreiben Sie, ob das Etappenziel, mehr Recycling-Papier zu nutzen, erreicht wird.
2. Vergeben Sie eine Überschrift.

3. Fügen Sie folgende Dateien hinzu, damit eine zusammenhängende Präsentation erstellt werden könnte:

   – Diagramm „Verbrauch des Kopierpapiers" (ohne Überschrift),
   – „Name-P2-A2" (Impulsreferat). Das Impulsreferat beginnt auf Seite 2.

4. Achten Sie darauf, dass das gesamte Dokument dem Corporate Design entspricht.

5. Erstellen Sie auf der ersten Seite ein Inhaltsverzeichnis.

6. Fügen Sie in der Fußzeile eine automatische Seitennummerierung ein.

Seitenlayout:

Passen Sie die Seite der Excel-Datei so an, dass sie auf einer A4-Seite im Querformat ausgedruckt werden kann. Kopieren Sie das Tabellenblatt „Auswertung" in ein neues Tabellenblatt und nennen Sie dieses Tabellenblatt „Formelansicht".

Drucken Sie folgende Dateien aus:

Tabellenkalkulation:

„Auswertung" mit Diagramm
„Auswertung" mit Formelansicht ohne Diagramm

Textverarbeitung:

„Name-P2-A1"
„Name-P2-A5"

Anlage 1: Gespräch

Müngsten	Ich begrüße Sie herzlich und eröffne die heutige kurze Teambesprechung. Schön, dass Sie trotz der kurzfristigen Einladung zu dieser Teamsitzung kommen konnten. Da ich zz. ein hohes Arbeitsaufkommen habe, komme ich gleich zur Sache. Wir haben das in 2 Wochen anstehende Meeting vorzubereiten. Dann möchte ich gerne unsere Ergebnisse präsentieren. Wir haben beim letzten Meeting uns mit dem Thema „Nachhaltigkeit" beschäftigt. Dazu hatte Herr Bach einen Impulsvortrag gehalten.
Bach	Wenn ich kurz unterbrechen darf? Ich habe den Vortrag ausgearbeitet. Da sind nur noch ein paar kleinere Korrekturen notwendig.
Müngsten	Ja, super. Dann fügen wir das dem Protokoll als Anlage hinzu.
Bach	*(Kopfnicken)*
Müngsten	Also: wir hatten uns zum Ziel gesetzt, grundsätzlich Recycling-Papier einzusetzen.
Schrader	Das müssen wir jetzt überprüfen, ob die Abteilungen das auch so umgesetzt haben.
Wiegener	Wir hatten gedacht, dass wir zum Kopieren Umweltpapier nutzen. Das müsste einen Anteil von über 50 % ergeben. Externe Schriftstücke z. B. Geschäftsbriefe wollten wir ja nach wie vor auf Standardpapier ausdrucken.
Berg	Grundsätzlich wollten wir aber doch den Papierverbrauch insgesamt senken?
Müngsten	Wir wollten erreichen, dass überhaupt nicht mehr soviel ausgedruckt wird und dass jeder Mitarbeiter unter 20 000 Kopien bleibt.
Schrader	Da bin ich aber gespannt, ob das geklappt hat.
Müngsten	Für unser nächstes Meeting benötigen wir konkrete Zahlen.
Berg	Okay, ich könnte veranlassen, dass unsere Abteilung Verwaltung Zahlen zusammenträgt und für das anstehende Meeting die Präsentation zusammenstellt.
Müngsten	Perfekt. Das machen wir so. Könnten Sie sich dann auch um das Protokoll kümmern. *(Herr Müngsten schaut auf die Uhr.)* Ich schließe die Sitzung um 11:50 Uhr. Vielen Dank.

Anlage 2: Schülervorlage

	A	B	C	D	E	F	G	H
1	**Bürobedarf Müngsten GmbH**							
2	**Kopierpapierverbrauch der Sorten "Recycling" und "Standard"**							
3		**Anzahl Mitarbeiter**	**Anzahl Kopien "Recycling"**	**Anzahl Kopien "Standard"**	**Anzahl Kopien gesamt**	**Durchschnittliche Anzahl Kopien je Mitarbeiter**	**Handlungsbedarf (ja/nein)**	**Anteil an den gesamten Kopien in Prozent**
4	Verkauf/Marketing							
5	Einkauf							
6	Auftragsbearbeitung							
7	Rechnungswesen							
8	Personalwesen							
9	Fuhrpark							
10	Summe							
11								
12								
13								
14	Höchster Jahresverbrauch							
15	Niedrigster Jahresverbrauch							
16	Durchschnittlicher Jahresverbrauch pro Mitarbeiter							
17	Anteil Verbrauch "Recycling" in Prozent							

Anlage 2: Tabellenblatt Recycling

	A	B	C	D	E	F	G	H
1	**Kopiercode**	**Mitarbeiter**	**Abteilung**	**1. Quartal**	**2. Quartal**	**3. Quartal**	**4. Quartal**	**Kopien pro Jahr**
2	2544	Bach	Rechnungswesen	4.012	1.003	4.612	4.423	14.050
3	6641	Reinartz	Einkauf	4.072	3.497	3.641	2.018	13.228
4	8872	Schrader	Verkauf/Marketing	1.540	3.526	1.540	5.728	12.334
5	5418	Oehler	Verkauf/Marketing	1.176	2.555	1.176	1.245	6.152
6	3781	Sterz	Fuhrpark	99	152	139	187	577
7	2298	Wiegener	Einkauf	4.536	3.612	3.137	2.034	13.319
8	5410	Karafil	Verkauf/Marketing	1.245	1.245	2.410	1.204	6.104
9	9702	Liebig	Personalwesen	3.812	4.670	4.584	953	14.019
10	8432	Tasar	Rechnungswesen	6.874	6.548	9.874	6.587	29.883
11	6523	Schwarz	Verkauf/Marketing	3.848	2.483	1.254	962	8.547
12	4511	Bader	Auftragsbearbeitung	3.960	4.812	4.670	990	14.432
13	6621	Horsch	Rechnungswesen	5.486	2.841	3.842	1.487	13.656
14	8874	Wächter	Einkauf	2.560	3.004	1.137	1.190	7.891
15	1412	Kemnade	Fuhrpark	3.960	4.812	4.670	990	14.432
16	2503	Wildenach	Auftragsbearbeitung	1.268	1.987	1.234	2.399	6.888
17	2790	Berg	Personalwesen	2.010	1.950	1.844	1.953	7.757
18	6351	Erwin	Auftragsbearbeitung	2.689	3.665	1.203	3.955	11.512
19	1585	Jacobs	Verkauf/Marketing	1.176	2.555	1.176	1.245	6.152
20	8369	Jansen	Verkauf/Marketing	1.204	2.451	1.623	2.541	7.819
21	9451	Lujé	Verkauf/Marketing	2.688	2.158	1.555	1.245	7.646
22	4521	Kaschinski	Einkauf	3.514	2.788	2.012	3.265	11.579

Anlage 3: Tabellenblatt Standard

	B	C	D	E	F	G	H
1	Mitarbeiter	Abteilung	1. Quartal	2. Quartal	3. Quartal	4. Quartal	Kopien pro Jahr
2	Bach	Rechnungswesen	5.015	1.253	5.765	5.528	17.561
3	Reinartz	Einkauf	1.245	1.654	1.287	2.522	6.708
4	Schrader	Verkauf/Marketing	5.675	4.407	5.837	7.160	23.079
5	Oehler	Verkauf/Marketing	5.220	5.693	5.873	5.945	22.731
6	Sterz	Fuhrpark	123	190	173	233	719
7	Wiegener	Einkauf	1.652	515	3.921	542	6.630
8	Karafil	Verkauf/Marketing	5.510	5.801	3.877	3.447	18.635
9	Liebig	Personalwesen	4.765	5.837	5.730	1.191	17.523
10	Tasar	Rechnungswesen	4.240	9.390	3.265	4.372	21.267
11	Schwarz	Verkauf/Marketing	4.810	3.103	5.801	1.202	14.916
12	Bader	Auftragsbearbeitung	4.950	6.015	5.837	6.237	23.039
13	Horsch	Rechnungswesen	3.120	8.768	7.405	2.655	21.948
14	Wächter	Einkauf	1.200	1.755	1.421	1.487	5.863
15	Kemnade	Fuhrpark	218	105	66	210	599
16	Wildenach	Auftragsbearbeitung	2.835	2.483	3.301	5.998	14.617
17	Berg	Personalwesen	5.512	2.437	5.305	2.441	15.695
18	Erwin	Auftragsbearbeitung	3.361	4.581	5.717	4.943	18.602
19	Jacobs	Verkauf/Marketing	4.556	3.706	5.210	4.046	17.518
20	Jansen	Verkauf/Marketing	5.893	4.567	5.357	5.003	20.820
21	Lujé	Verkauf/Marketing	3.360	2.697	5.693	4.955	16.705
22	Kaschinski	Einkauf	1.348	1.245	1.515	1.081	5.189

Muster 1

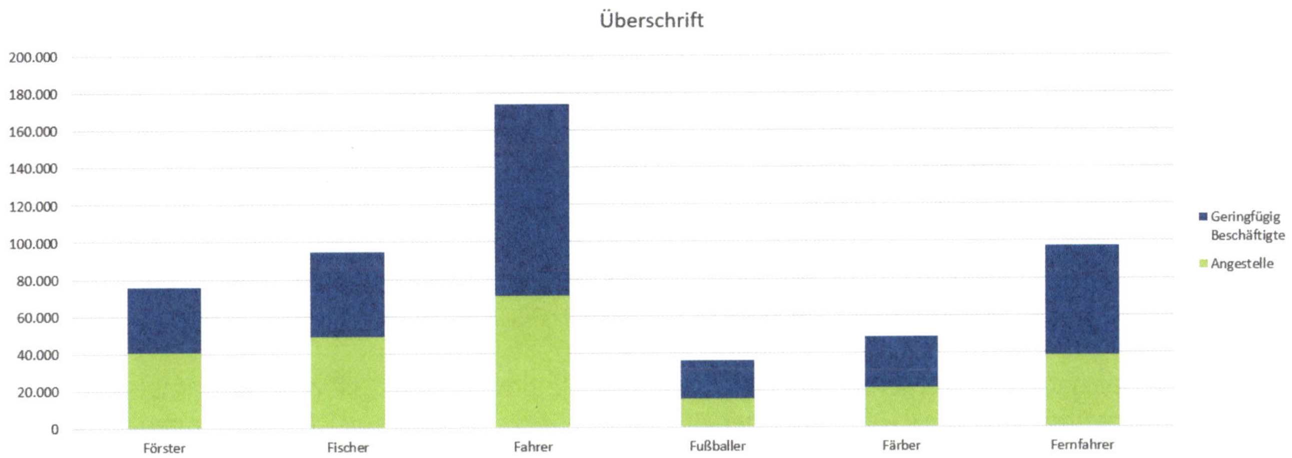

Prüfung 3: Optimale Bestellmenge und Angebotsvergleich

Allgemeine Hinweise

Sie benötigen folgende Dateien:
Geschäftsbriefvordruck Müngsten GbmH.docx
P3-A1.xlsx

Corporate-Design

Tabellenkalkulation

Schriftart Arial, Schriftgröße 10
Überschriften zentriert, Schriftgröße 14

Textverarbeitung

Schriftart Arial, Schriftgröße 12

Achten Sie generell auf die Rechtschreibung, Zeichensetzung und übersichtliche Darstellung. Wenden Sie die **DIN 5008** an und berücksichtigen Sie das **Corporate Design**. Formulieren Sie in ganzen Sätzen, nicht stichwortartig, berücksichtigen Sie einen modernen Korrespondenzstil. Schreiben Sie in die Kopfzeile jedes Dokuments linksbündig Ihren Vor- und Zunamen.

Situation

Sie sind im Einkauf der Firma Bürobedarf Müngsten GmbH in Düsseldorf beschäftigt und haben Artvollmacht.

Die Büro Müngsten GmbH ist ein mittelständisches Unternehmen und handelt mit Bürobedarf und Büromöbeln aller Art.

Kontaktdaten:
Aggerstraße 7
40474 Düsseldorf
Ihre Durchwahl: 564
Telefon: 02177 7654-0
Telefax: 02177 7654-40
Homepage: buero-muengsten.de
E-Mail: name@buero-muengsten.de

Seit einiger Zeit hat das Unternehmen auch Standardstühle des Modells „Florenz“ im Programm. Der Jahresbedarf beträgt 480 Stück. Bislang haben Sie mit Ihrem Lieferanten zwei Teillieferungen zu Beginn des Jahres und zur Jahresmitte vereinbart. Im kommenden Jahr möchte der Lieferant nur noch einmal jährlich liefern. Es scheint, dass die Beschaffungs- und Lagerkosten schon jetzt zu hoch sind. Daher sollen die Beschaffungskosten und die Bestellhäufigkeiten überprüft werden.

Es liegen drei Angebote von weiteren Lieferanten vor, die in Teilmengen liefern können. Der Anbieter mit dem günstigsten Gesamtpreis soll ermittelt werden.

Die Bestellung soll vorbereitet werden.

Ihr Abteilungsleiter, Manfred Weiler, möchte die drei Mitarbeiter*innen aus dem Einkauf (Christine Reinartz, Wolfgang Wächter, Olaf Kaschiniski) in einer internen Mitteilung über die Arbeitsergebnisse informieren.

Prüfung 3

Aufgabe 1: Optimale Bestellmenge ermitteln

DIGITAL+

Öffnen Sie die Datei „P3-A1" mit dem Tabellenkalkulationsprogramm und speichern Sie dieses unter „Name-OBM-AVG".

Die Kosten je Bestellung belaufen sich zur Zeit auf 40,00 EUR, der Lagerkostensatz beträgt 4 % vom durchschnittlichen Lagerbestand.

1. Bearbeiten Sie die Anlage 1 mit allen Formatierungen. Benennen Sie dieses Tabellenblatt „OBM Model Florenz".

2. Bearbeiten Sie die fehlenden Werte zur Ermittlung der optimalen Bestellmenge.

Aufgabe 2: Diagramm erstellen

1. Erstellen Sie ein Liniendiagramm mit Datenpunkten nach Muster XY. Wählen Sie drei für die optimale Bestellmenge notwendigen Datenreihen aus.

2. Versehen Sie das Diagramm mit einer aussagekräftigen Überschrift.

Aufgabe 3: Angebotsvergleich durchführen

1. Übernehmen Sie die Anlage 2 mit allen Formatierungen. Benennen Sie dieses Tabellenblatt „AGV Florenz".

2. Bearbeiten Sie den Angebotsvergleich gemäß den vorliegenden Angaben:

   Lieferant 1: Müller GmbH, Postfach 3 39, 45127 Essen, 1000 Stück, Listenpreis: 26,45 €
   Lieferantenrabatt: 7,5 %; Liefererskonto: 2,5 %; Bezugskosten: 0,20 €

   Lieferant 2: Innovation AG, Postfach 33 67, 46483 Wesel, 800 Stück, Listenpreis: 28,30 €
   Lieferantenrabatt: 15,00 %; Liefererskonto: 3,00 %; Bezugskosten: 0,15 €

   Lieferant 3: Bracht OHG, Postfach 38 75 30, 40474 Düsseldorf, 750 Stück, Listenpreis: 27,10 €
   Lieferantenrabatt: 10,00 %; Liefererskonto: 2,00 %; Bezugskosten: keine

3. Ermitteln Sie formelgesteuert den günstigsten Anbieter, der mit dem entsprechenden Namen erscheinen soll.

Aufgabe 4: Bestellung schreiben

DIGITAL+

Öffnen Sie die Datei „Briefvordruck Müngsten GmbH" und speichern Sie die Datei unter „Name-P3-A4".

1. Bereiten Sie die Bestellung vor.

2. Ergänzen Sie die Angaben im Infoblock nach Ihrer Wahl.

3. Wiederholen Sie die Konditionen aus dem Angebot.

Aufgabe 5: Interne Mitteilung erstellen

Öffnen Sie ein leeres Dokument und speichern Sie unter „Name-P3-A5" ab.

Erstellen Sie die interne Mitteilung und übernehmen Sie möglichst exakt die Angaben aus Anlage 4. Die Seitenränder betragen: links 2,0 cm, oben 2,5 cm, rechts 2 und unten 2,5 cm.

Aufgabe 6: Interne Mitteilung schreiben

DIGITAL+

Öffnen Sie die Datei „Name-P3-A5" und speichern Sie unter „Name-P3-A6" ab.

1. Bereiten Sie die interne Mitteilung für Herrn Weiler an die drei Mitarbeiter*innen vor.
2. Gehen Sie dabei auf Ihre Arbeitsergebnisse der Aufgaben 1 und 3 ein.
3. Teilen Sie mit, bei welchem Lieferanten künftig in welchen Teilmengen bestellt werden soll.
4. Überlegen Sie sich einen Grund, warum Sie Teilmengen ordern sollen.
5. Formulieren Sie einen Schlusssatz.

Seitenlayout:

Passen Sie die Seite der Excel-Datei so an, dass sie auf einer A4-Seite im Querformat ausgedruckt werden kann. Kopieren Sie die Datei „Auswertung" in ein neues Tabellenblatt und nennen Sie dieses Tabellenblatt „Formelansicht".

Drucken Sie folgende Dateien aus:

Tabellenkalkulation:
„OBM Model Florenz" mit Diagramm
„OBM Model Florenz" mit Formelansicht ohne Diagramm
„AVG Florenz"
„AVG Florenz" mit Formelansicht

Textverarbeitung:
Name-P3-A4
Name-P3-A6

Anlage 1: Schülervorlage OBM Florenz Vorlage

	A	B	C	D	E	F
1	Müngsten GmbH					
2	Optimale Bestellmenge ermitteln					
3	Artikel	Florenz				
4	Jahresbedarf (Stück)					
5	Kosten je Bestellung (EUR)					
6	Lagerkostensatz (%) (vom durchschnittlichen Lagerbestand)					
7	Einstandspreis pro Stück (EUR)					
8						
9	Bestellhäufigkeit	Bestellmenge	durchschnittlicher Lagerbestand	Lagerkosten pro Jahr	Bestellkosten pro Jahr	Beschaffungskosten pro Jahr
10		(Stück)	(EUR)	(EUR)	(EUR)	(EUR)
11						
12						
13						
14						
15						
16						
17						
18						
19						
20						

Anlage 2: Schülervorlage AGV Florenz Vorlage

	A	B	C	D	E	F	G
1	Müngsten GmbH						
2	quantitativer Angebotsvergleich (in EUR)						
3		Müller GmbH		Innovation AG		Bracht OHG	
4	Stückzahl						
5	Einzelpreis						
6	Gesamtpreis						
7							
8	Listeneinkaufspreis						
9	- Liefererrabatt						
10	= Zieleinkaufspreis						
11	- Liefererskonto						
12	= Bareinkaufspreis						
13	+ Bezugskosten pro Stck						
14	= Bezugspreis/gesamt						
15							
16	= Bezugspreis/Stück						
17							
18	Der günstigste Preis ist:						
19	Der günstigste Anbieter ist:						

Anlage 3: Musterdiagramm

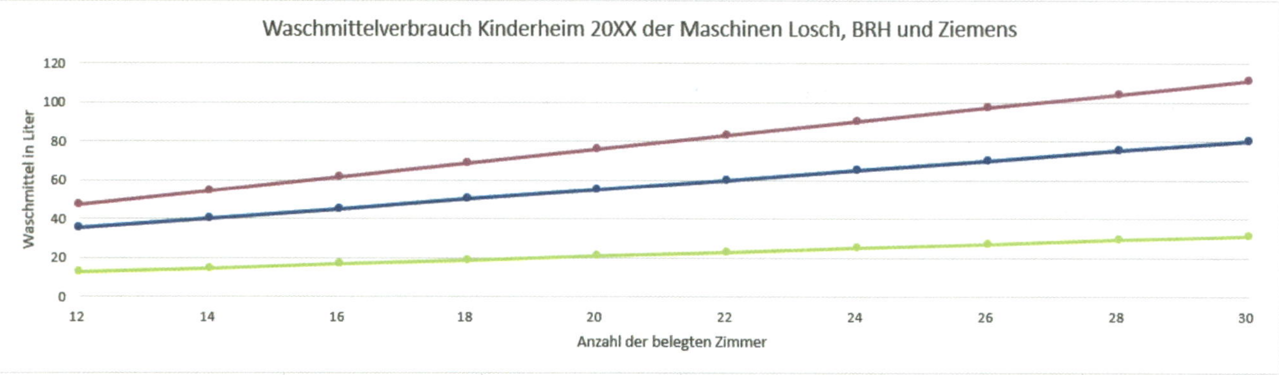

Anlage 4: Interne Mitteilung

Bürobedarf Müngsten GmbH

INTERNE MITTEILUNG

Von:	An:	Datum:

Betreff:

Prüfung 4: Ergonomie und Bonussystem

Allgemeine Hinweise

Sie benötigen folgende Dateien:
P4-A1
P4-A3
P4-A4

Corporate-Design

Tabellenkalkulation

Schriftart Arial, Schriftgröße 10
Überschriften zentriert, Schriftgröße 14

Textverarbeitung

Schriftart Arial, Schriftgröße 11

Achten Sie generell auf die Rechtschreibung, Zeichensetzung und übersichtliche Darstellung. Wenden Sie die **DIN 5008** an und berücksichtigen Sie das **Corporate Design**. Formulieren Sie in ganzen Sätzen, nicht stichwortartig, berücksichtigen Sie einen modernen Korrespondenzstil. Schreiben Sie in die Kopfzeile jedes Dokuments linksbündig Ihren Vor- und Zunamen.zeile jedes Dokuments linksbündig Ihren Vor- und Zunamen.

Situation

Sie sind in der Verwaltung der Firma Wohntal GmbH in Bielefeld beschäftigt und haben Artvollmacht.

Die Wohntal GmbH ist ein mittelständisches Unternehmen mit 80 Mitarbeiter*innen, stellt unter anderem hochwertige Büromöbel her und hat Vertriebsfilialen im norddeutschen Raum.

Kontaktdaten:

Börde-Park 1
33604 Bielefeld
Telefon: 0521 456491-0
Telefax: 0521 456491-11

Homepage: Wohntal.com
E-Mail: name@wohntal.de

Die Wohntal GmbH bietet seit einigen Jahren ihren Mitarbeiter*innen gesundheitsfördernde Kurse für Wirbelsäulengymnastik, Pilates, Stressbewältigung, ausgewogene Ernährung sowie Walking und Nordic Walking an. In der heutigen Teambesprechung informiert sich Frau Sabine Gerdes aus der Personalabteilung über den Stand der Gesundheitsförderung.

Sie möchte zeitnah wissen, ob wir mit unserer Angebotsauswahl richtig liegen, und bittet Sie deshalb, die vorliegenden Teilnehmerzahlen der verschiedenen Kurse des Jahres 2021 auszuwerten.

Die Wohntal GmbH achtet besonders auf die Gesundheit ihrer Mitarbeiter*innen. Entwickeln Sie für eine bessere Akzeptanz eine Bonuskarte, mit der die Teilnahme an den unterschiedlichen Kursen festgehalten und belohnt werden kann.

Prüfung 4

Aufgabe 1: Gesundheitskurse auswerten

DIGITAL+

Öffnen Sie die Datei „P4-A1" mit dem Tabellenkalkulationsprogramm und speichern Sie dieses unter „Name-ERGO".

1. Bearbeiten Sie die Anlage 1 mit allen Formatierungen. Benennen Sie dieses Tabellenblatt „ERGO".

2. Formulieren Sie eine aussagefähige Tabellenüberschrift.

3. Ermitteln Sie die fehlenden Werte der Tabelle.
   Beachten Sie in der Spalte „Auswertung" folgende Bedingungen:

   - Bei Rückgang der Teilnehmerzahlen oder Veränderungen der Teilnehmerzahlen kleiner als 2 % soll der Text „Kursauslastung prüfen" stehen.
   - Bei Veränderung der Teilnehmerzahlen zwischen 2 % und 8 % soll der Text „Kursauslastung ok" stehen.
   - Ansonsten soll der Text „Zusatzkurs prüfen" stehen.

Aufgabe 2: Diagramm erstellen

1. Erstellen Sie ein Balkendiagramm nach Anlage 3. Die tatsächlichen Teilnehmerzahlen in den Kursen beider Jahre sollen grafisch dargestellt werden.

2. Versehen Sie das Diagramm mit einer aussagefähigen Überschrift.

Aufgabe 3: Interne Mitteilung erstellen

DIGITAL+

Öffnen Sie die Datei „P4-A3" mit dem Vordruck „Interne Mitteilung" und speichern Sie die Datei unter „Name-Mitteilung".

1. Informieren Sie die Abteilungsleiterin Sabine Gerdes schriftlich über Ihre Arbeitsergebnisse. Gehen Sie dabei auf die Kursauslastung, die Veränderungen hinsichtlich der Teilnehmerzahlen und auf die Auswertung ein.

2. Schlagen Sie ihr außerdem zwei geeignete Maßnahmen für das nächste Jahr vor, die die Gesundheit der Mitarbeiter*innen am Arbeitsplatz weiter verbessern könnten.

3. Fügen Sie die Excelauswertung mit der Grafik als Anlage bei.

Aufgabe 4: Bonussystem entwerfen

DIGITAL+

Öffnen Sie die Datei „P4-A4" und speichern Sie diese unter „Name-Bonussystem".

1. Fügen Sie das Logo der Wohntal GmbH oberhalb der Tabelle ein.

2. Geben Sie dem Schriftstück eine aussagekräftige Überschrift, skalieren Sie diese mit 180 %.

3. Formulieren Sie nach der Überschrift einen informativen einleitenden Text; führen Sie an, dass die Anmeldungen an die Personalabteilung zu richten sind.

4. Geben Sie der Tabelle eine aussagekräftige Überschrift.

5. Alle Tabellenzeilen erhalten die Höhe von 1,2 cm.

6. Ergänzen Sie jeweils sinnvolle Inhaltssteuerelemente.

Seitenlayout:

Passen Sie die Seite der Excel-Datei so an, dass sie auf einer A4-Seite im Querformat ausgedruckt werden kann. Kopieren Sie die Datei „Auswertung" in ein neues Tabellenblatt und nennen Sie dieses Tabellenblatt „Formelansicht".

Drucken Sie folgende Dateien aus:

Tabellenkalkulation:
„ERGO" mit Diagramm
„ERGO" mit Formelansicht ohne Diagramm

Textverarbeitung:
„Name-Mitteilung"
„Name-Bonussystem"

Anlage 1: Auswertung

	A	B	C	D	E	F	G	H	I
1	Gesundheitsfördernde Maßnahmen der Wohntal GmbH im Vergleich zu 2020								
2	Gesundheitskurse	maximale Teilnehmerzahl pro Kurs	Anzahl der Kurse	maximale Teilnehmerzahl aller Kurse	tatsächliche Teilnehmer 2020	Kurs-auslastung	tatsächliche Teilnehmerzahl 2021	anteilige Veränderung 2020 zu 2021	Auswertung
3	Wirbelsäulengymnastik	10					43		
4	Pilates	15					84		
5	Stressbewältigung	10					100		
6	ausgewogene Ernährung	10					110		
7	Walking und Nordic Walking	20					200		

Anlage 2: Kursdaten

	A	B	C
1	Gesundheitskurse	Anzahl der Kurse	Tatsächliche Teilnehmerzahl 2020
2	Wirbelsäulengymnastik	8	71
3	Pilates	10	55
4	Stressbewältigung	18	124
5	ausgewogene Ernährung	14	77
6	Walking und Nordic Walking	13	188

Anlage 3: Musterdiagramm

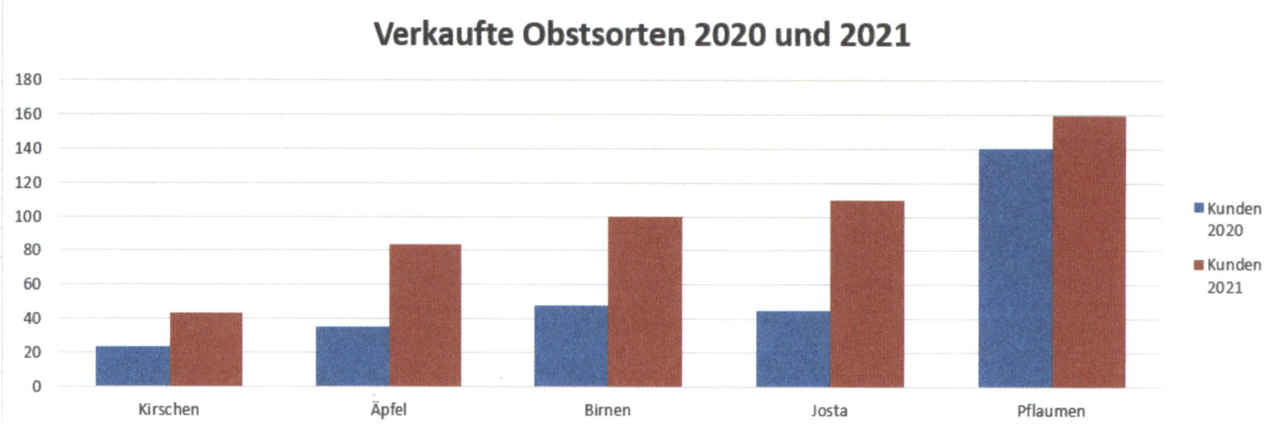

Anlage 4: Interne Mitteilung

WOHNTAL GMBH

Interne Mitteilung

Von:	Wählen Sie ein Element aus.
An:	Wählen Sie ein Element aus.
Datum:	Wählen Sie ein Element aus.
Betreff:	Wählen Sie ein Element aus.

Wählen Sie ein Element aus.

Anlage 5: Bonuscard

Name:	**Vorname:**	**Abteilung:**
Kurs:	**regelmäßig teilgenommen:**	**Unterschrift Kursleiter:**
Wirbelsäulengymnastik		
Pilates		
Stressbewältigung		
Ausgewogene Ernährung		
Walking und Nordic Walking		

Regelmäßige Teilnahme belohnen wir:

1 Kurs	1 Thermokaffeebecher
2 Kurse	1 Pulsuhr
3 Kurse	1 Gutschein für eine Rückenmassage
4 Kurse	1 Gutschein für eine Wellnessmassage
5 Kurse	3 Gutscheine für Rücken- oder Wellnessmassage

Prüfung 5: Lagerkarte und Lieferantenwechsel vorbereiten

Allgemeine Hinweise

Sie benötigen folgende Dateien:
Geschäftsbriefvordruck Reif KG.docx
Antwort-Absage.docx
P5-A1.xlsx

Corporate-Design

Tabellenkalkulation

Schriftart Arial, Schriftgröße 10
Überschriften zentriert, Schriftgröße 14

Textverarbeitung

Schriftart Arial, Schriftgröße 11

Achten Sie generell auf die Rechtschreibung, Zeichensetzung und übersichtliche Darstellung. Wenden Sie die **DIN 5008** an und berücksichtigen Sie das **Corporate-Design**. Formulieren Sie in ganzen Sätzen, nicht stichwortartig, berücksichtigen Sie einen modernen Korrespondenzstil. Schreiben Sie in die Kopfzeile jedes Dokumentes linksbündig Ihren Vor- und Zunamen.

Situation

Sie sind Mitarbeiter/-in im Einkauf/Lager der Reif KG in Recklinghausen beschäftigt und haben Artvollmacht.

Die Reif KG ist ein mittelständisches Unternehmen. Es handelt mit Zweirädern und Zubehör, bietet gute Qualität zu günstigen Preisen und eine fachliche Beratung. Ein zuverlässiger Service gehört ebenfalls zum Markenzeichen der Firma.

Kontaktdaten:
Reif KG
Schlossgraben 30
45657 Recklinghausen
Ihre Durchwahl: 564
Telefon: 02361 2409-0
Telefax: 02361 2410
Homepage: radmarkt-reif.com
E-Mail: name@radmarkt-reif.com

Für die Warengruppe „Fahrräder“ werden die Lagerkennziffern für Zubehörteile ermittelt. Die aktuellen Zahlen aus der Buchhaltung sind heute per Mail gekommen. Für **Fahrradsitze „grau“** wird die Lagerkarte ausgewertet und die Lagerkennziffern ermittelt.

In der Vergangenheit wurde häufiger mit Verzögerungen geliefert, so wurde der Meldebestand mehrmals unterschritten. Deshalb wurden aus unserer Lieferantendatei von zwei potenziellen Lieferanten neue Angebote angefordert.

Die ermittelten Bezugspreise dieser beiden Firmen sind fast identisch. Ein Vergleich der Anforderungsprofile dieser Unternehmen soll entscheiden, wer den Auftrag erhalten wird.

Prüfung 5

Aufgabe 1: Lagerkarte bearbeiten

DIGITAL+

Öffnen Sie die Datei „P5-A1“ mit dem Tabellenkalkulationsprogramm und speichern Sie dieses unter „Name-LAGER“.

1. Bearbeiten Sie die Anlage 3 in mit allen Formatierungen. Nennen Sie dieses Tabellenblatt „LAGER“.
2. Formulieren Sie eine aussagefähige Tabellenüberschrift.
3. Ermitteln Sie die fehlenden Werte der Tabelle für den Artikel 10111. Das Lager wird nur bis zum Höchstbestand unter Berücksichtigung des Monatsendbestandes aufgefüllt.

Aufgabe 2: Diagramm erstellen

1. Erstellen Sie ein Liniendiagramm nach Anlage 2. Die tatsächlichen Bestände sollen grafisch dargestellt werden.
2. Versehen Sie das Diagramm mit einer aussagefähigen Überschrift.

Aufgabe 3: Qualitativen Angebotsvergleich durchführen

1. Erstellen Sie die Anlage 4 in einem neuen Tabellenblatt, nennen Sie dieses „Q-AV“.
2. Führen Sie unter Berücksichtigung der Informationen zu unseren Lieferanten aus der Anlage 5 einen qualitativen Angebotsvergleich durch.

Aufgabe 4: Anfrage schreiben

DIGITAL+

Öffnen Sie das Word-Dokument „Geschäftsbriefvordruck Reif KG“ und speichern Sie es unter „Name-Anfrage“.

1. Schreiben Sie eine Anfrage für 270 Stück der Artikelnummer 10111.
2. Bitten Sie um ein detailliertes Angebot zu verschiedenen Modellen. Gehen Sie dabei auf mindestens 3 Punkte ein, die im Angebotsvergleich in der Wertigkeit besonders hoch liegen.
3. Fragen Sie nach unterschiedlichen Formen und Aussparungen. Die Fahrradsattel sollen wetterfest sein. Das Oberflächenmaterial soll abriebfest, kratzfest und rutschfest sein.
4. Der gewünschte Artikel ist durch eine Einrückung zu formatieren.

Aufgabe 5: Absage überarbeiten

DIGITAL+

1. Öffnen Sie das Word-Dokument „Antwort-Absage“ und speichern Sie es unter „Name-Absage“.

2. Arbeiten Sie bei der folgenden Aufgabe mit „Änderungen nachverfolgen“.

   - Ergänzen Sie die Ansprechpartnerin „Simone Weiß“.
   - Das Angebot haben Sie vor 3 Tagen erhalten. Ergänzen Sie den Infoblock mit den notwendigen Angaben nach Ihrer Wahl.
   - Übernehmen Sie alle Angaben aus den Kommentaren (s. auch Anlage 6).

Seitenlayout:

Passen Sie die Seite der Excel-Datei so an, dass sie auf einer A4-Seite im Querformat ausgedruckt werden kann. Kopieren Sie die Datei „Auswertung“ in ein neues Tabellenblatt und nennen Sie dieses Tabellenblatt „Formelansicht“.

Drucken Sie folgende Dateien aus:

Tabellenkalkulation:
„LAGER“ mit Diagramm
„LAGER“ mit Formelansicht ohne Diagramm
„Q-AV“ mit Formelansicht

Textverarbeitung:
„Name-Anfrage“
„Antwort-Absage“

Anlage 1: Auszug Artikeldatei

	A	B	C	D	E	F	G	H	I
1	Artikel-nummer	Artikelbezeichnung	Lieferant	Einstands-preis (EUR)	Anfangs-bestand (Stück)	Höchst-bestand (Stück)	Mindest-bestand (Stück)	Melde-bestand (Stück)	Einheit
2	10101	Fahrradrucksack 20 L	Tretwerk KG	169,95	38	73	21	25	Stück
3	10102	Trinksystem (mag.)	Planet of Bikes	29,45	62	86	15	30	Stück
4	10103	FC25 Trinksystem	Fahrrad XXL	67,84	110	115	5	12	Stück
5	10104	Abos X-Plus 540	Fahrradladen L.A. Cycles	72,50	138	390	30	55	Stück
6	10105	Spiralschloss NITE	Move GmbH & Co KG	14,30	122	165	10	18	Stück
7	10106	Rückenprotector PRO	Sattelfest OHG	98,63	17	115	15	32	Stück
8	10107	Custom Flaschenhalter	Rad & Tat OHG	6,90	24	160	20	45	Stück
9	10108	Pulsmesser Cardio i18	Tretwerk KG	96,95	126	280	15	35	Stück
10	10109	Schutzblech Blade 29"	Bergetappe KG	27,99	12	74	10	22	Set
11	10110	Cobe Lenkerkorb	Rad123 e. K.	17,20	67	380	8	40	Stück
12	10111	Fahrradsitze grau	Müller OHG	99,95	125	285	12	22	Stück
13	10112	Fahrradständer 29"	Rücktritt GmbH	11,25	97	230	4	10	Stück
14	10113	RideCase Handy Halter	Fahrrad Alev	35,40	105	190	20	37	Stück
15	10114	Bike Cover Topeak	Planet of Bikes	29,95	12	60	15	20	Stück
16	10115	Mini-Klingel grau	Move GmbH & Co KG	2,64	121	375	24	50	Stück

Anlage 2: Musterdiagramm

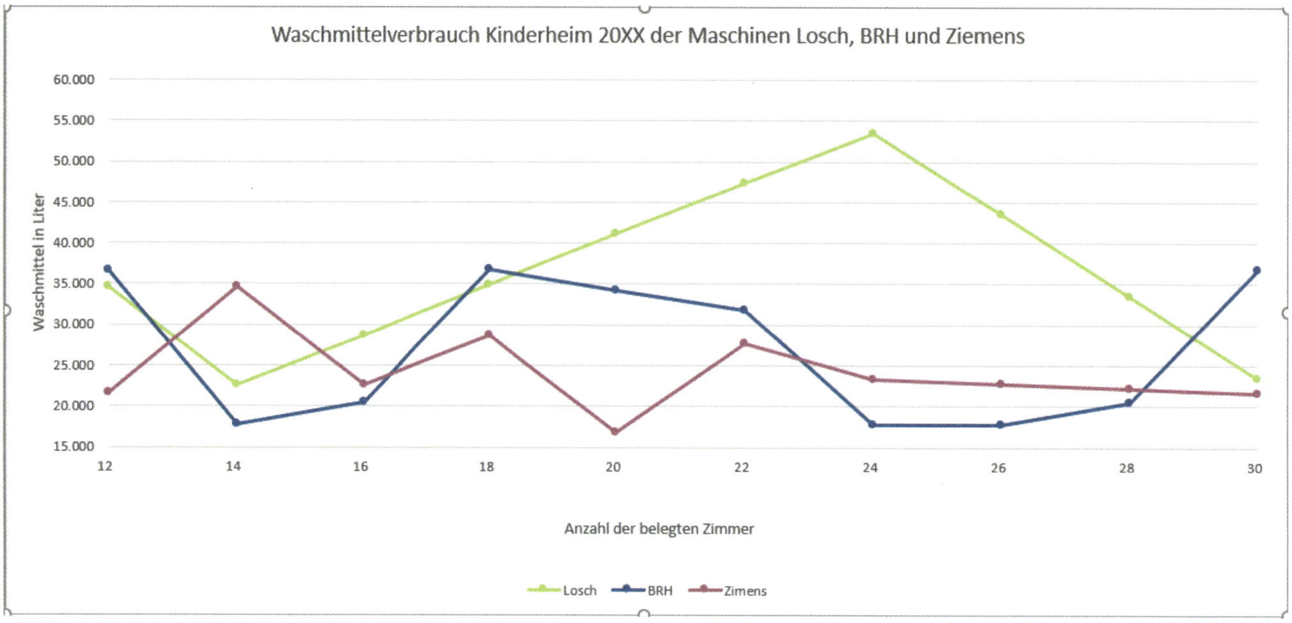

Anlage 3: Name-LAGER

1	**Reif KG**					
2	**Stammdaten der Artikel**					
3	**Artikelnummer:**					
4	**Artikelbezeichnung:**					
5	**Einheit:**					
6	**Lieferant:**					
7						
8	**Bestandsdaten**					
9	**Anfangsbestand:**					
10	**Höchstbestand:**					
11	**Mindestbestand:**					
12	**Meldebestand:**					
13						
14	**Lieferdatum**	**Zugang**	**Abgang**	**Bestand**	**Lagerstatus**	**Bestell-vorschlag**
15	Januar		82			
16	Februar		26			
17	März	262				
18	April		48			
19	Mai		86			
20	Juni		114			
21	Juli	248				
22	August		145			
23	September		125			
24	Oktober	270				
25	November		89			
26	Dezember		156			
27	**Summe**					
28						
29	**Lagerstatus**					
30	Bei Erreichen/Unterschreiten des Meldebestands:				Nachbestellung erforderlich	
31	Bei Unterschreiten des Mindestbestands:				Mindestbestand unterschritten	
32	Bei Erreichen des Höchstbestands:				Höchstbestand erreicht	
33						
34	**Auswertung der Warenbewegungen**					
35	Anzahl der Warenabgänge:					
36	Anzahl der Warenabgänge mit mehr als 100 Stück:					
37	Warenwert aller Zugänge (in EUR):					
38	durchschnittlicher Lagerbestand (in Stück):					

Anlage 4: Q-AV Vorlage

	A	B	C	D	E	F	G	H
1	**Anforderungsprofil möglicher Lieferanten**							
2	**Benötigtes Produkt**							
3	**Beurteilungskriterien**	**Wertig-keit in Prozent**						
4			**Angebotshinweis**	**Punkte 1 - 10**	**Wert**	**Angebotshinweis**	**Punkte 1 - 10**	**Wert**
5	Standortnähe	10						
6	Ansprechpartner	5						
7	Ständige Lieferbereitschaft	10						
8	Qualität	20						
9	Preisgarantien	5						
10	Langfristige Verträge	15						
11	Gute Bonitätsbewertung	15						
12	Zertifizierung	5						
13	Nachhaltigkeit Verpackung	15						
14	**Summe**							

Anlage 5: Auszug aus den Informationen zu unseren Lieferanten

Firma Vels KG

Als Lieferant von Zubehörteilen für Fahrräder mit langer Tradition, weiß die Firma Vels KG, vertreten durch den Geschäftsführer Ernst Vels, 47533 Kleve, Großer Berg 55, worauf es bei der Herstellung ankommt. Weit über die regionalen Grenzen hinaus schätzen Kunden die hochwertigen Produkte. Ausgeliefert wird mit eigenem Fuhrpark! Als Ansprechpartner wird Thomas Klein (klein@vels.de) genannt.

In der Vergangenheit gab es moderate, aber gut begründete Preiserhöhungen. So fordert eine exklusive Qualitätsprüfung einen guten und ständig verfügbaren Vor-Ort-Service. Es liegen keine negativen Schufa-Einträge vor. Es gibt keine Bewertung bei der Creditreform.

Die Firma setzt auf Nachhaltigkeit, verwendet ausschließlich wiederverwendbare, recycelte Materialien und verzichtet auf synthetische Materialien.

Firma Heifro GmbH

Die Firma Heifro GmbH ist ein mittelständisches Unternehmen mit über 40-jähriger Erfahrung mit Sitz in 74046 Heilbronn, Ubierstraße 56. Die Firma ist ein Garant und Spezialist für qualitativ hochwertige, sichere und dabei individuell angefertigte Fahrradsitze. Als erster Hersteller überhaupt erhielt HEFRO bereits 1985 eine Auszeichnung und das Produkt ist TÜV-zertifiziert.

Die Qualität der Produkte wird seither immer weiter entwickelt. Ausgeliefert wird mit eigenem Fuhrpark! Es liegt eine gute Bonitätsprüfung der Creditreform vor. Die Firma sichert zu, dass sie den gewünschten Artikel ständig liefern können und zeichnet sich durch langjährige Geschäftsbeziehungen aus.

Anlage 6: Absage

Der Radmarkt

Reif KG
Rund ums Rad

Reif KG, Schlossgraben 30, 45657 Recklinghausen
Heifro GmbH
Frau Simone Weiß
Ubierstraße 56
74046 Heilbronn

Ihr Zeichen:
Ihre Nachricht vom: (vor 3 Tagen)
Unser Zeichen: *(eigenes Zeichen)*
Unsere Nachricht vom: (Datum einsetzen)

Name: (eigener Name)
Telefon: 02361 2409-564
Telefax: 02361 2410
E-Mail: name@radmarkt-reif.com

Datum: (Tagesdatum)

Ihr Angebot über Fahrradsattel in der Farbe grau

Sehr geehrte Frau Weiß,

vielen Dank für Ihr interessantes Angebot. Die Qualität Ihrer Produkte spricht uns sehr an.

Bitte haben Sie Verständnis, dass wir Ihnen diesmal nicht zusagen. Wir haben uns inzwischen dem Netzwerk „Nachhaltige Fahrradanbieter*innen" angeschlossen. So ist es selbstverständlich, dass wir auch bei der Verpackung auf Nachhaltigkeit setzen.

Natürlich sind wir bereit, unsere Entscheidung zu überdenken, wenn Sie uns hier ein passendes Konzept vorlegen könnten.

Freundliche Grüße

Radmarkt Reif KG

(eigener Name)

Handelsregister: HRA 1222
USt.-IdNr.: DE14627991
Erfüllungsort und Gerichtsstand: Recklinghausen

Internet-Adresse:
www.reif.com

Bankverbindung
Sparkasse Vest Kto. 170642
IBAN 45 4265 0100 0000 1706 42
BIC WELADED1REK

Lösungen der Prüfungsübungen

Teil A: DIN 5008

Teil B: TEXTVERARBEITUNG

Teil C: TABELLENKALKULATION

Teil D: PRÜFUNGSSIMULATION

Teil A: DIN Kompakt: Lösungen

3 Schreibregeln

3.1 Abkürzungen

Routine erlangen

Aufgabe: Kürzen Sie richtig ab und tragen Sie die Abkürzungen in die Mindmap ein:

Lösung:

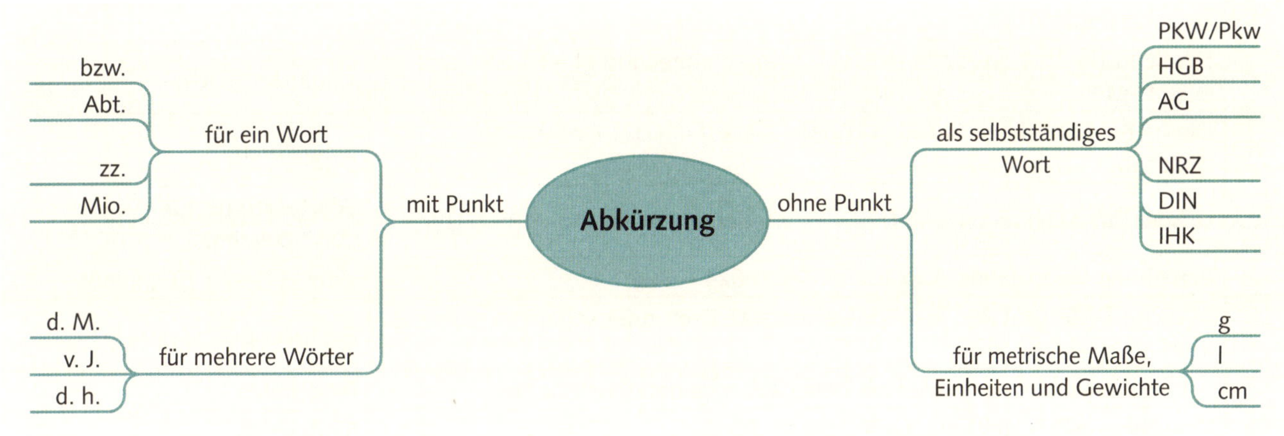

3.2 Kurz- und Langstrich

3.2.1 Kurzstrich

3.2.2 Bindestrich – Exkurs

3.2.3 Langstrich

Routine erlangen

Aufgabe: Ordnen Sie der Grafik die *kursiv gedruckten* Beispiele und Sätze zu.

Lösung:

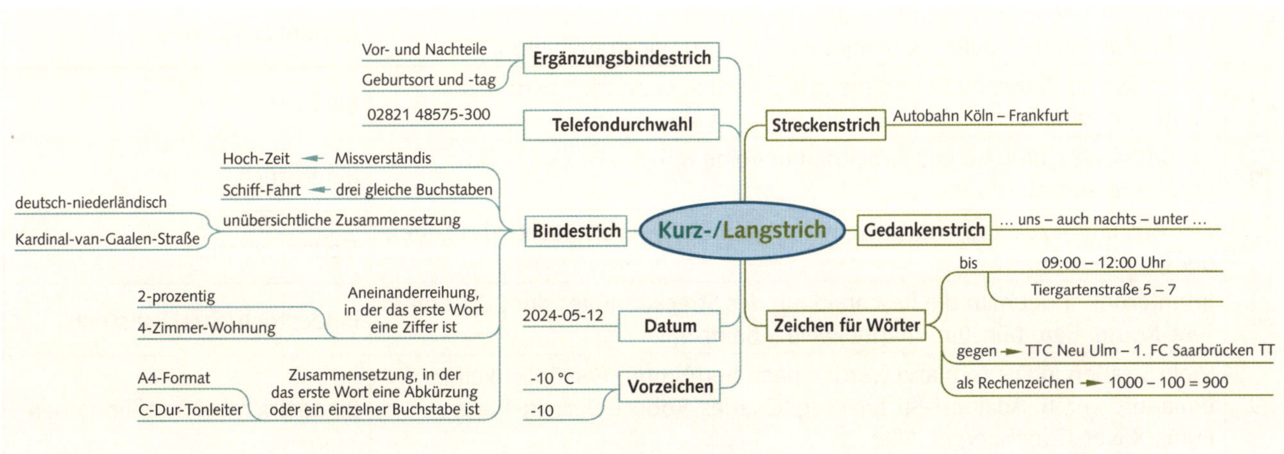

Routine erlangen – leicht

Aufgabe: Ersetzen Sie das Zeichen ☐ durch den Kurz- oder Langstrich. Beachten Sie, ob Leerschritte erforderlich sind oder nicht.

1.	Die von uns bestellten 100 T-Shirts sind nicht mehr lieferbar.	Bindestrich
2.	Die Ein- und Ausgänge sind durch Wegweiser gekennzeichnet.	Ergänzungsbindestrich
3.	Wir erwarteten die Lieferung bis zum 20xx-05-29.	Bindestrich beim Datum
4.	Voraussichtlich wird das Gespräch 10 – 15 Minuten dauern.	Wortvertreter für „bis"
5.	Das Spiel der Mannschaften BM Iserlohn – BM Dingden endete unentschieden.	Wortvertreter für „gegen"
6.	Die Route Goch – Kleve – Emmerich wird gerne mit dem E-Bike zurückgelegt.	Streckenstrich, Bindestrich
7.	Die Sendung – sie wurde bereits vor 7 Tagen angekündigt – ist erst jetzt eingetroffen.	Gedankenstrich
8.	Die neuen Lohnsteuer-Tabellen können Sie auf unserer Homepage einsehen.	Bindestrich
9.	Unsere Öffnungszeiten sind Mo. – Fr. wie folgt: 09:00 Uhr – 18:00 Uhr.	Wortvertreter für „bis" (zweimal)
10.	Berechnen Sie folgende Aufgabe im Kopf: 624 – 376.	Wortvertreter für „minus"
11.	Manche Tasten auf der Tastatur weisen eine Drei- oder sogar Vierfachbelegung auf.	Ergänzungsbindestrich
12.	An der Karl-Hofer-Allee wird ein neues Wohngebäude entstehen.	Bindestrich
13.	Das Dehnungs-h steht nur nach langem Vokal.	Bindestrich
14.	Schon über 1000 Angebote – hier geht es weiter zu meiner Facebook-Seite.	Gedankenstrich, Bindestrich
15.	Pfingstsonntag und -montag herrschte auf der Autobahn das totale Verkehrschaos.	Ergänzungsbindestrich
16.	Unsere Mitarbeiter sind immer unter der Handy-Nummer erreichbar.	Bindestrich
17.	Den Liefertermin können wir – wie Sie bereits wissen – nicht einhalten.	Gedankenstrich
18.	Ein Geschäftsbrief sollte immer mit einem Schluss-Satz enden.	Bindestrich
19.	Der ICE fährt die Strecke Köln – Frankfurt – Nürnberg – München mehrmals täglich.	Streckenstrich
20.	Das PayPal-Konto ist ein virtuelles Konto im Online-Bezahlsystem mit zz. mehr als 123 Millionen Nutzern.	Bindestrich (zweimal)
21.	Unsere Lieferungs- und Zahlungsbedingungen sind in unseren AGB beschrieben.	Ergänzungsbindestrich
22.	Beim Bindestrich wird – laut Duden und DIN 5008 – kein Leerzeichen gesetzt.	Gedankenstrich
23.	Der 50-m-Lauf wird morgen auf dem Sportplatz stattfinden.	Bindestrich
24.	Ballaststoffreiche Lebensmittel – dazu gehören z. B. Hülsenfrüchte und Vollkornprodukte – halten schlank und schützen vor Krankheiten.	Gedankenstrich
25.	Durch das Umtauschrecht und die „Geld-zurück-Garantie" wird das Kaufrisiko gemindert.	Bindestrich
26.	Im Tarifstreit wurde für alle Arbeitnehmer eine 6,5-prozentige Lohnerhöhung gefordert.	Bindestrich
27.	Der Ausnahmezustand – das war im Frühjahr 2024 – veränderte das Leben der Bevölkerung.	Gedankenstrich
28.	Im Internet findet man die Beschreibung des Streckenfluges der 200-km-Jura-Route: Beromünster – Barmelweid – Saint-Imier.	Bindestrich, Streckenstrich
29.	Viele Straßen in Deutschland werden nach berühmten Persönlichkeiten benannt, so z. B. Adalbert-Stifter-Weg, Charles-Robert-Darwin-Platz, Franz-Xaver-Gabelsberger-Allee.	Bindestrich bei Straßennamen

Routine erlangen – anspruchsvoll

Aufgabe: Verwenden Sie den Kurz- oder Langstrich korrekt.

1.	In der Kosten- und Leistungsrechnung wird ein kalkulatorischer Unternehmerlohn angesetzt.	Ergänzungsbindestrich
2.	Es werden vor allen Dingen Vitamin-C-haltige Getränke geschätzt.	Bindestrich
3.	Der ICE benötigt für die neue Strecke Duisburg – Frankfurt – München nur noch 5 – 6 Stunden.	Streckenstrich, Wortvertreter für „bis"
4.	Die 500-Euro-Frage ist bei dem Quizspiel meistens einfach zu beantworten.	Bindestrich
5.	Bei der letzten Wanderung liefen wir immer wieder bergauf und -ab.	Ergänzungsbindestrich
6.	Bitte geben Sie künftig die korrekte E-Mail-Adresse an.	Bindestrich
7.	Wir sind umgezogen und unsere Adresse lautet jetzt: 73199 Zell, Fritz-Meyer-Weg 5 – 7.	Bindestrich – Wortvertreter für „bis"
8.	Diese Rede verdient 100-prozentige Zustimmung.	Bindestrich
9.	Von Friedemann Schulz von Thun stammt das 4-Ohren-Modell.	Bindestrich
10.	Beim Trinkwasser beträgt der tägliche Pro-Kopf-Verbrauch rund 127 Liter.	Bindestrich
11.	Der Roman – der letzte des Autors – ist besonders erfolgreich.	Gedankenstrich
12.	Bei Telefonanlagen sind Rufnummernsperren bei Orts-, Fern- und Auslandsgesprächen möglich.	Ergänzungsbindestrich
13.	Das Spiel Gummersbach e. V. – Dingden e. V. hat gerade begonnen.	Wortvertreter für „gegen"
14.	SEPA bedeutet übersetzt: Single Euro Payments Area – Einheitlicher Euro-Zahlungsverkehrsraum.	Gedankenstrich, Bindestrich
15.	Durch die neue, maximal 34-stellige IBAN kann jedes Konto in Europa eindeutig identifiziert werden.	Bindestrich
16.	Zum Wochenende gibt es wieder neue 3- und 4-Zimmer-Wohnungen zu vermieten.	Ergänzungsbindestrich, Bindestrich
17.	Die Lieferung erreichte uns erst am 2020-07-03.	Bindestrich beim Datum
18.	Die Größe eines Standardbriefes ist wie folgt: 14,00 – 23,50 cm lang und 9,00 – 12,50 cm breit.	Wortvertreter für „bis"
19.	Die Größe eines A4-Blattes beträgt 210 x 297 mm und ist in der DIN 476 geregelt.	Bindestrich
20.	Vitamine beispielsweise – enthalten in frischem Obst oder Gemüse – sind lebenswichtig.	Gedankenstrich
21.	Das Musik-Erleben ist ein besonderer Genuss für die Sinne; das Musiker-Leben ist aufgrund der vielen Auftritte sehr anstrengend.	Bindestrich (zweimal)
22.	Zins- und Tilgungspläne lassen sich sehr gut in Excel-Tabellen erstellen.	Ergänzungsbindestrich, Bindestrich
23.	Die Mund-zu-Mund-Beatmung erlernt man im Erste-Hilfe-Lehrgang.	Bindestrich (zweimal)
24.	Das beheizte Freibad ist – gerade auch im Winter – für die Badegäste geöffnet.	Gedankenstrich
25.	Es gibt neun Landesrundfunkanstalten, die sich in der Arbeitsgemeinschaft der öffentlich-rechtlichen Rundfunkanstalten der Bundesrepublik Deutschland zusammengeschlossen haben.	Bindestrich

3.3 Sonderzeichen

3.3.1 Sonderzeichen, die für ein Wort stehen

3.3.2 Sonderzeichen, die für hochgestellte Zeichen stehen

3.3.3 Sonderzeichen als Satzzeichen in anderer Verwendung

Routine erlangen

Aufgabe: Entscheiden Sie sich jeweils für die richtigen Schreibweisen (Möglichkeit 1, 2 oder 3). Mehrfachnennungen sind möglich.

	Möglichkeit 1		Möglichkeit 2		Möglichkeit 3	
1.	Hurra, bald sind Ferien.	✗	Hurra , bald sind Ferien.		Hurra , bald sind Ferien .	
2.	z.B.		z. B.	✗	zB	
3.	Unser Vertreter hat ...	✗	Unser Vertreter hat......		Unser Vertreter…	
4.	Hotel " Zur Sonne "		Hotel „Zur Sonne“	✗	Hotel “Zur Sonne“	✗
5.	Frankfurt(Oder)		Frankfurt (Oder)	✗	Frankfurt (Oder)	
6.	10% Rabatt		10%Rabatt		10 % Rabatt	✗
7.	20%iger Nachlass		20-prozentiger Nachlass	✗	20prozentiger Nachlass	
8.	3 o/oo Courtage	✗	3 0/00 Courtage		3 ‰ Courtage	✗
9.	nach § 301 HGB	✗	nach §301 HGB		nach §§ 301 HGB	
10.	nach § 2 und 4 BGB		nach §§ 2 und 4 BGB	✗	nach §2 und 4 BGB	
11.	36 §§ lesen		36 Paragrafen lesen	✗	36 § lesen	
12.	Alle §§ sind wichtig.		Alle Paragrafen sind wichtig.	✗	Alle § sind wichtig.	
13.	Schmitz&Sohn KG		Schmitz+Sohn KG		Schmitz & Sohn KG	✗
14.	8 $ bezahlen	✗	8$ bezahlen		8,00 $ bezahlen	✗
15.	1 / 2 kg Mehl		1/2 kg Mehl	✗	½ kg Mehl	✗
16.	Jahreswechsel 2021/ 2022		Jahreswechsel 2021/2022	✗	Jahreswechsel 2021 / 2022	
17.	1“ = 2,54 cm	✗	1“=2,54 cm		1“= 2,54 cm	
18.	Artikel # 170	✗	Artikel# 170		Artikel Nr. 170	✗
19.	7,51m		7,51 m	✗	7,51 M	
20.	-20° C		- 20 °C		–20 °C	✗
21.	90 °-Winkel		90 °-Winkel		90°-Winkel	✗
22.	H $_2$O		H_2O	✗	H $_2$ O	
23.	17" Bildschirmdiagonale		17-"-Bildschirmdiagonale		17“-Bildschirmdiagonale	✗
24.	* 2001-05-20	✗	*2001-05-20		geb. 2001-05-20	✗
25.	+ 5. März 1999		✝ 5. März 1999	✗	+5. März 1999	
26.	5 · 8 = 40	✗	5x8=40		5 x 8 = 40	✗
27.	Maßstab 1:1000		Maßstab 1: 1000		Maßstab 1 : 1000	✗
28.	Rechtsstreit Bebber ./. Zepter	✗	Rechtsstreit Bebber . / . Zepter		Rechtsstreit Bebber - Zepter	
29.	FC Derby ./. FC Rutelli		FC Derby – FC Rutelli	✗	FC Derby./.FC Rutelli	

• 3.4 Zahlen und ihre Schreibweisen

• 3.4.1 Zahlen

• 3.4.2 Besondere Zahlengliederungen

Routine erlangen

Aufgabe: Korrigieren Sie nach den DIN-Regelungen und schreiben Sie die Sätze so kurz wie möglich.

1. Am 01.10. waren von der ersten Auflage bereits 5000 Stück verkauft (oder: 1. Okt.).
2. Die Besprechung in Mainz soll am 05.03. um 09:30 Uhr beginnen.
3. Es geht in erster Linie um einen Kredit von rund 4000 € (4.000,00 € oder 4000,00 €).
4. Dieser Kredit wurde am 8. Jan. d. J. beantragt (oder: 08.01.20xx).
5. Beachten Sie unsere neuen Öffnungszeiten: 08:00 – 22:00 Uhr (oder: 8 – 22 Uhr).
6. Die Schule beginnt jeden Morgen um 08:15 Uhr.
7. Sie können Herrn Bach unter der Faxnummer 04941 65254 erreichen.
8. Wir beauftragen Sie, recht bald 02693 23429 anzurufen.
9. Frau Weber ist direkt unter 0761 3340-302 zu erreichen.
10. Sie können sich an unsere Zentrale unter 089 691833-0 wenden.
11. Der Anschluss +49 5946 32350 ist gesperrt.
12. Im Dez. v. J. wurde ihm das Postfach 2 34 19 zugewiesen (oder: Dezember).
13. Ihre neue IBAN DE76 3006 6100 4100 0105 73 ist ab sofort zu verwenden.
14. Notieren Sie bitte die IBAN GB32 ESSE 4048 6552 1360 16.

Routine erlangen – Zusammenfassung

Aufgabe: Schreiben Sie die folgenden Sätze so kurz wie möglich und nach den Regelungen der DIN und der Rechtschreibung.

1. Die Firma Zepten & Söhne OHG gab das günstigste Angebot ab.
2. Nach § 9 unserer Zahlungsbedingungen ist ein Skontoabzug von 2 % = 200,00 € vorgesehen (oder: 200 €).
3. Aufgrund Ihrer Bestellung # 61 haben wir Ihnen am 07.09. d. J. 3540 m Baumwollstoff geliefert.
4. In unserer Branche ist zz. viel zu tun.
5. Die Praxis Dr. Held in Salzwedel hat das Postfach 17 03 bekommen.
6. Anwendung des Satzes des Pythagoras: Liegt der 90°-Winkel bei A, dann gilt: $a^2 = c^2 + b^2$.
7. In den nächsten Tagen soll die Temperatur bis auf –5 °C fallen.
8. Bitte notieren Sie jetzt folgenden Anschluss: Fax 040 30190.
9. Die Rechnung # 105 vom 2. Mai d. J. wies einen fehlerhaften Betrag aus.
10. Der Schriftsteller Friedrich Schiller (* 10.11.1759, † 09.05.1805) war ein bedeutender deutscher Dramatiker.
11. Die 25-prozentige Preiserhöhung war nun wirklich zu erwarten.
12. Das Weinfass hat über 1000 l Fassungsvermögen.
13. Die Klever Anwaltskanzlei ist seit 1. April unter 84255-0 zu erreichen.
14. Für das Sportabzeichen bewältigten sie die 10-km-Strecke.
15. Die Bank berechnet bei einem Börsengeschäft 0,75 ‰ Courtage.
16. Der Bildschirm hat 17" Ø.
17. Unsere Adresse lautet: Domgasse 10 - 14, 52080 Aachen (oder: Domgasse 10/14)
18. Der 12-seitige Flyer ist überarbeitet worden und wird nun verschickt.
19. Der Rechtsstreit Lenders ./. Meier wird am 3. Mai n. J. stattfinden.
20. Gießen Sie die Blumenerde mit 3 l Wasser auf.
21. Herrn Dirk Meyer erreichen Sie direkt unter 02821 3322-701.
22. Die Zeitschrift „Haus und Hof" erscheint monatlich.
23. Die Autobahn – Nürnberg – Hof – Berlin war den ganzen Tag vereist.
24. Bitte überweisen Sie den Betrag auf folgendes Konto: NL91 ABNA 0417 1643 00.
25. Die Verhandlung Fritz Schmidt AG ./. Brandt GmbH beginnt um 08:00 Uhr (oder: 8 Uhr).

Routine erlangen – Zusammenfassung

Aufgabe: Markieren Sie im Text die DIN-Fehler, ergänzen Sie die Korrektur und notieren Sie die Regeln. Der Text soll kurz wie möglich dargestellt werden.

Text	Korrektur	Merke
In der Zeitschrift " Das moderne Büro " annonciert die Firma Kombi&Büro G.m.b.H, Postfach 3455 in 35390 Gießen für Büroausstattung und Bürozubehör Werbeblöcke unter anderem zum Thema Bürostühle. Es handelt sich um ein mittelständisches Unternehmen, das sich seit dem 1.1.95 am Markt bewährt hat.	„Das moderne Büro" Kombi & Büro GmbH Postfach 34 55 Büroausstattung und -zubehör u. a. 01.01.1995 oder 1995-01-01	Anführungszeichen ohne Leerschritt Firmen-Und mit Leerschritt Postfachnummern von rechts nach links in 2er-Gruppen Abkürzung mit Punkt und Leerschritt bei alphanumerischen Daten Tag- und Monatsangabe 2-stellig
Die Stühle sind wegrollsicher und kippsicher. Die bis zu einer 30 ° neigbaren Synchronmechanik Rückenlehnen und Sitzneigung bewegen sich synchron sorgt für die notwendige Sitzdynamik.	wegroll- und kippsicher 30° … Synchronmechanik – Rückenlehnen und Sitzneigung bewegen sich synchron – sorgt für die …	hochgestellte Schriftzeichen ohne Leerschritt Gedankenstrich mit Leerschritt
Die Firma ist bekannt für ihre passgenauen Kombibüros. Es gibt für Zweipersonenbüros oder Dreipersonenbüros bis circa zwölf bis sechszehn Quadratmetern zahlreiche Gestaltungsvorschläge. Dabei werden die allgemeinen Grundsätze gemäß Paragraf zwei Arbeitsschutzgesetzes beachtet.	2-Personen-Büro 3-Personen-Büro ca. 12 – 16 m^2 § 2 ArbSchG	Aneinanderreihung mit Ziffer Paragrafzeichen mit Leerschritt
Beim Kauf von Artikeln für die Büroausstattung ab einem Wert von fünfhundert Euro wird ein fünfzehnprozen-tiger Rabatt gewährt; ab einem Wert von tausend Euro erhält der Kunde dreißig Prozent Rabatt.	500 € 15-prozentiger 1.000 € 30 %	Währungszeichen mit Leerschritt Aneinanderreihung mit Ziffern Prozentzeichen mit Leerschritt
Die Kontaktdaten sind: Telefonnummer 02845/48457 Zentrale 0. Die Faxnummer hat die Durchwahl 235. Die Emailadresse lautet: kombi@buero.de und die Internetadresse ist www.kombi-buero.de. Die Öffnungszeiten sind von zehn Uhr bis achtzehn Uhr. Die IBAN ist DE907832005220039323 89.	02845 48457-0 02845 48457-235 E-Mail-Adresse 10 – 18 Uhr IBAN DE90 7832 0052 2003 9323 89	Telefonnummern nach Funktionsgruppen mit Leerschritt Durchwahl mit Bindestrich Aneinanderreihung Wortvertreter für „bis" Aneinanderreihung von links nach rechts in 4er-Gruppen

4 Gestaltungsregeln

4.1 Aufzählungen

Routine erlangen

Aufgabe: Die folgenden Textausschnitte sind jeweils als eigene Aufzählung darzustellen. Es können verschiedene Aufzählungszeichen verwendet werden.

Aufzählungen innerhalb von Abschnitten oder Absätzen sollen mit

- ■ Ordnungszahlen,
- ■ kleinen Buchstaben (mit Nachklammer) oder
- ■ dem Langstrich

gekennzeichnet werden.

Die Themen der Vorträge lauten:

- ✓ Zeitmanagement
- ✓ Stressmanagement
- ✓ Projektmanagement

Wir hoffen sehr, dass die Themenvorschläge Ihren Vorstellungen entsprechen.

Unser neuestes Büromöbelprogramm ist

- praktisch,
- raumsparend und
- robust.

In den nächsten Wochen werden wir ...

Das Handbuch bietet Ihnen durch

a) Praxisnähe,
b) Aktualität,
c) Genauigkeit

jede fachliche Unterstützung.

Bei dieser Gelegenheit möchten wir auf folgende Punkte hinweisen:

1. Es ist unzutreffend, wenn er behauptet, das Buch sei nicht rechtzeitig geliefert worden.
2. Im Hinblick auf die Versandart steht es uns frei, die Ware als Standardware zu liefern.

Das sind die Argumente, die für diese Methode sprechen:

- Unterrichtsbeginn jederzeit
- Tageszeit nach Wahl
- Wochenstundenzahl nach Bedarf

Vordrucke bieten nämlich zwei beachtliche Vorteile:

a) Sicherheit, weil alle wichtigen Daten vorgedruckt sind, also nicht vergessen werden können
b) Arbeitserleichterung, weil das Ausfüllen weit weniger Zeit beansprucht als das Schreiben Kontrollieren und Unterschreiben von individuell gestalteten Briefen

Mit gleicher Post ...

Bei der Durchführung von Besprechungen sollte man sich vorher vergewissern,

- ob der Raum vorbereitet ist,
- alle gewünschten Medien vorhanden sind und funktionieren,
- Unterlagen für die Teilnehmer bereitliegen,
- Getränke bereitstehen und
- die Namensschilder vorbereitet sind.

Zur Präsentation können die Programme

- Word,
- PowerPoint und
- MindManager

genutzt werden.

Für die Informationsbeschaffung können folgende Quellen genutzt werden:

- Internet
- Presseberichte
- Prospekte
- Flyer
- andere Unternehmungen

Besonders das Internet eröffnet zahlreiche Möglichkeiten.

4.2 Tabellen

Routine erlangen

Aufgabe:
1. Erstellen Sie die untenstehende Tabelle.
2. Fügen Sie eine Zeile darüber ein, um folgende Spaltenbezeichnungen zu ergänzen: Bezirksregierung, Kreise, Fläche in km^2, Anzahl, Bevölkerungsdichte je km^2
3. Für die Spaltenbezeichnungen „Anzahl" und „Bevölkerungsdichte je km^2" richten Sie eine weitere gemeinsame Spaltenbezeichnung „Einwohner" ein.
4. Teilen Sie die längeren Überschriften in 2 Zeilen auf.
5. Optimieren Sie die Spaltenbreite.
6. Integrieren Sie in die Tabelle die Überschrift „Liste der Kreise und kreisfreien Städte in Nordrhein-Westfalen".
7. Formatieren Sie die Angaben in der Tabelle entsprechend den DIN-Vorschriften bzw. -Empfehlungen.
8. Wählen Sie für den Tabellenkopf sinnvolle Zeichenformatierungen.

Liste der Kreise und kreisfreien Städte in Nordrhein-Westfalen[1]

Liste der Kreise und kreisfreien Städte in Nordrhein-Westfalen				
Bezirks- regierung	**Kreise**	**Fläche in km^2**	**Einwohner**	
			Anzahl	**Bevölkerungs- dichte je km^2**
Arnsberg	Bochum, Dortmund, Ennepe-Ruhr-Kreis, Hagen, Hamm, Herne, Hochsauerlandkreis, Märkischer Kreis, Olpe, Siegen-Wittgenstein, Soest, Unna	8011,2334	3 597 297	449
Detmold	Bielefeld, Gütersloh, Herford, Höxter, Lippe, Minden-Lübbecke, Paderborn	6525,2915	2 057 996	315
Düsseldorf	Duisburg, Düsseldorf, Essen, Kleve, Krefeld, Mettmann, Mönchengladbach, Mülheim an der Ruhr, Oberhausen, Remscheid, Rhein-Kreis Neuss, Solingen, Viersen, Wesel, Wuppertal	5292,4211	5 173 623	978
Köln	Aachen (Städteregion), Bonn, Düren, Euskirchen, Heinsberg, Köln, Leverkusen, Oberbergischer Kreis, Rhein-Erft-Kreis, Rhein-Sieg-Kreis, Rheinisch-Bergischer Kreis	7363,9683	4 422 371	601
Münster	Borken, Bottrop, Coesfeld, Gelsenkirchen, Münster, Recklinghausen, Steinfurt, Warendorf	6917,4873	2 614 229	378

[1] Quelle: https://de.wikipedia.org/wiki/Nordrhein-Westfalen

4.3 Straßennamen

Routine erlangen

Aufgabe: Schreiben Sie folgende Straßennamen korrekt. Begründen Sie die Schreibweise!

	Korrekte Schreibweise	Regel
zimmer straße	Zimmerstraße	Nomen und Grundwort
rostocker chaussee	Rostocker Chaussee	abgeleiteter Ortsname mit Endung
kurt schumacher straße	Kurt-Schumacher-Straße	mehrere Namen mit Bindestrich
alter burg graben	Alter Burggraben	dekliniertes Adjektiv, Nomen und Grundwort
rat haus weg	Rathausweg	Nomen und Grundwort
münster gasse	Münstergasse	Ortsname und Grundwort
alte gasse	Alte Gasse	dekliniertes Adjektiv
damm tor allee	Dammtorallee	Nomen und Grundwort
rot weg	Rotweg	nicht dekliniertes Adjektiv und Grundwort
kardinal van gaalen straße	Kardinal-van-Gaalen-Straße	Titel, Adelsbezeichnungen, Personenname mit Bindestrich
grüner graben	Grüner Graben	dekliniertes Adjektiv
klever gasse	Klever Gasse	abgeleiteter Ortsname mit Endung
eschweiler allee	Eschweilerallee	Ortsname und Grundwort
an den drei raben	An den Drei Raben	Ortsbeschreibung: Präposition, Artikel, Numeral
adenauer straße	Adenauerstraße oder Adenauer Straße	Personenname und Grundwort abgeleiteter Ortsname
hinter der hohen hecke	Hinter der Hohen Hecke	Ortsbeschreibung: Präposition, Artikel, Adjektiv
wikinger platz	Wikingerplatz	Stamm/Herrschergeschlecht und Grundwort
am dom ufer	Am Domufer	Präposition, Nomen und Grundwort
berliner tor	Berliner Tor	abgeleiteter Ortsname mit Endung
bürger meister chaussee	Bürgermeisterchaussee	Titel und Grundwort
römer wall	Römerwall	Stamm/Herrschergeschlecht und Grundwort
von bismarck straße	Von-Bismarck-Straße	Adelsbezeichnung, Personenname mit Bindestrich
v. bismarck straße	v.-Bismarck-Straße	Adelsbezeichnung, Personenname mit Bindestrich Achtung: Besonderheit bei abgekürzter Adelsbezeichnung
mainz straße	Mainzstraße	Ortsname und Grundwort
schlesische allee	Schlesische Allee	abgeleiteter Ortsname mit Endung
frankfurter land straße	Frankfurter Landstraße	abgeleiteter Ortsname mit Endung Nomen und Grundwort
im tiefen grund	Im Tiefen Grund	Ortsbeschreibung: Präposition, dekliniertes Adjektiv
alt markt	Altmarkt	nicht dekliniertes Adjektiv und Grundwort
alter markt	Alter Markt	dekliniertes Adjektiv
friedrich list straße	Friedrich-List-Straße	mehrere Namen mit Bindestrich
list straße	Liststraße	Personenname und Grundwort

4.4 Anschriften

4.4.1 Einfache Empfängeranschriften

Routine erlangen

Aufgabe: Erstellen Sie mithilfe der Tabellenfunktion 10 Anschriftfelder in der Größe von 8,5 x 4,5 cm und tragen Sie dort folgende Empfängeranschriften ein.

	a)	b)
5	¶	¶
4	¶	¶
3	¶	¶
2	¶	Müngsten GmbH, Aggerstraße 7, 40474 Düsseldorf
1	Müngsten GmbH, Aggerstraße 7, 40474 Düsseldorf	Dialogpost
1	Frau	Eheleute
2	Evi Schneider	Peter und Susanne Neu
3	Karl-Mohr-Allee 10	Grüne Straße 6
4	33647 Bielefeld	32657 Lemgo
5		
6		

	c)	d)
5	¶	¶
4	¶	¶
3	¶	¶
2	¶	Müngsten GmbH, Aggerstraße 7, 40474 Düsseldorf
1	Müngsten GmbH, Aggerstraße 7, 40474 Düsseldorf	Einschreiben – Rückschein
1	Herrn Rechtsanwalt	Herrn
2	Dr. Otto Winter	Olaf Fischer
3	Leonard-Eck-Str. 7 // W 36	In den Auen 97
4	76228 Karlsruhe	97072 Würzburg
5		
6		

	e)	f)
5	¶	¶
4	¶	¶
3	¶	¶
2	¶	¶
1	Müngsten GmbH, Aggerstraße 7, 40474 Düsseldorf	Müngsten GmbH, Aggerstraße 7, 40474 Düsseldorf
1	Eheleute	Herrn
2	Hildegard und Helmut Vogel	Otto Schönen
3	Löffelholzstraße 7 // 5. Stock	Römerweg 7 // W 10
4	90765 Fürth	76048 Karlsruhe
5		
6		

	g)	h)
5	¶	¶
4	¶	¶
3	¶	¶
2	¶	Müngsten GmbH, Aggerstraße 7, 40474 Düsseldorf
1	Müngsten GmbH, Aggerstraße 7, 40474 Düsseldorf	Büchersendung
1	Herrn	Herrn Studienrat
2	Nils Oberhofer	Dr. Sven Brückner
3	Im Halben Mond 53 // 8. Stock W 10	Felix-Roeloffs-Str. 33
4	10061 Berlin	76228 Karlsruhe
5		
6		

	i)	j)
5	¶	¶
4	¶	¶
3	¶	¶
2	¶	¶
1	Müngsten GmbH, Aggerstraße 7, 40474 Düsseldorf	Müngsten GmbH, Aggerstraße 7, 40474 Düsseldorf
1	Frau	Frau
2	Elvira Fischer M. A.	Anna Garden
3	Unter den Sieben Eichen 150	Hotel „Zur Sonne“
4	33335 Gütersloh	Zur Großen Heide 39
5		30519 Hannover
6		

4.4.2 Firmenanschriften

Routine erlangen

Aufgabe: Erstellen Sie mithilfe der Tabellenfunktion 8 Anschriftfelder in der Größe von 8,5 x 4,5 cm und tragen Sie dort folgende Empfängeranschriften ein.

	a)	b)
5	¶	¶
4	¶	¶
3	¶	¶
2	¶	¶
1	Müngsten GmbH, Aggerstraße 7, 40474 Düsseldorf	Müngsten GmbH, Aggerstraße 7, 40474 Düsseldorf
1	Maschinenfabrik	Karl Schäfer & Söhne OHG
2	Karl Schäfer & Söhne OHG	Postfach 1 41 03
3	Postfach 1 41 03	45127 Essen
4	45127 Essen	
5		
6		

	c)	d)
5	¶	¶
4	¶	¶
3	¶	¶
2	¶	Müngsten GmbH, Aggerstraße 7, 40474 Düsseldorf
1	Müngsten GmbH, Aggerstraße 7, 40474 Düsseldorf	Einschreiben - Rückschein
1	Karl Schäfer e. Kfm.	Großhandlung
2	Postfach 1 41 03	Schreiber & Kurz AG
3	45127 Essen	Buchhaltung
4		Postfach 6 07
5		44137 Dortmund
6		

	e)	f)
5	¶	¶
4	¶	¶
3	¶	¶
2	Müngsten GmbH, Aggerstraße 7, 40474 Düsseldorf	¶
1	Express	Müngsten GmbH, Aggerstraße 7, 40474 Düsseldorf
1	Amtsgericht Emmerich	Schneider GmbH & Co KG
2	Grundbuchamt	Postfach 3 48 23
3	Seufzerallee 20	40474 Düsseldorf
4	46446 Emmerich am Rhein	
5		
6		

	g)	h)
5	¶	¶
4	¶	¶
3	¶	¶
2	¶	¶
1	Müngsten GmbH, Aggerstraße 7, 40474 Düsseldorf	Müngsten GmbH, Aggerstraße 7, 40474 Düsseldorf
1	Schneider GmbH & Co KG	Frau
2	Frau Irene Tschipken	Irene Tschipken
3	Postfach 3 48 23	Schneider GmbH & Co KG
4	40474 Düsseldorf	Postfach 3 48 23
5		40474 Düsseldorf
6		

4.4.3 Auslandsanschriften

Routine erlangen

Aufgabe: Erstellen Sie mithilfe der Tabellenfunktion 4 Anschriftfelder in der Größe von 8,5 x 4,5 cm und tragen Sie dort folgende Empfängeranschriften ein.

	a)	b)
5	¶	¶
4	¶	¶
3	¶	¶
2	¶	¶
1	Müngsten GmbH, Aggerstraße 7, 40474 Düsseldorf	Müngsten GmbH, Aggerstraße 7, 40474 Düsseldorf
1	Mr	Madame
2	George Cushing	Janine COUDERC
3	148 Broadway Suite 67	34 rue du Midi
4	CINCINATTI	31400 TOULOUSE
5	OH 45214	FRANKREICH
6	USA	

	c)	d)
5	¶	¶
4	¶	¶
3	¶	¶
2	¶	¶
1	Müngsten GmbH, Aggerstraße 7, 40474 Düsseldorf	Müngsten GmbH, Aggerstraße 7, 40474 Düsseldorf
1	Meneer	Ilona Oiman
2	Piet van der Veen	ul. Kingi 3/6
3	Laanweg 7	41-500 CHORZÓW II
4	6225 MAASTRICHT	POLEN
5	NIEDERLANDE	
6		

Routine erlangen – Zusammenfassung

Aufgabe: Korrigieren Sie die Fehler in den folgenden Anschriften:

5	¶	¶
4	¶	¶
3	¶	¶
2	Warensendung	¶
1	Müngsten GmbH, Aggerstraße 7, 40474 Düsseldorf	Müngsten GmbH, Aggerstraße 7, 40474 Düsseldorf
1	Müller&Jansen GmbH	Firma
2	Frau Anne Jüngsten	Weber OHG
3	Postfach 4854	Max-Petersstraße 9
4	26209 Hatten	04603 Gardschütz
5		
6		

Korrekturvermerk
Zustellungsvermerk und Postanschrift tauschen
Leerschritt vor und nach dem „Firmen-Und"
Postfach in 2er-Gruppen von rechts nach links gliedern

Korrekturvermerk
„Firma" weglassen
Straßenname besteht aus mehreren Namen: Bindestrich ergänzen

5	¶	¶
4	¶	¶
3	¶	¶
2	¶	¶
1	Müngsten GmbH, Aggerstraße 7, 40474 Düsseldorf	Müngsten GmbH, Aggerstraße 7, 40474 Düsseldorf
1	Frau	Bank of Scotland
2	M. A. Ursula Meyer	Mrs Emily Strange
3	zz. Kurhaus „Sonnenblick"	12 Bishop's Street
4	Bogengasse 9 // 4. Stock // W 80	EC24 3FT
5	60320 Frankfurt am Main	London
6		United Kingdom

Korrekturvermerk
Der Masterabschluss (M. A.) steht hinter dem Namen.
Zwei Schrägstriche zur Ergänzung von Stockwerk- und Wohnungsangaben nur einmal ergänzen

Korrekturvermerk
In Auslandsanschriften die Angaben zur Stadt und zum Land großschreiben

Lösungen:

5	¶	¶
4	¶	¶
3	¶	¶
2	Müngsten GmbH, Aggerstraße 7, 40474 Düsseldorf	¶
1	Warensendung	Müngsten GmbH, Aggerstraße 7, 40474 Düsseldorf
1	Müller & Jansen GmbH	Weber OHG
2	Frau Anne Jüngsten	Max-Peters-Straße 9
3	Postfach 48 54	04603 Gardschütz
4	26209 Hatten	
5		
6		

5	¶	¶
4	¶	¶
3	¶	¶
2	¶	¶
1	Müngsten GmbH, Aggerstraße 7, 40474 Düsseldorf	Müngsten GmbH, Aggerstraße 7, 40474 Düsseldorf
1	Frau	Bank of Scotland
2	Ursula Meyer M. A.	Mrs Emily Strange
3	zz. Kurhaus „Sonnenblick"	12 Bishop's Street
4	Bogengasse 9 // 4. Stock W 80	EC24 3FT
5	60320 Frankfurt am Main	LONDON
6		UNITED KINGDOM

4.5 Informationsblock

4.5.1 Informationsblock richtig ausfüllen

4.5.2 Infoblock formatieren

Routine erlangen

Aufgabe: Erstellen Sie für den Briefwechsel mit dem Lieferanten Scherer OHG, Moritzgasse 4, 81476 München die Anschriften mit den Infoblöcken.

Anschriftfeld		Informationsblock
¶ ¶ ¶ ¶ Müngsten GmbH, Aggerstraße 7, 40474 Düsseldorf Scherer OHG Moritzgasse 4 81476 München		Ihr Zeichen: Ihre Nachricht vom: Unser Zeichen: kf Unsere Nachricht vom: ¶ Name: Karl Fischer Telefon: 0211 4453-690 Telefax: 0211 4453-698 E-Mail: karl-fischer@muengsten-gmbh.de Internet: www.muengsten-gmbh.de ¶ Datum: 20xx-01-15

Anschriftfeld		Informationsblock
¶ ¶ ¶ ¶ Scherer OHG, Moritzgasse 4, 81476 München Müngsten GmbH Herrn Karl Fischer Aggerstraße 7 40474 Düsseldorf		Ihr Zeichen: kf Ihre Nachricht vom: 20xx-01-15 ¶ Für Sie zuständig: Ulla Mumber ¶ Telefon: 089 5434-347 E-Mail: mumber@scherer-ohg.de Internet: www.scherer-ohg.de ¶ Datum: 20xx-01-16

Anschriftfeld		Informationsblock
¶ ¶ ¶ ¶ Müngsten GmbH, Aggerstraße 7, 40474 Düsseldorf Scherer OHG Frau Ulla Mumber Moritzgasse 4 81476 München		Ihre Nachricht: 20xx-01-16 Unser Zeichen: kf Unsere Nachricht vom: 20xx-01-15 ¶ Name: Karl Fischer Telefon: 0211 4453-690 Telefax: 0211 4453-698 E-Mail: karl-fischer@muengsten-gmbh.de Internet: www.muengsten-gmbh.de ¶ Datum: 20xx-01-16

4.6 Briefabschlüsse

Routine erlangen

Aufgabe: Erstellen Sie folgende Briefabschlüsse. Angegeben ist der letzte Satz im Brief. Danach folgen ein Gruß nach Wahl, der Firmenname und unterschiedliche Angaben zur Unterschriftsvollmacht und zum Unterzeichner, ein Anlagenvermerk sowie eine Verteilerangabe. Aufgabe f) beinhaltet einen Briefabschluss einer Privatperson.

a)

Wir danken Ihnen sehr.
¶
Freundliche Grüße
¶
Müngsten GmbH
¶
¶
¶
Meier
¶
¶
¶
¶
¶
¶

b)

Wir danken Ihnen sehr.
¶
Freundliche Grüße
¶
Müngsten GmbH
¶
Meier Müller
¶
Meier Müller
¶
¶
¶
¶
¶
¶

c)

Wir danken Ihnen sehr.
¶
Freundliche Grüße
¶
Müngsten GmbH
¶
ppa. Meier i. A. Müller
¶
ppa. Meier i. A. Müller
¶
¶
¶
¶
¶
¶

d)

Wir danken Ihnen sehr.
¶
Freundliche Grüße
¶
Müngsten GmbH
¶
Meier
¶
Meier
¶
Anlagen
1 Prospekt
1 Entwurf
¶
¶

e)

Wir danken Ihnen sehr.
¶
Freundliche Grüße
¶
Müngsten GmbH
¶
Simon Meier
¶
Simon Meier
¶
3 Anlagen
¶
Verteiler
Herrn Roth
¶

f)

Gern stelle ich mich persönlich bei Ihnen vor.
¶
Freundlicher Gruß
¶
¶
¶
¶
¶
Name
¶
Anlagen
1 tabellarischer Lebenslauf
1 Lichtbild
Zeugniskopien
¶

4.7 Geschäftsbrief

Bürobedarf **Müngsten** GmbH

Ihr Zeichen:
Ihre Nachricht vom:
Unser Zeichen: VS
Abteilung: Verkauf

Name: Vanessa Schmidt
Telefon: 0511 3423 - 340
Telefax: 0511 3423 - 200
E-Mail: vschmidt@muengsten-gmbh.de

Datum: 20xx-06-16

Müngsten GmbH, Aggerstraße 7, 40474 Düsseldorf
Welbers OHG
Herr Moritz
Im Tiefen Tal 3
27472 Cuxhaven

Korrekturvermerke:

- Anrede im Akkusativ
- Telefondurchwahl ohne Leerschritt
- Telefaxdurchwahl ohne Leerschritt

Neue Bürostühle

- Betreff in der Schriftgröße wie der übrige Text; Fettschrift optional
- Zwischen dem Betreff und der Anrede sind 2 Leerzeilen zu setzen

Sehr geehrte Damen und Herren,

es sind neue Bürostühle der Marke **Komfortablo** und **Bequemo** bei uns eingetroffen.
Diese entsprechen nicht nur den sicherheitstechnischen Anforderungen nach DIN 4549, sondern verfügen auch über viele weite ergonomische Details.

- fließende Erfassung, d. h., dass ohne Absatzschaltung durchgehend geschrieben wird

Überzeugen Sie sich von den günstigen Preisen. Die Marke Komfortablo entspricht unserer Preisstufe I und die Marke Bequemo der Preisstufe II.

Das Zahlungsziel beträgt 30 Tage. Bei Zahlungen innerhalb von 15 Tagen gewähren wir 3% Skonto. Die Lieferung erfolgt 6 Wochen nach Anzahlung in Höhe von 30 % der Auftragssumme.

- Prozentzeichen ist Wortvertreter: Leerschritt davor und danach berücksichtigen

Darüber hinaus können wir Ihnen aufgrund unserer langjährigen Geschäftsbeziehung einen Sonderrabatt von 10 % anbieten.

Wir freuen uns auf Ihre Bestellung.

Mit freundlichen Grüßen

Müngsten GmbH

i. A. Vanessa Schmidt

Anlage:

- Anlagenvermerk mit einer Leerzeile anschließen
- Ohne Doppelpunkt

HRB 2244 Amtsgericht Düsseldorf
USt-IdNr. DE 147 000 234

Geschäftsführer
Dr. Robert Müngsten

Tel.: 02177 7654-0 Zentrale
Internet-Adresse:
www.buero-muengsten.de

Volksbank Düsseldorf-Neuss e. G.
IBAN DE99 3016 0213 2407 7254 28
BIC GENODED1DNE

Lösung:

Bürobedarf **Müngsten** GmbH

Müngsten GmbH, Aggerstraße 7, 40474 Düsseldorf
Welbers OHG
Herrn Moritz
Im Tiefen Tal 3
27472 Cuxhaven

Ihr Zeichen:
Ihre Nachricht vom:
Unser Zeichen: vs
Abteilung: Verkauf

Name: Vanessa Schmidt
Telefon: 0511 3423-340
Telefax: 0511 3423-200
E-Mail: vschmidt@muengsten-gmbh.de

Datum: 20xx-06-16

Neue Bürostühle

Sehr geehrte Damen und Herren,

es sind neue Bürostühle der Marke **Komfortablo** und **Bequemo** bei uns eingetroffen. Diese entsprechen nicht nur den sicherheitstechnischen Anforderungen nach DIN 4549, sondern verfügen auch über viele weite ergonomische Details.

Überzeugen Sie sich von den günstigen Preisen. Die Marke Komfortablo entspricht unserer Preisstufe I und die Marke Bequemo der Preisstufe II.

Das Zahlungsziel beträgt 30 Tage. Bei Zahlungen innerhalb von 15 Tagen gewähren wir 3 % Skonto. Die Lieferung erfolgt 6 Wochen nach Anzahlung in Höhe von 30 % der Auftragssumme.

Darüber hinaus können wir Ihnen aufgrund unserer langjährigen Geschäftsbeziehung einen Sonderrabatt von 10 % anbieten.

Wir freuen uns auf Ihre Bestellung.

Mit freundlichen Grüßen

Müngsten GmbH

i. A. Vanessa Schmidt

Anlage

HRB 2244 Amtsgericht Düsseldorf
USt-IdNr. DE 147 000 234

Geschäftsführer
Dr. Robert Müngsten

Tel.: 02177 7654-0 Zentrale
Internet-Adresse:
www.buero-muengsten.de

Volksbank Düsseldorf-Neuss e. G.
IBAN DE99 3016 0213 2407 7254 28
BIC GENODED1DNE

Teil B: Prüfungsübungen Textverarbeitung: Lösungen

Lösung Aufgabe 1: Präsentationsregeln und Feedbackbogen

Mögliches Ergebnis: Script

WOHNTAL GMBH

Präsentationsregeln

1 Aufbau und Struktur

1.1 Einstieg

Der richtige Einstieg in die Präsentation ist wichtig, um die Aufmerksamkeit und das Interesse bei den Teilnehmerinnen und Teilnehmern zu wecken. Die Begrüßung aller Anwesenden und die Vorstellung des Themas ist eine von vielen Möglichkeiten. Je nach Anlass gibt es vielfältige Möglichkeiten für einen wirkungsvollen Einstieg.

1.2 Darstellung

Im Hauptteil wird das eigentliche Thema der Präsentation dargestellt. Eine Erfolg versprechende Struktur erfordert eine deutliche und nachvollziehbare Gliederung der Inhalte und einen logischen Aufbau. Die Kernbotschaft sowie der „rote Faden“ müssen für den Teilnehmerkreis klar erkennbar sein.

1.3 Zusammenfassung

Der Schluss sollte eine kurze Zusammenfassung der Kerninhalte bieten. Die Teilnehmer*innen sollen die Möglichkeit für Fragen erhalten. Es kann sich u. U. auch eine Diskussion anschließen. Die Präsentation schließt mit einem Dank an den Teilnehmerkreis sowie der Verabschiedung ab.

2 Möglichkeiten der Visualisierung

- 2.1 Desingvorlagen
- 2.2 Bildschirmübergänge
- 2.3 Animationen
- 2.4 Grafiken, Bilder, Fotos, etc.

3 Vortrag

3.1 Vorbereitung

Eine intensive Vorbereitung ist die Grundlage eines guten Vortrags. Als hilfreich erweist sich die Anfertigung eines Manuskripts mit Stichpunkten (z. B. auf Karteikarten) sowie eine präzise Planung der Präsentation.

3.2 Durchführung

Während des Vortrags ist es wichtig, den Blickkontakt zu den Zuhörern zu halten. Eine akzentuierte Sprechweise ist der monotonen Rede vorzuziehen. Weder sollte der Vortragende die Hände in die Hose stecken noch sollte er sich ständig bewegen. Das freie Sprechen (langsam und deutlich) ist dem Ablesen vom Manuskript vorzuziehen.

Erstellt von: Schülername   aktuelles Tagesdatum

Lösung Aufgabe 1: Präsentationsregeln und Feedbackbogen

Mögliches Ergebnis: Feedbackbogen_blanko

DIGITAL+

Vorname Name
aktualisierbares Datum

zurück an[1]

Wohntal GmbH
Hauptstraße 7
33604 Bielefeld

Feedbackbogen	
Thema:	Klicken Sie hier, um Text einzugeben.
Am:	Klicken Sie hier, um ein Datum einzugeben.
Von:	Klicken Sie hier, um Text einzugeben.
Bewertungskriterien	**Bewertung in Schulnoten**
Inhalt der Präsentation	
Sachliche Richtigkeit	1 □ 2 □ 3 □ 4 □ 5 □ 6 □
Beschränkung auf das Wesentliche	1 □ 2 □ 3 □ 4 □ 5 □ 6 □
Persönliche Darbietung durch die Moderation	
Auftreten (Körpersprache)	1 □ 2 □ 3 □ 4 □ 5 □ 6 □
Sprache (Ausdruck, Sprechweise)	1 □ 2 □ 3 □ 4 □ 5 □ 6 □
Optische Darbietung	
Lesbarkeit (Schriftfarbe/-größe)	1 □ 2 □ 3 □ 4 □ 5 □ 6 □
Übersichtlichkeit (logischer Aufbau, Informationsmenge pro Folie)	1 □ 2 □ 3 □ 4 □ 5 □ 6 □
Medienauswahl (Grafiken, Diagramme, Animationen)	1 □ 2 □ 3 □ 4 □ 5 □ 6 □
Hinweise, Ergänzungen, Verbesserungsvorschläge etc.	
Klicken Sie hier, um Text einzugeben.	
Klicken Sie hier, um Text einzugeben.	
Klicken Sie hier, um Text einzugeben.	

[1] **Freiumschlag ist beigefügt**

Lösung Aufgabe 1: Präsentationsregeln und Feedbackbogen

Mögliches Ergebnis: Feedbackbogen_ausgefüllt

Vorname Name
aktualisierbares Datum

DIGITAL+

zurück an[1]

Wohntal GmbH
Hauptstraße 7
33604 Bielefeld

Feedbackbogen		
Thema:	Präsentation „Die Wohntal GmbH als Ausbilder“	
Am:	TT.MM.JJJJ	
Von:	Sven Jacobsen	
Bewertungskriterien		**Bewertung in Schulnoten**
Inhalt der Präsentation		
Sachliche Richtigkeit		1 ☐ 2 ☒ 3 ☐ 4 ☐ 5 ☐ 6 ☐
Beschränkung auf das Wesentliche		1 ☐ 2 ☐ 3 ☒ 4 ☐ 5 ☐ 6 ☐
Persönliche Darbietung durch die Moderatorin/den Moderator		
Auftreten (Körpersprache)		1 ☐ 2 ☒ 3 ☐ 4 ☐ 5 ☐ 6 ☐
Sprache (Ausdruck, Sprechweise)		1 ☒ 2 ☐ 3 ☐ 4 ☐ 5 ☐ 6 ☐
Optische Darbietung		
Lesbarkeit (Schriftfarbe/-größe)		1 ☐ 2 ☐ 3 ☒ 4 ☐ 5 ☐ 6 ☐
Übersichtlichkeit (logischer Aufbau, Informationsmenge pro Folie)		1 ☐ 2 ☒ 3 ☐ 4 ☐ 5 ☐ 6 ☐
Medienauswahl (Grafiken, Diagramme, Animationen)		1 ☐ 2 ☒ 3 ☐ 4 ☐ 5 ☐ 6 ☐
Hinweise, Ergänzungen, Verbesserungsvorschläge etc.		
Das Handout sollte für die Teilnehmerinnen und Teilnehmer vor der Präsentation bereits vorliegen.		
Bitte mehr Zeit für eine anschließende Diskussion vorsehen.		
Klicken Sie hier, um Text einzugeben.		

[1] Freiumschlag ist beigefügt

Lösung Aufgabe 2: Informationsbeschaffung im Internet

Mögliches Ergebnis: Flyer

Warum ist richtiges Recherchieren so wichtig?

Unsere Entscheidungen beruhen auf Informationen. Wenn wir nicht wissen, dass unsere Mitarbeiterinnen und Mitarbeiter diese Informationen mit größter Sorgfalt ausgewählt haben, können wir keine guten Entscheidungen für unser Unternehmen treffen.

Unsere Kunden müssen sich darauf verlassen können, dass wir bei unserer Kundenberatung und der Auswahl unserer Produkte immer auf dem neuesten Stand sind.

Grafik: Fotolia 67304249

WOHNTAL GMBH

Richtig recherchieren im Internet

von Hans Kaufmann
Leiter Marketing

Grafik: Fotolia 60142540

Gestaltet von: eigener Name **Stand: aktuelles Datum**

Kriterien zur Überprüfung von Internetseiten

- **Autor und Herausgeber**
  - ✓ Gibt es ein Impressum und Kontaktmöglichkeiten?
  - ✓ Ist der Anbieter der Information vertrauenswürdig?
  - ✓ Ist er bekannt (z. B. durch die IHK, Veröffentlichungen etc.)?
- **Inhalt und Gestaltung**
  - ✓ Ist die Seite übersichtlich und organisiert aufgebaut?
  - ✓ Ist Werbung deutlich zu erkennen bzw. als solche gekennzeichnet?
  - ✓ Ist der Text fehlerfrei geschrieben?
  - ✓ Hat sich der Herausgeber Mühe gegeben?
- **Glaubwürdigkeit**
  - ✓ Stimmen die Informationen auf der Seite?
  - ✓ Gibt es Quellenangaben oder Verweise auf andere Seiten?
  - ✓ Gibt es Verweise von anderen Seiten auf diese?

Kriterien zur Überprüfung von Internetseiten

- **Aktualität**
  - ✓ Sind die Artikel mit einem Datum gekennzeichnet?
  - ✓ Sind die Informationen aktuell?
  - ✓ Wurde die Seite in letzter Zeit aktualisiert?
- **Zweck und Hintergrund**
  - ✓ Wird deutlich, welche Absichten hinter der Seite stehen?
  - ✓ Sind die Absichten positiv zu bewerten?
  - ✓ Ist der Hintergrund (Werbung, Botschaft) unproblematisch?
- **Gesamteindruck**
  - ✓ Kann den Informationen auf dieser Seite vertraut werden?
  - ✓ Sind die Informationen für die Wohntal GmbH nützlich?
  - ✓ Kann die Seite (z. B. an Kunden oder Lieferanten) weiter empfohlen werden?

Lösung Aufgabe 2: Informationsbeschaffung im Internet

Mögliches Ergebnis: Interne Mitteilung Azubis

WOHNTAL GMBH

Interne Mitteilung

An: alle Auszubildenden
Von: eigener Name/Abteilung Marketing
Thema: Richtig recherchieren im Internet
Datum: aktuelles Datum

Liebe Auszubildende der Wohntal GmbH,

Informationen aus dem Internet sind nicht immer seriös. Sie können großen Schaden anrichten, wenn sie von unserem Unternehmen unkontrolliert genutzt oder weitergegeben werden. Deshalb brauchen wir ein einheitliches Vorgehen zur Bewertung von Informationen aus dem Netz.

Dabei ist eine systematische Kontrolle jeder einzelnen Internetseite wichtig. Wir haben dieser Mitteilung einen Flyer „Richtig recherchieren im Internet“ beigefügt. Dieser Flyer wird Ihnen bei dieser Aufgabe behilflich sein.

Auf den Seiten 2 und 3 des Flyers finden Sie eine Checkliste. Anhand der dort aufgelisteten Kriterien können Sie jede Internetseite gezielt überprüfen. Wir bitten Sie, diese Liste in Zukunft bei Ihren Recherchen regelmäßig zu nutzen.

Möchten Sie noch mehr über das Thema „Informationsbeschaffung im Internet“ wissen? Dann laden wir Sie herzlich zu einem gleichnamigen Seminar

im „Haus der Wissenschaften“
am 27. September 20XX

ein. Sie können sich telefonisch bei mir unter der Telefondurchwahl 555 anmelden.

Ich freue mich über Ihren Anruf.

Freundliche Grüße

i. A. *eigener Name*

Anlage
Flyer

Lösung Aufgabe 3: Mitarbeiterbefragung

Mögliches Ergebnis: Interne Mitteilung Betriebskindergarten

DIGITAL+

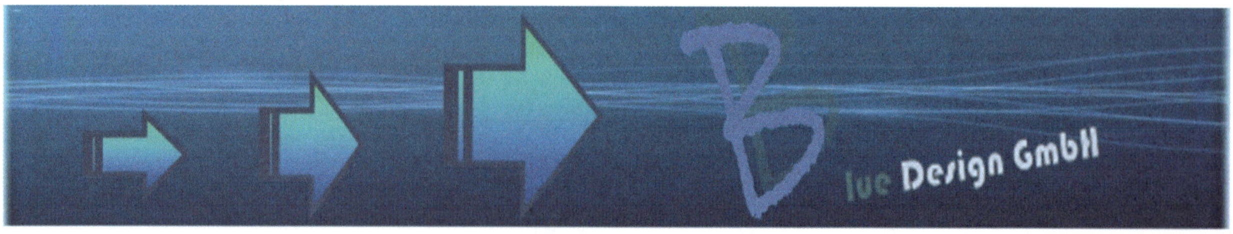

Interne Mitteilung

An:	Herrn Blau, Geschäftsführer Frau Kettel, Betriebsratsmitglied Frau Mallmanns, Gleichstellungsbeauftragte
Von:	eigener Name
Thema:	Fragebogen zur Einführung eines Betriebskindergartens
Datum:	TT.MM.JJJJ

Liebe Mitarbeiter*innen,

im Namen von Herrn Tauber übersende ich Ihnen als Anlage den Entwurf des Fragebogens zur Einführung eines Betriebskindergartens.

Die Kosten für die Betreuung eines Kindes liegen bei ca. 400 € jährlich, für Geschwisterkinder wird es eine Ermäßigung geben. Die Höhe des Betrages müssen wir noch ermitteln.

Wie Sie aus dem Fragebogen ersehen können, hat Herr Tauber als Zusatzangebot die Wahl zwischen Musikunterricht, Sporterziehung, Pflanzenkunde und Sprachunterricht vorgesehen. Welche Fremdsprache ausgewählt wird, kann erst nach Auswertung der Fragebogen benannt werden, da hier die Wünsche der Mitarbeiter*innen einfließen sollen.

Ich bitte Sie um Durchsicht des Fragebogens und um Mitteilung Ihrer Ergänzungs- bzw. Änderungswünsche bis zur nächsten Monatssitzung am ***TT.MM.JJJJ***.

Herr Tauber freut sich auf Ihre Anregungen.

Freundliche Grüße

eigener Name

Anlage
Fragebogen Betriebskindergarten

Lösung Aufgabe 3: Mitarbeiterbefragung

Mögliches Ergebnis: Fragebogen Betriebskindergarten

Fragebogen zum Betriebskindergarten

Mitarbeiter*in: Klicken Sie hier, um Text einzugeben.

Abteilung: Wählen Sie ein Element aus.

Besteht Interesse an der Einrichtung eines Betriebskindergartens?	☐ ja	☐ nein
Anzahl der zu betreuenden Kinder	Klicken Sie hier, um Text einzugeben.	
Altersgruppe der zu betreuenden Kinder	☐ unter 3 Jahren	☐ bis 6 Jahre
Betreuungszeit	☐ 07:30 – 13:00 Uhr	☐ ganztags bis 17 Uhr
Verpflegungswunsch	☐ Frühstück ☐ Mittagessen	☐ Zwischenmahlzeiten ☐ Vegetarisches Essen
Zusatzangebot	☐ Sporterziehung Sprachunterricht ☐ Englisch ☐ Spanisch	☐ Musikunterricht ☐ Pflanzenkunde
Besondere Anregungen/Wünsche	Klicken Sie hier, um Text einzugeben.	
Datum, Unterschrift	Klicken Sie hier, um Text einzugeben.	

Lösung Aufgabe 4: Arbeitsplatzgestaltung

Mögliches Ergebnis: Informationsblatt_Nachname

DIGITAL+

lue Design GmbH

Information zu alternativen Büroformen	
Großraumbüro	
Vorteile	**Nachteile**
☺ Der Raum wird effizient ausgenutzt. ☺ Der Kommunikationsaustausch zwischen den Mitarbeiter*innen ist schneller und intensiver als in Einzelbüros. ☺ …	☹ Durch den erhöhten Lärmpegel fühlen sich die Mitarbeiter*innen gestört. ☹ Es gibt wenig Möglichkeiten zu diskreten Gesprächen. ☹ …
Einzelbüro	
Vorteile	**Nachteile**
☺ Es ist möglich, vertrauliche und diskrete Gespräche zu führen. ☺ Konzentriertes Arbeiten ist ohne Störungen möglich. ☺ …	☹ Der Informationsfluss zu anderen Mitarbeitern ist gering. ☹ Der Platzbedarf ist hoch. ☹ …

Name, Vorname

Pfad+Informationsblatt_Nachname.docx

Lösung Aufgabe 4: Arbeitsplatzgestaltung

Mögliches Ergebnis: Datenquelle

DIGITAL+

Nachname	Vorname	Geschlecht	Funktion
Marx	Marie-Sophie	w	Leiterin Corporate Design
Hausmann	Jan	m	Leiter Printmedien
Kuhlert	Mark	m	Leiter Digitale Medien/Internet
Peters	Paul	m	Leiter Events/Messen
Tauber	Ron	m	Betriebsrat
Kettel	Leila	w	Betriebsrätin

Name
aktuelles Datum
Interne Mitteilung_Datenquelle_Nachname.docx

Lösung Aufgabe 4: Arbeitsplatzgestaltung

Mögliches Ergebnis: Interne Mitteilung_Hauptdokument als Serienbrief mit Feldfunktionen

---

An:	**{** MERGEFIELD Vorname **}** **{** MERGEFIELD Nachname **}** Funktion: **{**MERGEFIELD "Funktion" **}**
Von:	Vorname Name
Thema:	Einladung zur Tagesveranstaltung „Gestaltung des neuen Bürogebäudes“
Datum:	Tagesdatum

Sehr **{** IF **{** MERGEFIELD Geschlecht **}** = "w" "geehrte Frau" "geehrter Herr" **}** **{** MERGE-FIELD Nachname **}**,

Herr Blau ist froh, Ihnen mitteilen zu können, dass er ein passendes Bürogebäude für unser ständig wachsendes Unternehmen hat finden können.

Die neuen Räumlichkeiten befinden sich in einem Neubau, dessen Innenausbau Herr Blau mit Ihnen als Führungskräfte und Vertreter*innen der Mitarbeiterschaft gemeinsam gestalten möchte. Dazu ist die Entscheidung zu treffen, ob wir demnächst in Großraumbüros oder Einzelbüros arbeiten wollen. Diese Entscheidung soll gemeinsam getroffen werden.

Aus diesem Anlass lädt Sie Herr Blau

am TT.MM.JJJJ von 10:00 bis 18:00 Uhr

zu einer Tagesveranstaltung im Hotel „Akandor“, Goethestraße 1 in 68161 Mannheim ein.

Die Veranstaltung beginnt mit einem Arbeitsfrühstück. Danach werden wir die neuen Räumlichkeiten begehen. Dies empfiehlt sich, da das neue Bürogebäude nur 100 Meter entfernt liegt. Anschließend kehren wir zum Hotel „Akandor“ zurück und diskutieren und entscheiden, durch welche Büroformen wir unsere Arbeitsabläufe am besten unterstützen können.

Damit Sie sich auf unsere Tagung angemessen vorbereiten können, habe ich Ihnen ein Informationsblatt zu unserer anstehenden Fragestellung beigelegt.

Gemeinsam werden wir eine für unser Unternehmen passende Raumordnung finden.

Herzliche Grüße

(eigener Name)

Anlage

Lösung Aufgabe 4: Arbeitsplatzgestaltung

Mögliches Ergebnis: Einladung an Herrn Kuhlert

lue Design GmbH

An	Mark Kuhlert Leiter Digitale Medien/Internet
Von:	Vorname Name
Thema:	Einladung zur Tagesveranstaltung „Gestaltung des neuen Bürogebäudes“
Datum:	Tagesdatum

Sehr geehrter Herr Kuhlert,

Herr Blau ist froh, dass er ein passendes Bürogebäude für unser ständig wachsendes Unternehmen gefunden hat.

Die neuen Räumlichkeiten befinden sich in einem Neubau, dessen Innenausbau Herr Blau mit Ihnen als Führungskräfte und Vertreter/-innen der Mitarbeiterschaft gemeinsam gestalten möchte. Dazu ist die Entscheidung zu treffen, ob wir demnächst in Großraumbüros oder Einzelbüros arbeiten wollen. Diese Entscheidung soll gemeinsam getroffen werden.

Aus diesem Anlass lädt Sie Herr Blau

am TT.MM.JJJJ von 10:00 bis 18:00 Uhr

zu einer Tagesveranstaltung im Hotel „Akandor“, Goethestraße 1 in 68161 Mannheim, ein.

Die Veranstaltung beginnt mit einem Arbeitsfrühstück. Danach werden wir die neuen Räumlichkeiten begehen. Dies empfiehlt sich, da das neue Bürogebäude nur 100 Meter entfernt liegt. Anschließend kehren wir zum Hotel „Akandor“ zurück und diskutieren und entscheiden, durch welche Büroformen wir unsere Arbeitsabläufe am besten unterstützen können.

Damit Sie sich auf unsere Tagung angemessen vorbereiten können, habe ich Ihnen ein Informationsblatt zu unserer anstehenden Fragestellung beigelegt.

Gemeinsam werden wir eine für unser Unternehmen passende Raumordnung finden.

Herzliche Grüße

(eigener Name)

Anlage

Lösung Aufgabe 5: Entwicklung eines Ordnungssystems

Mögliches Ergebnis: Abgabenordnung_Nachname

DIGITAL+

Vorname Nachname

Abgabenordnung[1]

§ 147 Ordnungsvorschriften für die Aufbewahrung von Unterlagen

(1) Die folgenden Unterlagen sind geordnet aufzubewahren:

1. Bücher und Aufzeichnungen, Inventare, Jahresabschlüsse, Lageberichte, die Eröffnungsbilanz sowie die zu ihrem Verständnis erforderlichen Arbeitsanweisungen und sonstigen Organisationsunterlagen,
2. die empfangenen Handels- oder Geschäftsbriefe,
3. Wiedergaben der abgesandten Handels- oder Geschäftsbriefe,
4. Buchungsbelege,

4 a) Unterlagen, die einer mit Mitteln der Datenverarbeitung abgegebenen Zollanmeldung nach Artikel 77 Abs. 1 in Verbindung mit Artikel 62 Abs. 2 Zollkodex beizufügen sind, sofern die Zollbehörden nach Artikel 77 Abs. 2 Satz 1 Zollkodex auf ihre Vorlage verzichtet oder sie nach erfolgter Vorlage zurückgegeben haben,

5. sonstige Unterlagen, soweit sie für die Besteuerung von Bedeutung sind.

(2) Mit Ausnahme der Jahresabschlüsse, der Eröffnungsbilanz und der Unterlagen nach Absatz 1 Nr. 4 a können die in Absatz 1 aufgeführten Unterlagen auch als Wiedergabe auf einem Bildträger oder auf anderen Datenträgern aufbewahrt werden, wenn dies den Grundsätzen ordnungsmäßiger Buchführung entspricht und sichergestellt ist, dass die Wiedergabe oder die Daten

1. mit den empfangenen Handels- oder Geschäftsbriefen und den Buchungsbelegen bildlich und mit den anderen Unterlagen inhaltlich übereinstimmen, wenn sie lesbar gemacht werden,
2. während der Dauer der Aufbewahrungsfrist jederzeit verfügbar sind, unverzüglich lesbar gemacht und maschinell ausgewertet werden können.

(3) Die in Absatz 1 Nr. 1, 4 und 4 a aufgeführten Unterlagen sind zehn Jahre, die sonstigen in Absatz 1 aufgeführten Unterlagen sechs Jahre aufzubewahren, sofern nicht in anderen Steuergesetzen kürzere Aufbewahrungsfristen zugelassen sind. Kürzere Aufbewahrungsfristen nach außersteuerlichen Gesetzen lassen die in Satz 1 bestimmte Frist unberührt. Die Aufbewahrungsfrist läuft jedoch nicht ab, soweit und solange die Unterlagen für Steuern von Bedeutung sind, für welche die Festsetzungsfrist noch nicht abgelaufen ist; § 169 Abs. 2 Satz 2 gilt nicht.

(4) Die Aufbewahrungsfrist beginnt mit dem Schluss des Kalenderjahrs, in dem die letzte Eintragung in das Buch gemacht, das Inventar, die Eröffnungsbilanz, der Jahresabschluss oder der Lagebericht aufgestellt, der Handels- oder Geschäftsbrief empfangen oder abgesandt worden oder der Buchungsbeleg entstanden ist, ferner die Aufzeichnung vorgenommen worden ist oder die sonstigen Unterlagen entstanden sind.

---

[1] In der Fassung der Bekanntmachung vom 01.10.2002 (BGBl. I S. 3866, ber. 2003 I S. 61); zuletzt geändert durch Artikel 3 G. v. 22.11.2020 BGBl. I S. 2466, Geltung ab 01.01.1977; FNA: 610-1-3

Lösung Aufgabe 5: Entwicklung eines Ordnungssystems

Mögliches Ergebnis: E-Mail_Nachname

An:	j.berg@bluedesign.de
Cc:	k.breitenbacher@bluedesign.de
Bcc:	c.decker@bluedesign.de
Betreff:	Vorschlag für ein Ordnungssystem in der Blue Design GmbH
Anhang:	Abgabenordnung_Nachname.docx

Sehr geehrter Herr Berg,

gerne stelle ich Ihnen ein effizientes Abgabesystem für unser Unternehmen vor.

Dabei stelle ich drei Aspekte in den Vordergrund:

1. Aufbewahrung von Schriftstücken

Es gibt gesetzliche Bestimmungen (z. B. § 147 AO, vgl. Anhang), die Kaufleute dazu verpflichten, Buchungsunterlagen 10 Jahre und Handelsbriefe 6 Jahre aufzubewahren. Darüber hinaus existieren auch betriebswirtschaftliche Gründe, Schriftgut nicht zu schnell zu entsorgen. Findet beispielsweise ein Verkaufsgespräch eines Mitarbeiters „Printmedien" mit einem Kunden statt, sollte dieses dokumentiert werden. So kann zu einem späteren Zeitpunkt und/oder von anderen Mitarbeitern immer wieder nachvollzogen werden, was Gegenstand dieses Verkaufsgesprächs war.

2. Einheitliche Wertstufen zur Aufbewahrung von Schriftgut

Um ein einheitliches Vorgehen bei der Aufbewahrung von Schriftgut zu erreichen, sollten für alle Abteilungen Wertstufen festgelegt werden. So wird Wichtiges von Unwichtigem getrennt.
Dokumente

a) mit Tageswert erhalten einmalige Informationen. Nach Kenntnisnahme wird das Schriftstück vernichtet.
b) mit Prüfwert beziehen sich auf aktuelle Vorgänge. Nach ihrer Bearbeitung muss die/der Bearbeitende entscheiden, ob die Schriftstücke zu vernichten oder abzulegen sind.
c) mit Gesetzeswert dienen als Nachweis für den Geschäftsverkehr und sind nach Abgabenordnung (vgl. Anhang) entweder 6 oder 10 Jahre aufzubewahren.
d) mit Dauerwert besitzen eine besondere Bedeutung für das Unternehmen. Es handelt sich z. B. um Urkunden oder Patente. Sie sind auf Dauer aufzubewahren.

3. Gründe für eine papierlose bzw. eine Papierregistratur

Es ist zwischen zwei grundsätzlichen Ablageformen zu unterscheiden. Die papierlose Registratur, z. B. in Form einer Cloud, ist weltweit abrufbar und verringert die Kosten für die Archivierung. Dagegen ist eine Papierablage unter datenschutzrechtlichen Aspekten vorzuziehen.

Haben Sie Fragen zu meinen Vorschlägen? Dann rufen Sie mich an.

Freundliche Grüße

Blue Design GmbH

Vorname Name

E-Mail: info@bluedesign.de
Internet: bluedesign.de
Telefon: 0621 200103-0

Vorname Nachname **Pfad + E-Mail_Nachname**

Lösung Aufgabe 6: Datenschutz

Mögliches Ergebnis Teil 1: Datenschutzformular Altmann

DIGITAL+

Altmann GmbH, Sorpener Straße 47,40213 Düsseldorf
Bürobedarf Müngsten GmbH
eigener Name als Ansprechpartner*in
Aggerstraße 7
40474 Düsseldorf

Datenschutzbestimmungen

Folgende Daten werden von der Bürobedarf Müngsten GmbH im Zusammenhang mit der Auftragsabwicklung gespeichert:

Lieferantennummer	12101
Geschlecht	männlich
Firma	Altmann GmbH
Nachname, Vorname	Altmann, Frank
Straße	Sorpener Straße 47
Postleitzahl	40213
Ort	Düsseldorf
Geburtsdatum ***(kein Pflichtfeld)***	
Gelieferter Artikel	30-1456-A
Menge	100 Pakete
Lieferdatum	TT.MM.JJJJ
Gesamtbetrag netto (in €)	799,00 €

Zustimmungserklärung

- ❑ Ich stimme der oben aufgelisteten Datenspeicherung zu.
- ❑ Ich nehme zur Kenntnis, dass ich jederzeit das Recht auf Korrektur, Ergänzung/Änderung bzw. Löschung der Daten habe.

Ort, Datum — Unterschrift

Lösung Aufgabe 7: Rationalisierung der Postbearbeitung

Mögliches Ergebnis Teil 1: Leitfaden

DIGITAL+

Bürobedarf **Müngsten** GmbH

LEITFADEN POSTBEARBEITUNG

Schriftstücke scannen, kopieren, drucken

Posteingang		
Schriftstücke	**vervielfältigen/weiterleiten**	**Bemerkungen**
Angebote	einscannen	Original an Einkauf, PDF-Datei
Bestellungen	einscannen	Original an Verkauf, PDF-Datei Abteilungsleiter
Briefe	einscannen	Original an 1. Sachbearbeiter, PDF-Datei an 2. Sachbearbeiter
Lieferscheine	einscannen	Original an Einkauf, PDF-Datei Lager
Rechnungen	einscannen	Original an Buchhaltung, PDF-Datei an Einkauf

Postausgang		
Schriftstücke	**vervielfältigen**	**Bemerkungen**
Angebote	nach Unterschrift kopieren	Original an Empfänger, Kopie Zwischenablage
Bestellungen	nach Unterschrift kopieren	Original an Empfänger, Kopie Zwischenablage Verkauf
Briefe	nach Unterschrift kopieren	Original an Empfänger, Kopie Ablage/Zwischenablage
Lieferschein	2-mal ausdrucken	Original an Empfänger, Kopie Zwischenablage Verkauf
Rechnungen	3-mal ausdrucken	Original und eine Kopie an Kunde, 3. Kopie Buchhaltung

Name Leitfaden_Nachname.docx Datum

Lösung Aufgabe 7: Rationalisierung der Postbearbeitung

Mögliches Ergebnis Teil 2: Rundschreiben

DIGITAL+

An:	Mitarbeiter; Abteilungsleitung
Cc:	r.muengsten@buero-muengsten.de
Bcc:	
Betreff:	Rundschreiben Nr. 7
Anhang:	Leitfaden.docx

Liebe Mitarbeiter*innen,
liebe Abteilungsleiter*innen,

auf ihrer Sitzung am 12.04.20.. haben die Abteilungsleiter*innen festgestellt, dass die Bearbeitung der Post dringend verbessert werden muss.

So behandeln alle Mitarbeiter*innen die ein- und ausgehenden Schriftstücke unterschiedlich. Eingehende Schriftstücke, z. B. Rechnungen, stehen oft nicht mehreren Abteilungen bzw. Mitarbeiter*innen zur Verfügung. In letzter Zeit hatte das Unternehmen wegen der schleppenden internen Weiterleitung von Rechnungen größere Verluste, weil das Skonto nicht ausgenutzt werden konnte. Ausgehende Schriftstücke wurden häufig mehrere Male ausgedruckt und zusätzlich nach Unterschrift noch einmal kopiert, was nicht erforderlich ist.

Zur Rationalisierung dieses Vorgangs sollen alle Schriftstücke in einem ersten Schritt erfasst werden. Bitte dokumentieren Sie die zurzeit gültige Vorgehensweise in Ihrer Abteilung mithilfe des angehängten Leitfadens

bis zum 26.04.20..

Die Abteilungsleiter*innen werden auf ihrer nächsten Sitzung ein vereinheitlichtes und sinnvolles Konzept zur Postbearbeitung erstellen. Über das Ergebnis werden Sie zeitnah informiert. Diese Maßnahme gilt ab dem 1. Mai 20..

Bei Fragen rufen Sie mich bitte unter der Durchwahlnummer 553 an.

Herzliche Grüße

Bürobedarf Müngsten GmbH

Vor- und Zuname

E-Mail: name@buero-muengsten.de
Internet: www.buero-muengsten.de
Telefon: +49 0211 7654-0
Telefax: +49 0211 7654-40

Bürobedarf Müngsten GmbH
Aggerstraße 7
40474 Düsseldorf

Lösung Aufgabe 8: Angebotsvergleich

Mögliches Ergebnis Teil 1: Angebotsvergleich E-Bikes

Der Radmarkt

Reif KG
Rund ums Rad

Tischvorlage

Datum: 03.05.20xx

Zum Tagesordnungspunkt: 7

Thema: Aufnahme von E-Bikes in das Sortiment

Inhalt:

Es liegen je ein Angebot der Firma BikeTec GmbH und der Firma Bikefactory GmbH vor. Ein Angebotsvergleich macht deutlich, dass die Firma Bikefaktory GmbH die günstigere ist.

Angebotsvergleich für 10 E-Bikes				
Kalkulationsschema	**BikeTec GmbH**		**Bikefacory GmbH**	
Bestellmenge	Stück	10		10
Listeneinkaufspreis (pro Stück)		1.450,00 €		1.500,00 €
Listenkaufspreis (gesamt)		14.500,00 €		15.000,00 €
- Rabatt	10%	1.450,00 €	20%	3.000,00 €
= Zieleinkaufspreis		13.050,00 €		12.000,00 €
- Skonto	2%	261,00 €	3%	360,00 €
= Bareinkaufspreis		12.789,00 €		11.640,00 €
+ Bezugskosten		- €		350,00 €
= Bezugsgesamtpreis		12.789,00 €		11.990,00 €
= Bezugseinzelpreis		**1.278,90 €**		**1.199,00 €**

Handelsregister: HRA 1222
USt.-IdNr.: DE14627991
Erfüllungsort und Gerichtsstand: Recklinghausen

Internet-Adresse:
www.reif.com

Bankverbindung
Sparkasse Vest Kto. 170642
IBAN 45 4265 0100 0000 1706 42
BIC WELADED1REK

Lösung Aufgabe 8: Angebotsvergleich

Mögliches Ergebnis Teil 2: Reif-Bestellung E-Bike

DIGITAL+

Der Radmarkt

Reif KG
Rund ums Rad

Ihr Zeichen: je
Ihre Nachricht vom: 03.05.20..
Unser Zeichen: khö-eigenes Kürzel
Unsere Nachricht vom: 02.05.20..

Name: Katharina Höger
Telefon: 02361 2409-87
Telefax: 02361 2410
E-Mail: hoeger@reif.com

Datum: 03.05.20..

Reif KG, Schlossgraben 30, 45657 Recklinghausen

Bikefactory GmbH
Frau Jana Erdinger
Ostwallring 65
44328 Dortmund

Bestellung

Sehr geehrte Frau Erdinger,

wir bedanken uns für Ihr Angebot. Wir bestellen

10 E-Bikes „Move On 47S“ mit der Artikelnummer 14075
zum Preis von 1.500,00 EUR/Stück.

Liefern Sie bitte 5 E-Bikes in der Farbe Rot-Silber und 5 weitere in Kaiserblau.

Wir erhalten bei der Abnahme von 10 E-Bikes 20 % Rabatt. Bei Zahlung innerhalb von 2 Wochen können wir 3 % Skonto abziehen. Die Versandpauschale beträgt 350,00 EUR. Sie liefern die Ware innerhalb von 3 Tagen nach Erhalt unserer Bestellung.

Ihr Sortiment interessiert uns sehr. Senden Sie uns deshalb bitte den neuen Katalog zu.

Bitte liefern Sie die Artikel fristgemäß.

Freundliche Grüße

Reif KG

i. V. Katharina Höger

Handelsregister: HRA 1222
USt.-IdNr.: DE14627991
Erfüllungsort und Gerichtsstand: Recklinghausen

Internetadresse:
www.reif.com

Bankverbindung
Sparkasse Vest Kto. 170642
IBAN 45 4265 0100 0000 1706 42
BIC WELADED1REK

Lösung Aufgabe 9: Rechte des Verbrauchers bei Reklamationen

Mögliches Ergebnis: Informationsblatt

Vor- und Zuname

DIGITAL+

Informationsblatt für Auszubildende im Verkauf der Reif KG

Rechte des Verbrauchers bei mangelhafter Lieferung[1]

vorrangige Rechte des Verbrauchers
(grundsätzlich ohne Fristsetzung)

Nacherfüllung

Verbraucher hat – unter Berücksichtigung von Unzumutbarkeit bzw. Unmöglichkeit – freie Wahl zwischen kostenloser

Nachbesserung — **Neulieferung**

und ggf. **Schadensersatz* neben der Leistung**

Umkehr der Beweislast: Zeigt sich beim Verbrauchsgüterkauf innerhalb von sechs Monaten seit Gefahrenübergang ein Sachmangel, so wird vermutet, dass die Sache bereits bei Gefahrenübergang mangelhaft war.

Übergang zu nachrangigen Rechten nur

- nach erfolglosem Ablauf einer angemessenen Nacherfüllungsfrist oder
- bei erfolgloser Nacherfüllung (fehlgeschlagen, verweigert oder unzumutbar) oder
- bei Fix- und Zweckkauf

nachrangige Rechte des Verbrauchers

nur bei erheblichen Mängeln (vgl. 1 bis 3)					**auch bei unerheblichen Mängeln (vgl. 4)**
1. Rücktritt vom Kaufvertrag	und ggf.	**2. Schadensersatz* statt** der Leistung	oder	**3. Ersatz vergeblicher** Aufwendungen	**4. Minderung** des Kaufpreises und ggf. **Schadensersatz* neben** der Leistung

* Voraussetzung: nachweisbarer Schaden und Verschulden des Verkäufers

[1] Grafik mit kleinen Änderungen übernommen aus: Bartnik, D. u. a. (2014), Büro 2.1. Kaufmann/Kauffrau für Büromanagement. Informationsband. 1. Ausbildungsjahr, Verlag Europa-Lehrmittel, Haan-Gruiten, S. 375.

Lösung Aufgabe 9: Rechte des Verbrauchers bei Reklamationen

Mögliches Ergebnis: Antwort auf Reklamation

DIGITAL+

Der Radmarkt

Reif KG
Rund ums Rad

Reif KG, Schlossgraben 30, 45657 Recklinghausen
Frau
Charleen Rothfels
Marktstraße 150
46045 Oberhausen

Ihr Zeichen:
Ihre Nachricht vom: 19.01.20..
Unser Zeichen: *eigenes Zeichen*
Unsere Nachricht vom:

Name: *eigener Name*
Telefon: 02361 2409-43
Telefax: 02361 2410
E-Mail: *eigenerName*@reif.com

Datum: 20.01.20..

Ihre Reklamation

Sehr geehrte Frau Rothfels,

bitte entschuldigen Sie die aufgetretene Materialmüdigkeit am Rahmen Ihres Fahrrads. Sie wissen, wir legen auf Kundenzufriedenheit und hohe Qualität unserer Produkte großen Wert.

Den Ihnen entstandenen Schaden möchten wir unverzüglich beheben. Bitte kommen Sie in den nächsten Tagen mit Ihrem Fahrrad „Cute Lady S, Modellversion 20..“ in unsere Geschäftsräume. Unsere Service-Abteilung wird das Fahrrad sofort begutachten.

Sollten wir den Totalschaden, den die Kollegen im Radservice in Arnsberg festgestellt haben, bestätigen, tauschen wir das defekte Fahrrad gerne gegen ein neues aus. Von einer Reparatur des Schadens raten wir ab, da das Material nicht zu schweißen ist.

Auch der Wert Ihrer Jacke wird Ihnen ersetzt. Bitte reichen Sie uns die Jacke und die Rechnung ein. Ein Einkaufsgutschein über 50,00 EUR wird Sie für die Unannehmlichkeiten entschädigen.

Herzlichen Dank, dass Sie uns eine Chance geben, Sie als Kundin wieder zufriedenzustellen.

Freundliche Grüße

Reif KG

i. A. *eigener Name*

Handelsregister: HRA 1222
USt.-IdNr.: DE14627991
Erfüllungsort und Gerichtsstand: Recklinghausen

Internet-Adresse:
www.reif.com

Bankverbindung
Sparkasse Vest Kto. 170642
IBAN 45 4265 0100 0000 1706 42
BIC WELADED1REK

Lösung Aufgabe 10: E-Mail Flyer

Mögliches Ergebnis: Mitteilung an Frau Arnold per E-Mail

An:	arnold@markgraf-brunnen.de
Cc:	pfitzer@markgraf-brunnen.de
Bcc:	
Betreff:	Einladung für die Auszubildenden zur Seminarwoche
Anhang	Quelle Flyer.docx; Flyer als Seriendruck.docx

DIGITAL+

Sehr geehrte Frau Arnold,

wie mit Ihnen besprochen, habe ich eine Einladung für die Auszubildenden mit folgendem Inhalt entworfen:

- Hinweis auf die Seminarwoche in der Zeit vom TT.MM.JJJJ bis TT.MM.JJJJ
- Hinweis auf den Ort der Veranstaltung
- Buchung als Präsenzveranstaltung oder als Webinar buchbar
- Hinweis zur technischen Ausstattung
- Neue Lernerfahrung als hybrides Lernen
- Anmeldung bis zum TT.MM.JJJJ

Aus den Datensätzen habe ich die Auszubildenden aus dem PLZ-Bereich 79098 ausgewählt.

Die Datenquelle und den Entwurf des Flyers füge ich dieser Mitteilung bei.

Ich hoffe, die Unterlagen entsprechen Ihren Vorstellungen. Gern stehe ich Ihnen für Rückfragen zur Verfügung.

Mit freundlichen Grüßen

Markgraf Brunnen GmbH

eigener Name

Ergebnis: Quelle Flyer

Geschlecht	Vorname	Nachname	Straße/Postfach	PLZ	Ort
m	Björn	Fromme	Igelweg 22	79098	Freiburg
m	Ingo	Grabbe	Breitenbruck 1	79098	Freiburg
m	Erdem	Güngör	Bahnhofstr. 79	79098	Freiburg
m	Hardy	Isenburg	Robert-Koch-Str. 98	79098	Freiburg
w	Christel	Schlutzius	Ulmenallee 3	79098	Freiburg
w	Eva	Tintrop	Fürstenstr. 23	79098	Freiburg

DIGITAL+

Lösung Aufgabe 10: Flyer als Seriendruck

Mögliches Ergebnis: Flyer als Seriendruck (ohne Feldfunktionen)

Markgraf Brunnen GmbH

Sehr geehrter Herr «Nachname»,

Es ist wieder soweit:

Seminarwoche zur Prüfungsvorbereitung
vom TT.MM.JJJJ bis TT.MM.JJJJ

Wir treffen uns im Haus des Handwerks in Freiburg, Seminarstraßen7 – 11.

Die Veranstaltung wird als Präsenzveranstaltung angeboten. Selbstverständlich können Sie dieses Seminar aber auch als Webinar buchen. Dabei ist vor Ort die technische Ausstattung gemäß der beiliegenden Erläuterung zu beachten.

Das neue hybride Lernen führt sicher dazu, ganz neue Lernerfahrungen zu sammeln. Interaktionen zwischen dem Trainer, den Lernenden auf Distanz und den Lernenden vor Ort realisieren mobiles, flexibles und gemeinschaftliches Lernen.

Bitte melden Sie sich bis zum TT.MM.JJJJ in unserer Geschäftsstelle an. Wir freuen uns auf Sie.

Teil C: Prüfungsübungen Tabellenkalkulation: Lösungen

• Lösung Aufgabe 1: Ausbildungskosten

Lösungsdatei: **Aufgabe 1 (Lösung)**

Lösungsansicht:

	A	B	C	D	E
5	Jahr	Anzahl der Auszubildenden	Gesamtkosten	Kosten je Auszubildendem	Branchendurchschnitt Kosten je Auszubildendem
6	2005	11	60.775,00 €	5.525,00 €	5.680,00 €
7	2006	10	54.255,00 €	5.425,50 €	5.810,00 €
8	2007	9	50.762,00 €	5.640,22 €	5.890,00 €
9	2008	9	52.356,00 €	5.817,33 €	5.910,00 €
10	2009	12	70.084,00 €	5.840,33 €	5.980,00 €
11	2010	12	71.435,00 €	5.952,92 €	6.290,00 €
12	2011	15	96.751,00 €	6.450,07 €	6.470,00 €
13	2012	15	97.854,00 €	6.523,60 €	6.560,00 €
14	2013	14	96.211,00 €	6.872,21 €	6.690,00 €
15	2014	15	99.826,00 €	6.655,07 €	6.730,00 €
16	2015	16	105.624,00 €	6.601,50 €	6.820,00 €
17	2016	18	124.020,00 €	6.890,00 €	6.880,00 €
18	2017	20	149.598,00 €	7.479,90 €	6.870,00 €
19	2018	17	124.756,00 €	7.338,59 €	6.880,00 €
20	2019	18	131.224,00 €	7.290,22 €	6.890,00 €
21	2020	18	129.420,00 €	7.190,00 €	6.920,00 €
22	2021	17	120.996,00 €	7.117,41 €	6.975,00 €
23					
24		Durchschnittliche Anzahl Auszubildende:		14,5	
25		Anteil Jahre > 18 Auszubildenden:		5,9%	
26		Anteil Jahre < 12 Auszubildenden:		23,5%	

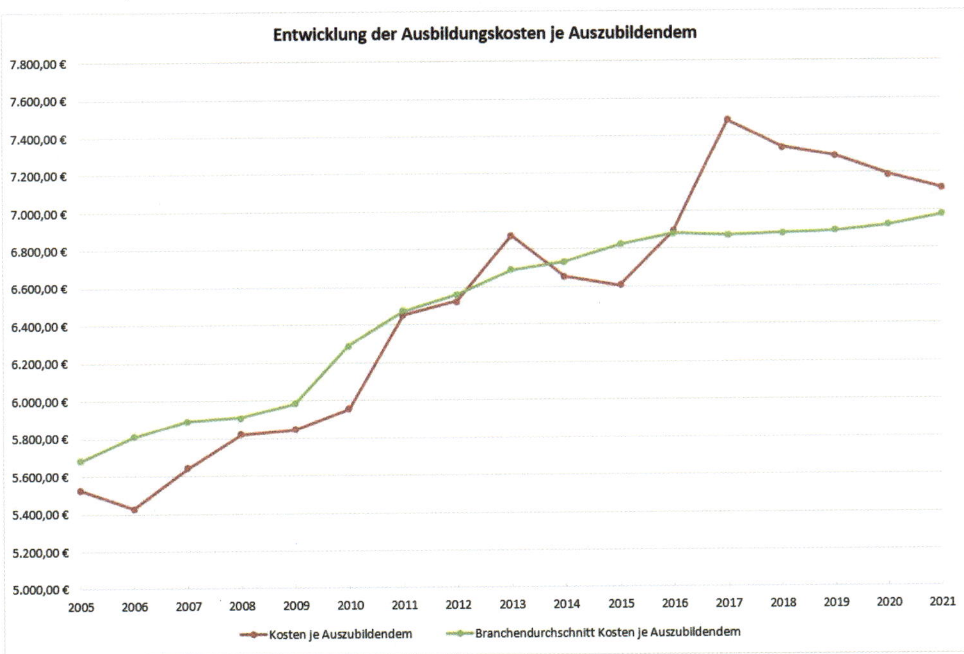

Zwar liegen die Ausbildungskosten je Auszubildendem bei der Wohntal GmbH in den letzten Jahren über dem Branchendurchschnitt. Seit 2017 sind die Kosten je Auszubildendem jedoch – ganz im Gegensatz zum Trend des Branchendurchschnitts – kontinuierlich gesunken.

Grundsätzlich ist das für die Berufsausbildung ausgegebene Geld als hochrentable Investition zu sehen. Die Wohntal GmbH sichert sich so qualifizierten Berufsnachwuchs und erhält damit seine Wettbewerbsfähigkeit. Aufgrund der demographischen Entwicklung wird es in Zukunft eine immer größere Herausforderungen werden, gute Auszubildende für die Wohntal GmbH zu gewinnen.

Lösung Aufgabe 2: Kostenübersicht

Lösungsdatei: **Aufgabe 2 (Lösung)**

Lösungsansicht:

DIGITAL+

	A	B	C	D	E	F	G	H	I	J
5		1. Jahr	2. Jahr	3. Jahr	4. Jahr	5. Jahr	Summe	Durchschnitt	Maximum	Minimum
6		(in EUR)	(in EUR)	(in EUR)	(in EUR)	(in EUR)	(in EUR)	(in EUR)	(in EUR)	(in EUR)
7	Materialverbrauch	618.763	682.989	655.911	621.891	588.874	3.168.428	633.686	682.989	588.874
8	Kommunikationsaufwand	389.024	430.936	458.912	510.723	545.967	2.335.562	467.112	545.967	389.024
9	Energieaufwand	219.892	245.630	209.855	199.765	200.114	1.075.256	215.051	245.630	199.765
10	Abschreibungen	530.250	530.250	530.250	410.000	410.000	2.410.750	482.150	530.250	410.000
11	Gehälter / Sozialaufwand	911.340	981.430	1.015.421	1.040.120	1.070.645	5.018.956	1.003.791	1.070.645	911.340
12	Mieten	60.000	60.000	60.000	75.500	75.500	331.000	66.200	75.500	60.000
13	Sonstige Kosten	3.412	4.112	3.421	5.231	1.987	18.163	3.633	5.231	1.987
14	Jahressumme	2.732.681	2.935.347	2.933.770	2.863.230	2.893.087	14.358.115	2.871.623	2.935.347	2.732.681
15										
16	Anteil Kommunikationsaufwand	14,24%	14,68%	15,64%	17,84%	18,87%				
17	Anteil Materialaufwand	22,64%	23,27%	22,36%	21,72%	20,35%				

DIGITAL+

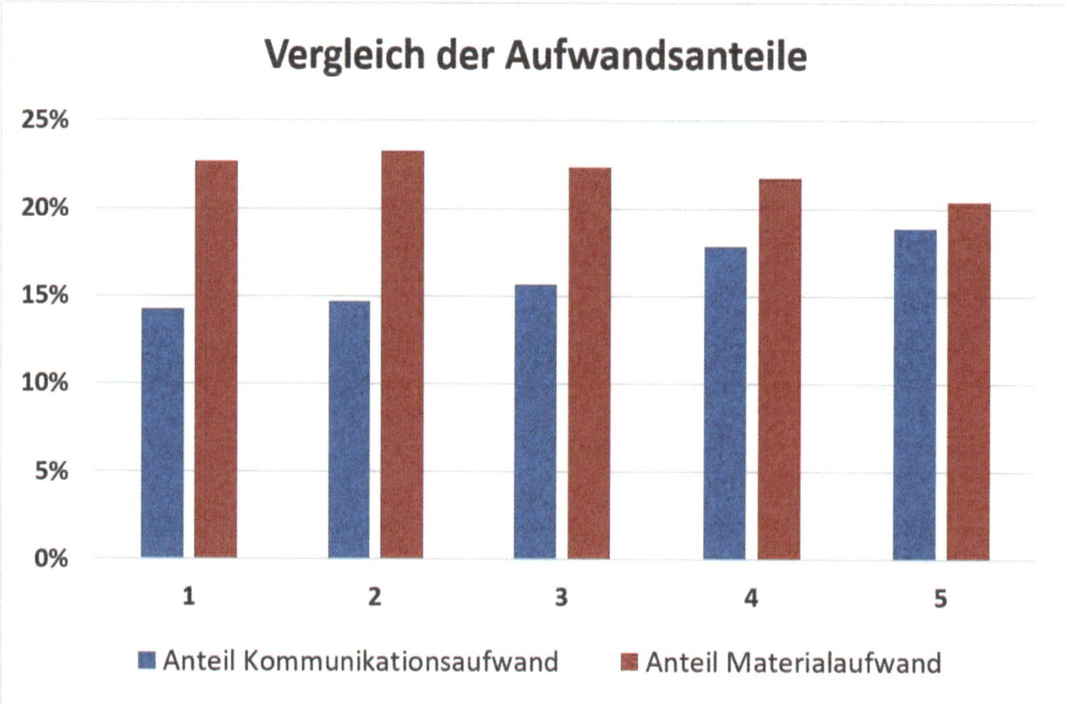

Während der Anteil des Kommunikationsaufwandes am Gesamtaufwand Jahr für Jahr kontinuierlich gestiegen ist, ist der Materialaufwand mit Ausnahme vom 2. Jahr kontinuierlich gesunken.

Lösung Aufgabe 3: Mitarbeiterbefragung

Lösungsdatei: **Aufgabe 3 (Lösung)**

Lösungsansicht:

	A	B	C	D	E	F	G	H	I	J	K	L	M	N	O	P	Q	R	S	T	U	V	W	X	Y	Z	AA	AB	AC	AD	AE	AF	AG	AH	AI	AJ	AK	AL	AM
7	Rang	Aussage	Fragebogen 1 - 35																																			Nennungen	Häufigkeit
8			1	2	3	4	5	6	7	8	9	10	11	12	13	14	15	16	17	18	19	20	21	22	23	24	25	26	27	28	29	30	31	32	33	34	35		
9	1	Fehlende Zielklarheit		x	x	x	x		x		x	x				x	x		x		x	x		x	x	x	x		x		x	x		x		x	x	22	62,9%
10	2	Fehlende Formulare und Vorlagen	x	x	x		x		x		x			x	x				x		x		x	x	x		x		x		x		x	x	x			19	54,3%
11	3	Unvollständige Informationen		x				x	x		x	x	x	x			x	x					x					x	x	x	x	x	x	x			x	18	51,4%
12	4	Zu wenig Delegation	x	x		x	x	x			x	x	x							x		x	x	x		x	x	x			x	x						17	48,6%
13	5	Ineffizientes Ablagesystem	x		x	x	x	x					x		x		x		x				x			x									x			12	34,3%
14	6	Privatgespräche		x					x	x					x	x		x						x					x	x					x	x		11	31,4%
15	6	Unterbrechungen durch Anrufe										x							x	x			x		x		x	x				x		x	x		x	11	31,4%
16	8	Keine Puffer und Pausen				x						x				x	x				x	x				x						x				x	x	10	28,6%
17	9	Wartezeiten (bei Verabredungen)						x	x		x		x									x						x	x		x		x					9	25,7%
18	9	Mängel im Teamwork			x								x		x		x		x	x					x								x				x	9	25,7%
19	11	Falsche Prioritätensetzung				x		x						x		x		x				x				x							x					8	22,9%
20	12	Ablenkung durch Lärm im Büro					x			x				x				x						x			x			x								7	20,0%
21	12	Ineffiziente Besprechungen			x					x				x							x				x					x				x				7	20,0%
22	14	Fehlende Selbstdisziplin								x					x	x														x					x	x		6	17,1%
23	15	Unterbrechungen durch E-Mails	x							x										x								x								x		5	14,3%
24	16	Zu viel interne Kommunikation	x															x		x	x																	4	11,4%
25	Kontrollsumme (5 Aussagen)		5	5	5	5	5	5	5	5	5	5	5	5	5	5	5	5	5	5	5	5	5	5	5	5	5	5	5	5	5	5	5	5	5	5	5	175	
26																																							
27	Anteil der 5 häufigsten Nennungen der Gesamtzahl der Nennungen:																																					50,3%	

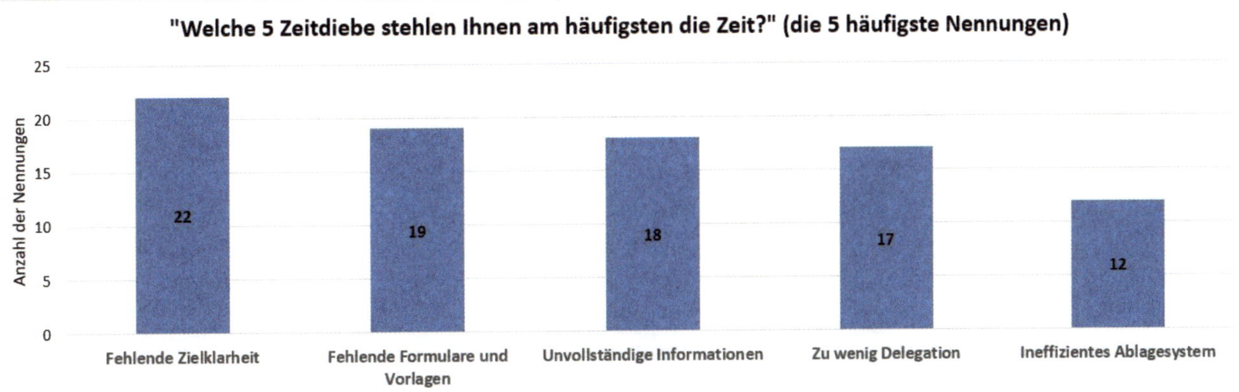

Auf der Grundlage der Ergebnisse der Befragung können die folgenden Ansatzpunkte für eine Verbesserung des Zeitmanagements sinnvoll sein:

- Präzisierung und Optimierung der Unternehmensziele (z. B. Überprüfung auf Einhaltung der SMART-Regeln, Einsatz der Eisenhower-Matrix)
- digitale Bereitstellung aller Formulare an allen Arbeitsplätzen
- Optimierung des Informationsmanagements (z. B. im Rahmen des Einsatzes einer ERP-Software oder eines Intranets)
- Schaffung der Möglichkeit, Aufgaben zu delegieren
- Optimierung und Standardisierung des Ablagesystems

Lösung Aufgabe 4: Ausgaben

Lösungsdatei: **Aufgabe 4 (Lösung)**

Lösungsansicht:

	A	B	C	D	E	F
5		**I. Quartal**	**II. Quartal**	**III. Quartal**	**IV. Quartal**	**Summe**
6	***Maschinen***	96.429,00 €	159.498,00 €	178.947,00 €	0,00 €	434.874,00 €
7	***Fuhrpark***	59.950,00 €	0,00 €	0,00 €	53.890,00 €	113.840,00 €
8	***Computerausstattung***	34.985,00 €	14.513,00 €	0,00 €	12.996,00 €	62.494,00 €
9	***Büromöbel***	698,00 €	1.292,00 €	495,00 €	445,00 €	2.930,00 €
10	***Weiterbildung***	0,00 €	15.598,00 €	1.195,00 €	1.098,00 €	17.891,00 €
11	***Sonstige Ausgaben***	12.894,00 €	29.991,00 €	5.897,00 €	7.618,00 €	56.400,00 €
12	**Summe**	204.956,00 €	220.892,00 €	186.534,00 €	76.047,00 €	688.429,00 €
13						
14	Differenz zum Quartal vorher:					
15	absolut:		15.936,00 €	-34.358,00 €	-110.487,00 €	
16	in Prozent:		7,78%	-15,55%	-59,23%	

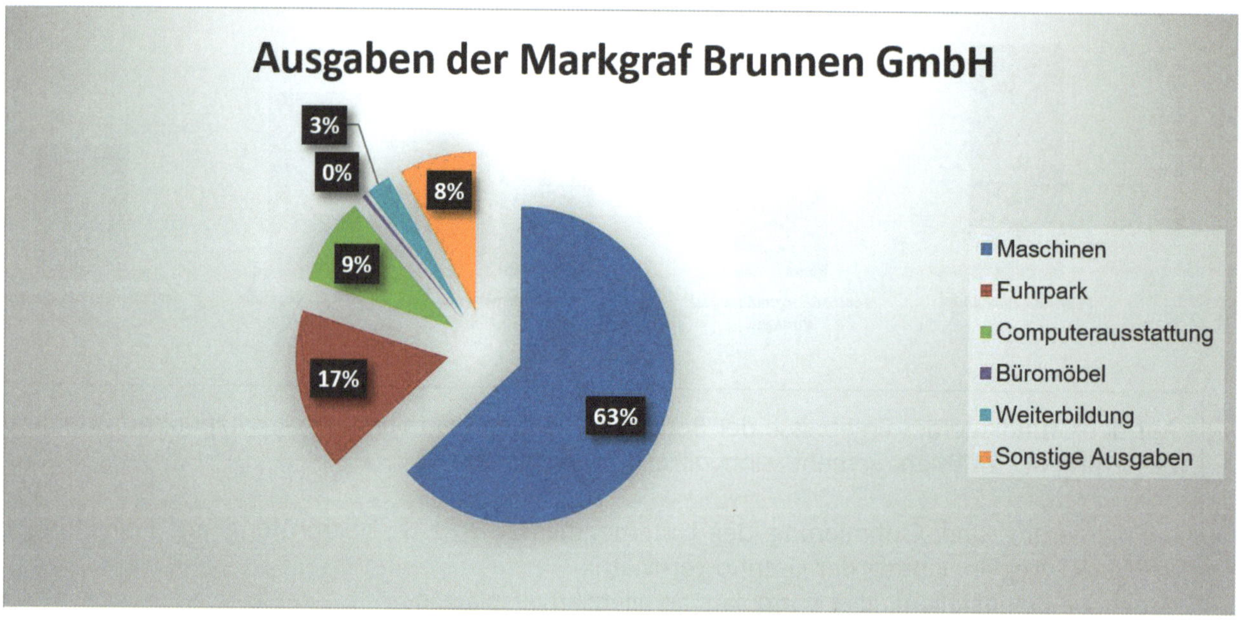

Der Anteil der Ausgaben für Maschinen ist mit 63 % der mit Abstand größte Ausgabenbereich. Das Ausgabenvolumen ist im 2. Quartal im Vergleich zum Quartal vorher um 7,78 %, gestiegen, im 3. Quartal um 15,55 % und im letzten Quartal um 59,23 % gesunken. Der starke Abfall im letzten Quartal erklärt sich dadurch, dass hier keine neuen Maschinen angeschafft wurden.

Investitionen sind Ausgaben, die zukünftig einen besonderen Nutzen für das Unternehmen bringen und sich daher finanziell amortisieren (= auszahlen). Alle Ausgaben der Aufzählung können dazu beitragen, die Wettbewerbsfähigkeit des Unternehmens und damit die zukünftigen Einnahmenmöglichkeiten zu verbessern und sind daher als Investitionen zu verstehen.

Lösung Aufgabe 5: Lagerkosten

Lösungsdatei: **Aufgabe 5 (Lösung)**

Lösungsansicht:

	A	B	C	D	E	F	G	H
5	**Benötigte Regalmeter**							
6								
7	Ablage	Anzahl der Ordner im Raum A und B		Breite der Ordner (in cm)	Benötigte Regalbreite in m (aufgerundet)		Gesamte Regalmeter	
8								
9		Raum A	Raum B		Raum A	Raum B		
10	A4-50	497	201	5	25	11	36	
11	A4-80	682	325	8	55	26	81	
12	A4-100	595	691	10	60	70	130	
13	Summe	**1.774**	**1.217**		**140**	**107**	**247**	
14								
15								
16	**Angebote für Fremdlagerung**							
17								
18		Lagerhaus Meier OHG			Lagerservice MGS KG		Storage & more GmbH	
19	Kosten je Regalmeter			2,99 €		4,00 €		4,90 €
20	Servicepauschale			499,00 €		300,00 €		- €
21	Gesamte Lagerkosten			1.237,53 €		1.288,00 €		1.210,30 €
22								
23	Günstigster Preis:			1.210,30 €				
24	Günstigster Anbieter:	Storage & more GmbH						

Grundsätzlich gilt: Je geringer die einzulagernde Menge, umso eher lohnt sich die Fremdlagerung. Dies gilt insbesondere für das Angebot der Storage & more GmbH, das keinerlei Fixkosten beinhaltet.

Weitere Kriterien bei der Entscheidung Eigen- oder Fremdlagerung:

- Abhängigkeit
- Verlust von Know How
- Platzbedarf (Platzkapazität)
- Investitionskosten bei Eigenlagerung
- Informationsfluss

Lösung Aufgabe 6: Kopierverbrauch

Lösungsdatei: **Aufgabe 6 (Lösung)**

Lösungsansicht:

DIGITAL+

	A	B	C	D	E	F	G	H	I
5	**Kopier-code**	**Name**	**Abteilung**	**1. Quartal**	**2. Quartal**	**3. Quartal**	**4. Quartal**	**Kopien pro Jahr**	**Anteil an gesamten Kopien**
6	4511	Bader	Auftragsbearbeitung	3.625	4.719	4.431	1.021	13.796	5,8%
7	6351	Erwin	Auftragsbearbeitung	2.598	3.599	4.492	3.855	14.544	6,1%
8	2503	Wildenach	Auftragsbearbeitung	2.111	1.985	2.548	2.214	8.858	3,7%
9	4521	Kaschinski	Einkauf	3.451	2.723	2.002	3.109	11.285	4,7%
10	6641	Reinartz	Einkauf	3.857	3.341	3.561	1.983	12.742	5,4%
11	8874	Wächter	Einkauf	2.412	2.978	1.089	1.005	7.484	3,1%
12	2298	Wiegener	Einkauf	4.238	3.469	3.019	1.905	12.631	5,3%
13	1412	Kemnade	Fuhrpark	146	89	45	157	437	0,2%
14	3781	Sterz	Fuhrpark	102	143	122	174	541	0,2%
15	2790	Berg	Personalwesen	1.987	1.823	1.789	1.845	7.444	3,1%
16	9702	Liebig	Personalwesen	3.782	4.523	4.481	934	13.720	5,8%
17	2544	Bach	Rechnungswesen	3.945	992	4.512	4.412	13.861	5,8%
18	6621	Horsch	Rechnungswesen	2.389	2.156	1.101	2.009	7.655	3,2%
19	8432	Tasar	Rechnungswesen	3.314	3.498	2.516	892	10.220	4,3%
20	1585	Jacobs	Verkauf/Marketing	3.588	2.901	4.102	2.145	12.736	5,3%
21	8369	Jansen	Verkauf/Marketing	4.615	3.561	4.113	3.983	16.272	6,8%
22	5410	Karafil	Verkauf/Marketing	4.209	4.512	3.005	2.578	14.304	6,0%
23	9451	Lujé	Verkauf/Marketing	2.588	2.085	4.236	3.887	12.796	5,4%
24	5418	Oehler	Verkauf/Marketing	4.037	4.373	4.523	4.561	17.494	7,3%
25	8872	Schrader	Verkauf/Marketing	4.413	3.421	4.515	5.341	17.690	7,4%
26	6523	Schwarz	Verkauf/Marketing	3.798	2.367	4.566	911	11.642	4,9%

	C	D	E	F	G	H
29		**Anzahl Mitarbeiter**	**Anzahl Kopien**	**Ø Anzahl Kopien je Mitarbeiter**	**Handlungs-bedarf (ja/nein)**	**Anteil an gesamten Kopien**
30	Auftragsbearbeitung	3	37.198	12.399	Ja!	15,62%
31	Einkauf	4	44.142	11.036	Ja!	18,54%
32	Fuhrpark	2	978	489	Nein	0,41%
33	Personalwesen	2	21.164	10.582	Ja!	8,89%
34	Rechnungswesen	3	31.736	10.579	Ja!	13,33%
35	Verkauf/Marketing	7	102.934	14.705	Ja!	43,22%
36						
37	Summe	21	238.152			100,00%

	C	E
40	gesamter Jahresverbrauch	238.152
41	höchster Jahresverbrauch	17.690
42	niedrigster Jahresverbrauch	437
43	Ø Jahresverbrauch pro Mitarbeiter	11.341

Das ausgegebene Ziel (Kopien je Mitarbeiter unter 10.000) hat bis auf den Fuhrpark keine Abteilung erreicht. Im Hinblick auf das Ziel der Digitalisierung der Abläufe besteht also noch reichlich Handlungsbedarf.

Lösung Aufgabe 7: Terminplanung

Lösungsdatei: **Aufgabe 7 (Lösung)**

Lösungsansicht:

	A	B	C	D	E	F	G	H	I	J	K	L	M	N	O	P	Q	R	S	T	U	V
5		Montag, 7. Juni				Dienstag, 8. Juni				Mittwoch, 9. Juni				Donnerstag, 10. Juni				Freitag, 11. Juni				
6	Beschäftigte	08:00 bis 10:00	10:00 bis 12:00	13:00 bis 15:00	15:00 bis 17:00	08:00 bis 10:00	10:00 bis 12:00	13:00 bis 15:00	15:00 bis 17:00	08:00 bis 10:00	10:00 bis 12:00	13:00 bis 15:00	15:00 bis 17:00	08:00 bis 10:00	10:00 bis 12:00	13:00 bis 15:00	15:00 bis 17:00	08:00 bis 10:00	10:00 bis 12:00	13:00 bis 15:00	15:00 bis 17:00	Anzahl der Außentermine
7	Amann, Ralf	A		T		A	A	A	A	A	A			VK							A	8
8	Bauer, Robert	T	T					T			T	T		VK						T		0
9	Dietl, Gerd			T			T	T		T			A	VK				A			T	2
10	Erich, Thomas		T					T		T			A	VK							T	1
11	Feilmeier, Jonas			A	A		T				A	A		VK		A				T		5
12	Gruber, Tom					T	T	T	T				A	VK					T			1
13	Hellmann, Max	T	T					T	T	T	T	T		VK	T							0
14	Müller, Markus	A	A	A	A	A			T	A	A	A		VK						T		8
15	Schmidt, Tobias				A		T	T	T					VK			A			T		2
16																						
17	Geplante Termine gesamt	4	4	4	3	3	5	7	5	5	5	4	3	9	1	1	1	1	1	4	3	
18	Freie Zeitfenster														X	X	X	X	X			
19																						
20	Legende:	A	Außentermin																			
21		T	Termin vor Ort																			
22		VK	Videokonferenz																			

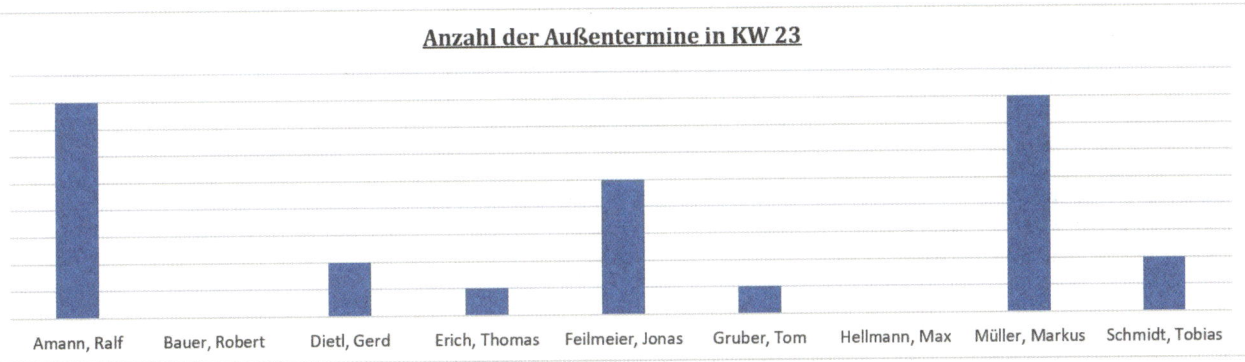

Als Termin für das Präsenz-Meeting bietet sich der Zeitraum Donnerstag, 10. Juni (13 Uhr) bis Freitag, 11. Juni (12 Uhr) an, da in diesem Zeitraum relativ wenig andere Termine betroffen sind.

Die Anzahl der Außentermine variiert sehr stark. Während Herr Amann und Herr Müller jeweils 8 Außentermine wahrnehmen, haben Herr Bauer und Herr Hellmann keinen einzigen Außentermin. Rückschlüsse lassen sich daraus allerdings nicht ziehen, da ja nur eine Kalenderwoche betrachtet wurde. Um aussagefähige Daten zu haben, müsste die Anzahl der Termine mindestens über einen Zeitraum von mehreren Monaten verglichen werden.

Lösung Aufgabe 8: Lagerkennzahlen

Lösungsdatei: **Aufgabe 8 (Lösung)**

Lösungsansicht:

DIGITAL+

	A	B
6	Lagerbestände zu Einstandspreisen (EUR)	
7	01.01.20..	9.300,00
8	31.01.20..	10.800,00
9	28.02.20..	15.100,00
10	31.03.20..	14.600,00
11	30.04.20..	14.200,00
12	31.05.20..	15.000,00
13	30.06.20..	13.800,00
14	31.07.20..	12.100,00
15	31.08.20..	13.900,00
16	30.09.20..	17.400,00
17	31.10.20..	17.900,00
18	30.11.20..	15.200,00
19	31.12.20..	11.400,00
20	Summe	**180.700,00**
21		
22	Die Wareneingänge vom 01.01.20.. bis zum 31.12.20.. (EUR):	113.300,00
23		
24	Lagerkennziffern	
25	**Jahreszinssatz (in %):**	**4,00**
26	**Ø Lagerbestand (in EUR):**	**13.900,00**
27	**Umschlagshäufigkeit:**	**8,00**
28	**Ø Lagerdauer (in Tagen):**	**45,00**
29	**Lagerzinssatz (in %):**	**0,50**
30	**Lagerzinsen pro Umschlag (in EUR):**	**69,50**
31	**Lagerzinsen pro Jahr (in EUR):**	**556,00**

DIGITAL+

	A	B	C	D	E	F
4	Artikeldaten					
5	Artikelnummer:	10108				
6	Artikelbezeichnung	Pulsmesser Cardio i18				
7	Einheit:	Stück				
8	Lieferant:	Tretwerk KG				
9						
10	Bestandsdaten					
11	Anfangsbestand:	126				
12	Höchstbestand:	280				
13	Mindestbestand:	15				
14	Meldebestand:	35				
15						
16	Lieferdatum	Zugang	Abgang	Bestand	Lagerstatus	Bestell-vorschlag
17	Januar		82	44		
18	Februar		26	18	Nachbestellung erforderlich	262
19	März	262		280	Höchstbestand erreicht	
20	April		48	232		
21	Mai		86	146		
22	Juni		114	32	Nachbestellung erforderlich	248
23	Juli	248		280	Höchstbestand erreicht	
24	August		145	135		
25	September		125	10	Mindestbestand unterschritten	270
26	Oktober	270		280	Höchstbestand erreicht	
27	November		89	191		
28	Dezember		156	35	Nachbestellung erforderlich	245
29	Summe	780	871			
30						
31	Lagerstatus					
32	Bei Erreichen/Unterschreiten des Meldebestands:				Nachbestellung erforderlich	
33	Bei Unterschreiten des Mindestbestands:				Mindestbestand unterschritten	
34	Bei Erreichen des Höchstbestands:				Höchstbestand erreicht	

Auswertung der Warenbewegungen	
Anzahl der Warenabgänge:	9
Anzahl der Warenabgänge > 100 Stk.:	4
Warenwert aller Zugänge (in EUR):	75.621,00
durchschnittlicher Lagerbestand (in Stück):	139,15

Lagerkennziffern	
Jahreszinssatz der Hausbank (in %):	4,50
Ø Lagerbestand (in EUR):	13.490,97
Umschlagshäufigkeit:	6,26
Ø Lagerdauer (in Tagen):	57,51
Lagerzinssatz (in %):	0,72
Lagerzinsen pro Umschlag (in EUR):	96,99
Lagerzinsen pro Jahr (in EUR):	607,09

Probe	
Bankzinsen für das Ø gebundene Kapital (in EUR):	607,09

Lösung Aufgabe 9: Zeitmanagement

Lösungsdatei: **Aufgabe 9 (Lösung)**

Lösungsansicht:

DIGITAL+

	A	B	C	D	E
5	**Aufgaben**	**Datum**	**Wertigkeit**	**Vorgehen**	**Erledigen bis**
6	Infoblatt für neue Mitarbeiter bis Ende des Jahres erstellen	10. Dez.	**B**	exakt terminieren, persönlich erledigen	18. Dez.
7	Vorlage für neue Reisekostenabrechnung bis zum 14.12. erstellen	10. Dez.	**B**	exakt terminieren, persönlich erledigen	13. Dez.
8	Reisedokumente für Indien-Reise des Geschäftsführers organisieren	10. Dez.	**A**	sofort selbst erledigen	
9	Teilnahme an außerordentl. Teamsitzung 10.12.,16 Uhr	10. Dez.	**A**	sofort selbst erledigen	
10	Flugticket für eigene Dienstreise nach Paris besorgen	10. Dez.	**C**	delegieren	
11	Anfrage von Großkunden, Bitte um Rückruf	10. Dez.	**A**	sofort selbst erledigen	
12	Fortbildungsplanung für nächstes Kalenderjahr	10. Dez.	**B**	exakt terminieren, persönlich erledigen	15. Dez.
13	Vorhandene Schulungsunterlagen grafisch "aufpeppen"	10. Dez.	**C**	delegieren	
14	Auszubildender bittet um Mithilfe bei Suche nach verlorenem Handy	10. Dez.	**D**	nicht bearbeiten/eliminieren	
15	Erkrankte Kollegin bei Kundentermin vertreten	10. Dez.	**A**	sofort selbst erledigen	
16	Prospektmaterial von Konkurrenzunternehmen sichten	10. Dez.	**D**	nicht bearbeiten/eliminieren	
17	Fachzeitschrift lesen	10. Dez.	**D**	nicht bearbeiten/eliminieren	
18					
19	*Hinweis: Die Beurteilung der Wertigkeit kann - in Abhängigkeit der subjektiven Einschätzung der individuellen Situation - ggf. auch etwas abweichen.*				

DIGITAL+

	A	B	C
1	**Eisenhower-Matrix**		
2			
3	Wertig-keit	Vorgehen	
4	A	sofort selbst erledigen	
5	B	exakt terminieren, persönlich erledigen	
6	C	delegieren	
7	D	nicht bearbeiten/eliminieren	
8			
9		**nicht dringend**	**dringend**
10	**wichtig**	**B-Aufgaben**	**A-Aufgaben**
11	**unwichtig**	**D-Aufgaben**	**C-Aufgaben**
12			
13	**Vorteile der Eisenhower-Matrix:**		
14	- leicht zu verstehen und anzuwenden		
15	- kein besonderes Vorwissen und keine Einarbeitungszeit notwendig		
16	- einfache Sortierung und Visualisierung der Aufgaben schafft Ordnung		
17	- klare Struktur für die Vorgehensweise bei der Erledigung der Aufgaben		
18	- wichtige, aber nicht dringende Aufgabe bleiben im Fokus		

Lösung Aufgabe 10: Lieferantenkontrolle

Lösungsdatei: **Aufgabe 10 (Lösung)**

Lösungsansicht:

DIGITAL+

Jahresübersicht

Bestell-datum	geplantes Lieferdatum	tatsächliches Lieferdatum	Kalender-woche	Abweichung in Tagen	Lieferant	Lieferantenname	Rechnungs-betrag	Rechnungs-datum	Fälligkeit mit Skonto	Fälligkeit ohne Skonto	Überweisungs-datum	Überweisungs-betrag	Abweichung in Tagen	Verzugs-zinsen
03. Jan	09. Jan	11. Jan	2	2	L 10151	Sattelfest OHG	1.335,62 €	11. Jan	Kein Skonto!	18. Jan	24. Jan	1.335,62 €	6	1,81 €
20. Jan	02. Feb	12. Feb	6	10	L 10149	Move GmbH & Co KG	26,23 €	12. Feb	22. Feb	04. Mrz	24. Feb	25,44 €	2	0,01 €
29. Jan	13. Feb	13. Feb	6	0	L 10125	Zweirad Solak	4.368,00 €	13. Feb	05. Mrz	19. Apr	02. Mrz	4.236,96 €	-3	-
17. Feb	06. Mrz	26. Mrz	12	20	L 10122	Radmanufaktur	6.545,23 €	28. Mrz	17. Apr	27. Apr	25. Apr	6.545,23 €	-2	-
01. Mrz	16. Mrz	16. Mrz	11	0	L 10129	Rad123 e. K.	2.345,12 €	16. Mrz	05. Apr	30. Apr	28. Mai	2.345,12 €	28	14,81 €
29. Mrz	11. Apr	13. Apr	15	2	L 10133	Bergetappe KG	623,78 €	13. Apr	23. Apr	13. Mai	24. Apr	605,07 €	1	0,14 €
19. Apr	07. Mai	10. Mai	19	3	L 10150	Zweirad-Center Stadler	791,23 €	10. Mai	20. Mai	24. Jun	18. Mai	767,49 €	-2	-
02. Mai	15. Mai	15. Mai	19	0	L 10137	Radfieber KG	2.523,28 €	15. Mai	25. Mai	29. Jun	25. Mai	2.447,58 €	0	-
31. Mai	13. Jun	13. Jun	23	0	L 10122	Radmanufaktur	993,23 €	15. Jun	05. Jul	15. Jul	05. Jul	963,43 €	0	-
13. Jun	27. Jun	28. Jun	26	1	L 10124	Rad Weber	1.485,54 €	28. Jun	05. Jul	18. Jul	17. Jul	1.485,54 €	-1	-
29. Jun	16. Jul	16. Jul	28	0	L 10128	Tretwerk KG	698,42 €	16. Jul	26. Jul	15. Aug	26. Jul	677,47 €	0	-
03. Jul	18. Jul	18. Jul	28	0	L 10144	Fahrradhaus Schlüter	1.043,00 €	20. Jul	03. Aug	19. Aug	01. Aug	1.011,71 €	-2	-
18. Jul	01. Aug	01. Aug	30	0	L 10135	Radsport Paals	827,60 €	01. Aug	15. Aug	31. Aug	15. Aug	802,77 €	0	-
30. Jul	03. Aug	12. Aug	32	9	L 10148	AGV-Versandhandel	520,25 €	12. Aug	Kein Skonto!	11. Sep	17. Okt	520,25 €	36	4,22 €
03. Aug	17. Aug	20. Aug	33	3	L 10139	Sattelfest-Rad	23,00 €	22. Aug	Kein Skonto!	21. Sep	19. Sep	23,00 €	-2	-
07. Aug	21. Aug	21. Aug	33	0	L 10144	Fahrradhaus Schlüter	230,13 €	23. Aug	06. Sep	22. Sep	28. Sep	230,13 €	6	0,31 €
16. Aug	03. Sep	03. Sep	35	0	L 10125	Zweirad Solak	1.248,00 €	03. Sep	23. Sep	07. Nov	21. Sep	1.210,56 €	-2	-
04. Sep	18. Sep	17. Sep	37	-1	L 10125	Zweirad Solak	1.679,56 €	17. Sep	07. Okt	21. Nov	05. Okt	1.629,17 €	-2	-
06. Sep	20. Sep	22. Sep	38	2	L 10121	Fahrrad XXL	456,12 €	22. Sep	02. Okt	22. Okt	01. Okt	442,44 €	-1	-
10. Sep	24. Sep	24. Sep	38	0	L 10125	Zweirad Solak	789,32 €	24. Sep	14. Okt	28. Nov	14. Dez	789,32 €	16	2,85 €
12. Sep	14. Sep	24. Sep	38	10	L 10122	Radmanufaktur	4.560,78 €	26. Sep	16. Okt	26. Okt	16. Okt	4.423,96 €	0	-
27. Sep	12. Okt	12. Okt	41	0	L 10150	Zweirad-Center Stadler	318,12 €	12. Okt	22. Okt	26. Nov	22. Okt	308,58 €	0	-
02. Okt	16. Okt	16. Okt	41	0	L 10131	Rad & Tat OHG	1.212,86 €	16. Okt	30. Okt	05. Nov	29. Okt	1.176,47 €	-1	-
29. Okt	31. Okt	14. Nov	45	14	L 10124	Rad Weber	3.391,86 €	14. Nov	21. Nov	04. Dez	21. Nov	3.290,10 €	0	-
09. Nov	21. Nov	21. Nov	46	0	L 10135	Radsport Paals	2.076,34 €	21. Nov	05. Dez	21. Dez	07. Dez	2.014,05 €	2	0,94 €
21. Nov	07. Dez	07. Dez	49	0	L 10134	RadFreund GmbH	224,50 €	07. Dez	27. Dez	05. Feb	27. Dez	217,77 €	0	-
12. Dez	29. Dez	29. Dez	52	0	L 10146	2Rad Thissen	2.323,23 €	29. Dez	05. Jan	28. Jan	04. Jan	2.253,53 €	-1	-

Basiszinssatz in %	Verzugszinssatz für Handelsgeschäfte in %
-0,88	8,12

Auswertung: Lieferungen		
durchschnittliche Abweichung in Tagen:	2,78	
größte Abweichung:	20	**Anteil in %**
Anzahl der Lieferungen, die vor gepl. Lieferdatum eingetroffen sind:	1	3,70%
Anzahl der Lieferungen, die pünktlich eingetroffen sind:	15	55,56%
Anzahl der Lieferungen, die zu spät eingetroffen sind:	11	40,74%

Auswertung: Zahlungen		
durchschnittliche Abweichung in Tagen:	2,89	
größte Abweichung:	36	**Anteil in %**
Anzahl der Überweisungen, die vor Fälligkeit getätigt wurden:	11	40,74%
Anzahl der Überweisungen, die pünktlich getätigt wurden:	8	29,63%
Anzahl der Überweisungen, die erst nach Fälligkeit getätigt wurden:	8	29,63%

Lösung Aufgabe 11: Preisentwicklung

Lösungsdatei: **Aufgabe 11 (Lösung)**

Lösungsansicht:

DIGITAL+

	A	B	C	D	E	F	G	H
3	**Zahlen, Daten und Fakten zum deutschen Fahrradmarkt des vergangenen Jahres**							
4								
5	**Anteil der Modellgruppen am Gesamtmarkt**							
6	32%	Cityräder						
7	18%	Mountainbikes						
8	12%	Trekkingräder						
9	8%	Kinder- und Jugendräder						
10	18%	E-Bikes						
11	12%	Sonstige (Lastenräder, Liegeräder, Singlespeed)						
12	100%							
13								
14	**Monat**	**Ø Monatsabsatz der Modellgruppen in Stück**						**Gesamtabsatz in Stück**
15		**Cityräder**	**Mountainbikes**	**Trekkingräder**	**Kinderräder etc.**	**E-Bikes**	**Sonstige**	
16	Januar	53.196	24.125	12.194	24.019	4.548	8.993	127.075
17	Februar	92.743	20.518	14.754	21.584	4.281	7.109	160.989
18	März	155.593	28.320	18.459	39.451	7.363	16.673	265.859
19	April	196.056	51.889	27.589	40.458	8.173	19.593	343.758
20	Mai	255.547	96.534	36.895	55.687	20.515	29.482	494.660
21	Juni	321.785	101.771	48.545	69.854	25.287	33.556	600.798
22	Juli	302.428	91.416	42.512	44.658	19.629	36.445	537.088
23	August	219.773	83.267	36.088	42.956	17.757	29.640	429.481
24	September	180.714	50.708	27.559	30.512	11.314	16.222	317.029
25	Oktober	107.535	23.031	20.045	19.854	5.986	11.666	188.117
26	November	97.071	20.062	11.885	20.958	4.972	9.333	164.281
27	Dezember	262.112	66.835	25.689	41.548	11.298	15.594	423.076
28								4.052.211
29								
30	**Monat**	**Ø Monatsumsatz der Modellgruppen in €**						**Gesamtumsatz in €**
31		**Cityräder**	**Mountainbikes**	**Trekkingräder**	**Kinderräder etc.**	**E-Bikes**	**Sonstige**	
32	Januar	26.043.972	14.649.734	9.766.489	6.510.993	14.649.734	9.766.489	81.387.412
33	Februar	23.927.944	13.459.468	8.972.979	5.981.986	13.459.468	8.972.979	74.774.825
34	März	38.205.911	21.490.825	14.327.217	9.551.478	21.490.825	14.327.217	119.393.473
35	April	51.724.650	29.095.116	19.396.744	12.931.163	29.095.116	19.396.744	161.639.533
36	Mai	110.026.279	61.889.782	41.259.854	27.506.570	61.889.782	41.259.854	343.832.120
37	Juni	153.611.860	86.406.671	57.604.447	38.402.965	86.406.671	57.604.447	480.037.062
38	Juli	118.793.488	66.821.337	44.547.558	29.698.372	66.821.337	44.547.558	371.229.650
39	August	111.013.139	62.444.891	41.629.927	27.753.285	62.444.891	41.629.927	346.916.060
40	September	62.596.744	35.210.668	23.473.779	15.649.186	35.210.668	23.473.779	195.614.825
41	Oktober	35.747.558	20.108.001	13.405.334	8.936.889	20.108.001	13.405.334	111.711.119
42	November	28.423.116	15.988.003	10.658.668	7.105.779	15.988.003	10.658.668	88.822.237
43	Dezember	73.382.270	41.277.527	27.518.351	18.345.567	41.277.527	27.518.351	229.319.593
44								2.604.677.908

	A	B	C	D	E	F	G
45							
46	**Monat**	**Ø Monatspreis der Modellgruppen in €**					
47		**Cityräder**	**Mountainbikes**	**Trekkingräder**	**Kinderräder etc.**	**E-Bikes**	**Sonstige**
48	Januar	489,59	607,24	800,93	271,08	3.221,14	1.086,01
49	Februar	258,00	655,98	608,17	277,15	3.144,00	1.262,20
50	März	245,55	758,86	776,16	242,11	2.918,76	859,31
51	April	263,83	560,72	703,06	319,62	3.559,91	989,98
52	Mai	430,55	641,12	1.118,30	493,95	3.016,81	1.399,49
53	Juni	477,37	849,03	1.186,62	549,76	3.417,04	1.716,67
54	Juli	392,80	730,96	1.047,88	665,02	3.404,22	1.222,32
55	August	505,13	749,94	1.153,57	646,09	3.516,64	1.404,52
56	September	346,39	694,38	851,76	512,89	3.112,13	1.447,03
57	Oktober	332,43	873,08	668,76	450,13	3.359,17	1.149,09
58	November	292,81	796,93	896,82	339,05	3.215,61	1.142,04
59	Dezember	279,97	617,60	1.071,21	441,55	3.653,53	1.764,68
60							
61	niedrigster Preis (in €)	245,55	560,72	608,17	242,11	2.918,76	859,31
62	höchster Preis (in €)	505,13	873,08	1.186,62	665,02	3.653,53	1.764,68
63	Differenz (in €)	259,58	312,37	578,45	422,91	734,77	905,37

Die durchschnittliche Verkaufspreise von Trekkingrädern sind nicht konstant. In den Wintermonaten (ausgenommen der Weihnachtsmonat Dezember) sind die Trekkingräder bis zu 578 € günstiger als zur Hochsaison (Mai bis August). Daher wäre es für die Radmarkt Reif KG sinnvoll, neue Trekkingräder in der Nebensaison zu kaufen.

DIGITAL+

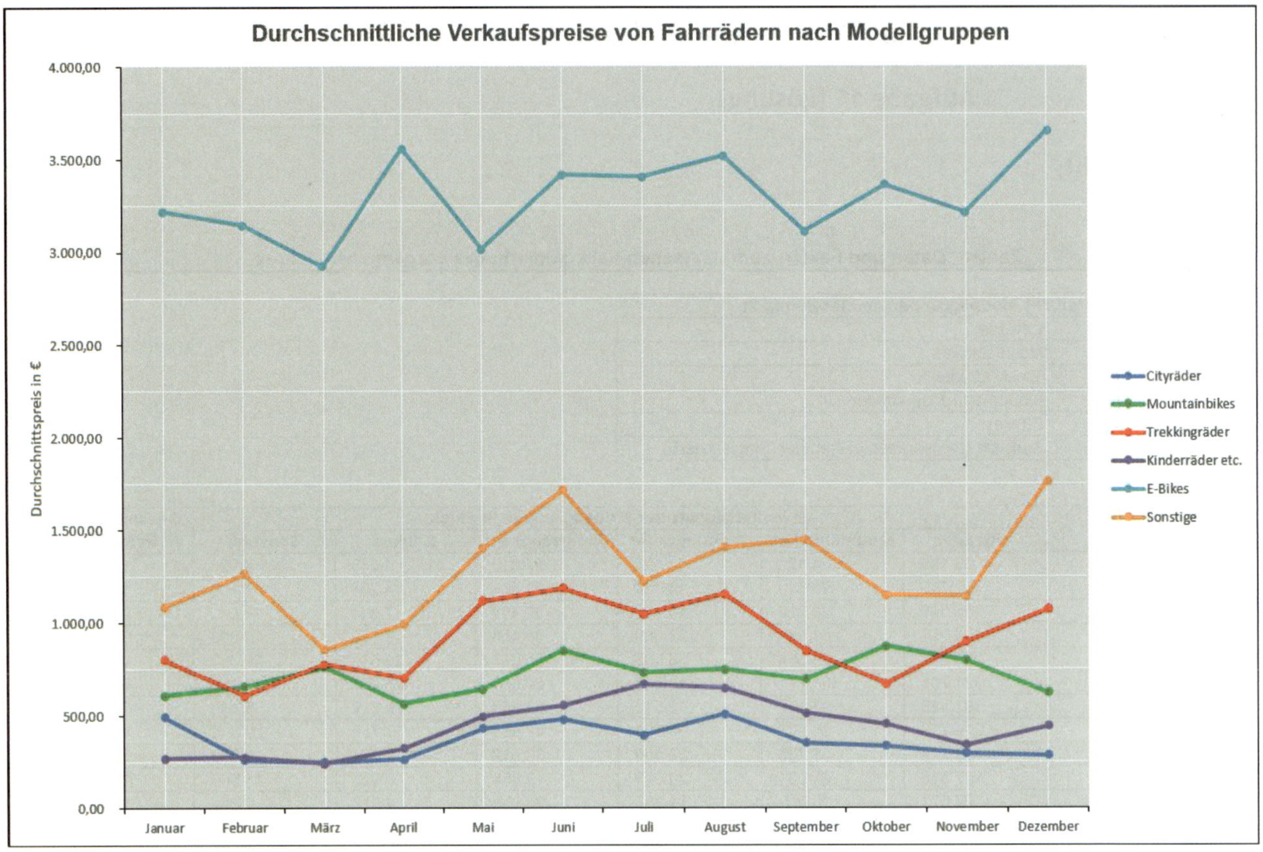
Durchschnittliche Verkaufspreise von Fahrrädern nach Modellgruppen
4.000,00
3.500,00
3.000,00
2.500,00
2.000,00
1.500,00
1.000,00
500,00
0,00
Durchschnittspreis in €
Januar
Februar
März
April
Mai
Juni
Juli
August
September
Oktober
November
Dezember
Cityräder
Mountainbikes
Trekkingräder
Kinderräder etc.
E-Bikes
Sonstige

Lösung Aufgabe 12: Bestellpunktverfahren

Lösungsdatei: **Aufgabe 12 (Lösung)**

Lösungsansicht:

Höchstbestand	120
Tagesverbrauch	8
Sicherheitsreserve in Tagen	3
Lieferzeit in Tagen	4

Mindestbestand	24
Meldebestand	56

Tage	Abgänge	Zugänge	Lagerbestand	Mindestbestand	Meldebestand	Höchstbestand
1			96	24	56	120
2	8		88	24	56	120
3	8		80	24	56	120
4	8		72	24	56	120
5	8		64	24	56	120
6	8		56	24	56	120
7	8		48	24	56	120
8	8		40	24	56	120
9	8		32	24	56	120
10	8		24	24	56	120
10		96	120	24	56	120
11	8		112	24	56	120
12	8		104	24	56	120
13	8		96	24	56	120
14	8		88	24	56	120
15	8		80	24	56	120
16	8		72	24	56	120
17	8		64	24	56	120
18	8		56	24	56	120
20	8		48	24	56	120
21	8		40	24	56	120
22	8		32	24	56	120
23	8		24	24	56	120
23		96	120	24	56	120
25	8		112	24	56	120
26	8		104	24	56	120
27	8		96	24	56	120
28	8		88	24	56	120
29	8		80	24	56	120
30	8		72	24	56	120
31	8		64	24	56	120
32	8		56	24	56	120

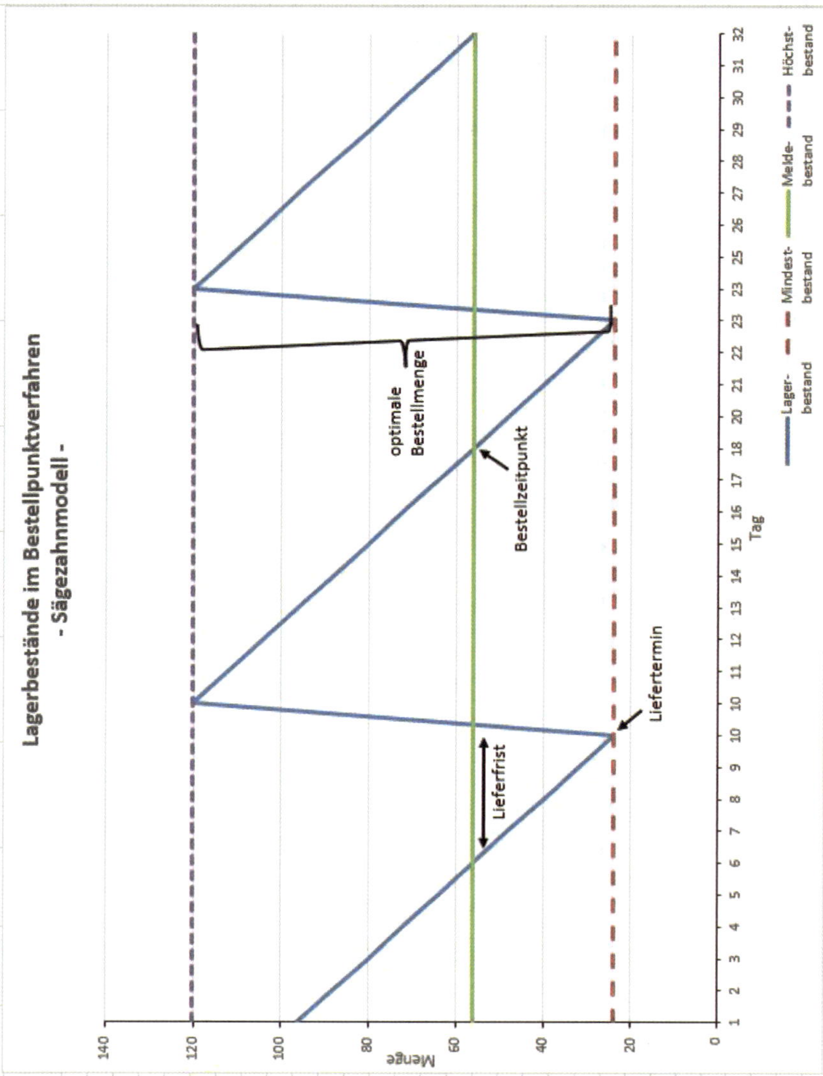

Lösung Aufgabe 13: Nutzwertanalyse

Lösungsdatei: **Aufgabe 13 (Lösung)**

Lösungsansicht:

DIGITAL+

	A	B	C	D	E	F
5	**Kalkulation**			Eingabefelder		
6						
7			**Conrad Systems GmbH**		**Dr. Bechert GmbH & Co. KG**	
8			**Eingabe**	**Ausgabe**	**Eingabe**	**Ausgabe**
9	**Listeneinkaufspreis**		79.490,00 €		88.500,00 €	
10	**- Lieferrabatt**		5%	3.974,50 €	10%	8.850,00 €
11	**= Zieleinkaufspreis**			75.515,50 €		79.650,00 €
12	**- Liefererskonto**		2%	1.510,31 €	3%	2.389,50 €
13	**= Bareinkaufspreis**			74.005,19 €		77.260,50 €
14	**+ Bezugskosten**		1.250,00 €		850,00 €	
15	**= Bezugspreis (Einstandspreis)**			**75.255,19 €**		**78.110,50 €**
16						
17	**Nutzwertanalyse**					
18						
19			**Conrad Systems GmbH**		**Dr. Bechert GmbH & Co. KG**	
20	**Entscheidungskriterien**	**Gewichtung in Prozent**	**Punkte (0 - 10)**	**Gewichtete Punkte**	**Punkte (0 - 10)**	**Gewichtete Punkte**
21	**Preis**	35	6	2,10	4	1,40
22	**Produktqualität**	30	8	2,40	9	2,70
23	**Service/Kundendienst**	15	6	0,90	9	1,35
24	**Zuverlässigkeit**	10	7	0,70	7	0,70
25	**Lieferbedingungen**	5	3	0,15	5	0,25
26	**Zahlungsbedingungen**	5	3	0,15	5	0,25
27	**Summe**	100		**6,40**		**6,65**
28						

In der Gesamtsicht ist das Angebot der Dr. Bechert GmbH & Co. KG vorzuziehen. Zwar ist der Bezugspreis geringfügig höher, aber hinsichtlich der ebenfalls sehr wichtigen Entscheidungskriterien Produktqualität und Service/Kundendienst bietet das Angebot der Dr. Bechert GmbH & Co. KG deutliche Vorteile, die den etwas teureren Preis mehr als aufwiegen.

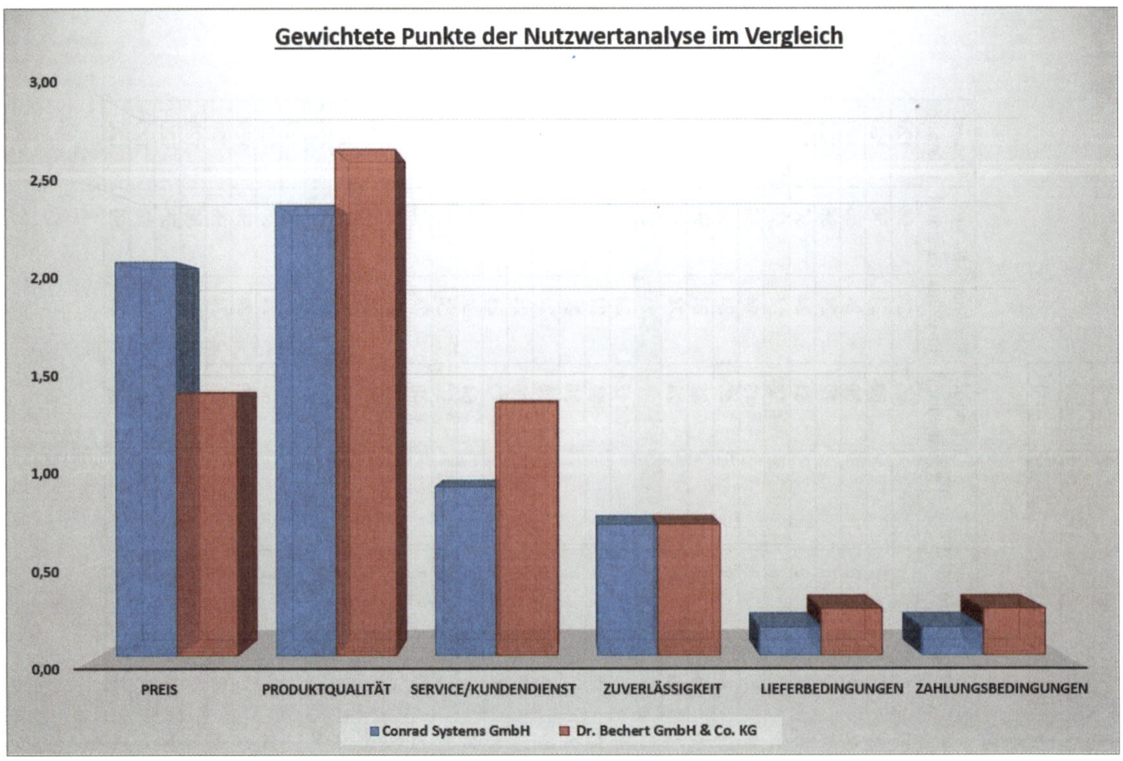

Lösung Aufgabe 14: Angebotsvergleich I

Lösungsdatei: **Aufgabe 14 (Lösung)**

Lösungsansicht:

DIGITAL+

5	Geplante Bestellmenge:	20			
6					
7		**Angebot SEATAN GmbH**		**Angebot BÜMO GmbH & Co. KG**	
8	Stückpreis		416,00 €		429,00 €
9	Rabatt bei Abnahme von mind.	20 Stück	12,50%	15 Stück	15,00%
10	Skonto bei Zahlung innerhalb von	8 Tagen	2,50%		3,00%
11	Bezugskosten je Stück		2,25 €		1,85 €
12	zusätzliche Lieferkosten	bis 40 Stück	55,50 €	bis 35 Stück	47,50 €
13					
14	Bezugskalkulation	**Angebot SEATAN GmbH**		**Angebot BÜMO GmbH & Co. KG**	
15			**in EUR**		**in EUR**
16	Listeneinkaufspreis (LEP)		8.320,00		8.580,00
17	- Rabatt	12,5%	1.040,00	15,0%	1.287,00
18	= Zieleinkaufspreis (ZEP)		7.280,00		7.293,00
19	- Skonto	2,5%	182,00	3,0%	218,79
20	= Bareinkaufspreis		7.098,00		7.074,21
21	+ Bezugskosten		100,50		84,50
22	= Bezugspreis (Einstandspreis)		7.198,50		7.158,71
23					
24	**Bezugspreis pro Stück**		359,93		357,94

Das Angebot der BÜMO GmbH & Co. KG ist etwas günstiger. Würde der Rabatt der BÜMO GmbH & Co. KG allerdings um nur 1 % auf 14 % sinken, wäre das Angebot der SEATAN GmbH günstiger.

Generell spielen qualitative Kriterien beim Angebotsvergleich eine große Rolle. Wenn die Differenz zwischen den Bezugspreisen so gering ist wie hier, gilt dies in besonderem Maße. Zu den qualitativen Kriterien gehören z. B. die Zuverlässigkeit des Lieferanten, Termintreue, Service/Kundendienst, Standortnähe, Umweltfreundlichkeit der Materialien und nicht zuletzt die Qualität der angebotenen Güter.

Lösung Aufgabe 15: ABC-Analyse I

Lösungsdatei: **Aufgabe 15 (Lösung)**

Lösungsansicht:

DIGITAL+

	A	B	C	D	E
5	**Kategorie**	**Mindestanteil am Gesamteinkaufswert**			
6	A	10%			
7	B	5%			
8	C	alle übrigen			
9					
10	**Lieferanten-Nr.**	**Lieferant**	**Einkaufswert**	**Anteil am Gesamteinkaufswert**	**ABC-Analyse**
11	44101	Alpina Velo GmbH	99.230,25 €	20,48%	A
12	44104	RADioACTIV GmbH	99.172,82 €	20,47%	A
13	44201	Conti AG	97.049,71 €	20,03%	A
14	44102	Safetyride Ltd.	60.518,22 €	12,49%	A
15	44301	Neumann & Söhne OHG	40.741,82 €	8,41%	B
16	44305	R & S GmbH	33.074,03 €	6,83%	B
17	44202	Zweiradtechnik GmbH	28.157,39 €	5,81%	B
18	44304	HEHA Radzubehör GmbH	18.445,52 €	3,81%	C
19	44307	FST & Partner KG	4.078,99 €	0,84%	C
20	44302	Velo Fun KG	3.977,04 €	0,82%	C
21	Gesamt		484.445,79 €	100,00%	
22					
23	**Kategorie**	**Anteil am Gesamteinkaufswert**	**Anzahl der Lieferanten**		
24	A	73,48%	4		
25	B	21,05%	3		
26	C	5,47%	3		

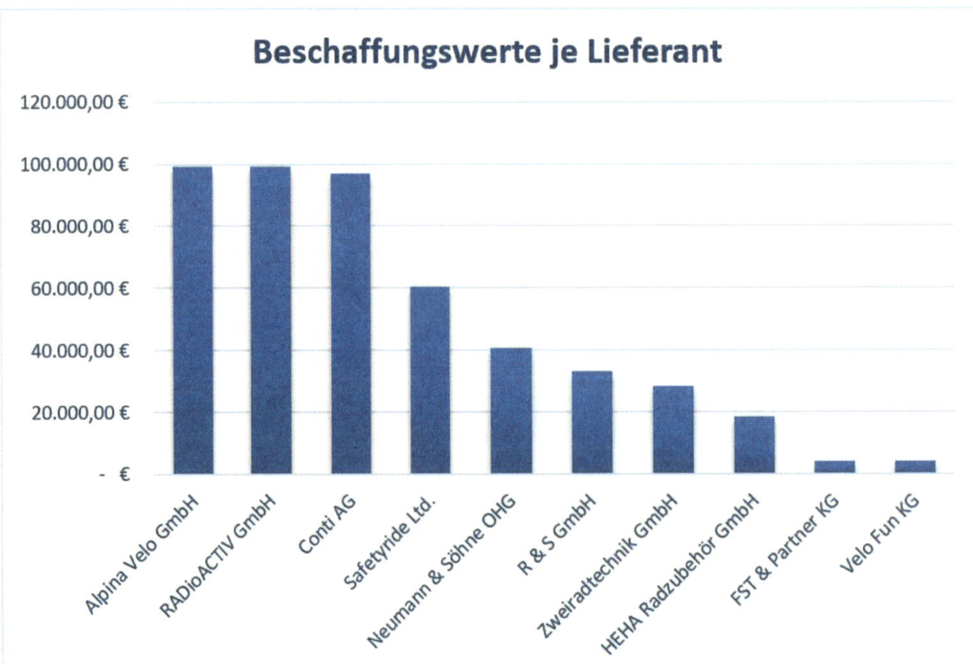

Lösung Aufgabe 16: Artikeldatei

Lösungsdatei: **Aufgabe 16 (Lösung)**

Lösungsansicht:

	A	B	C	D	E	F	G	H	I
5	Artikel-N	Gattung	Artikelname	Verkaufspreis (nett	Verkaufspreis (brutt	Meldebestar	Lagerbestar	Lieferanten-N	Wiederbeschaffu
6	16045	Büromaterial	Bleistiftspitzer	1,67 €	1,99 €	20	23	4089	Auf Lager
7	11001	Büromaterial	Korrekturroller - 2er Set	1,67 €	1,99 €	9	15	5161	Auf Lager
8	16754	Büromaterial	Radiergummi	2,51 €	2,99 €	15	18	4089	Auf Lager
9	15079	Büromaterial	Textmarker 4er Etui	2,51 €	2,99 €	7	10	5137	Auf Lager
10	11012	Büromaterial	Haftnotizen Klebezettel	3,32 €	3,95 €	20	18	5161	Bestellung!!!
11	12104	Büromaterial	Pigment Liner	4,16 €	4,95 €	8	6	5234	Bestellung!!!
12	16471	Büromaterial	Dosenspitzer	4,19 €	4,99 €	15	17	4089	Auf Lager
13	12413	Büromaterial	Faserschreiber	5,84 €	6,95 €	5	7	5897	Auf Lager
14	12409	Büromaterial	Kugelschreiber	5,84 €	6,95 €	5	10	5344	Auf Lager
15	14982	Büromaterial	Whiteboard Marker	6,68 €	7,95 €	3	2	6157	Bestellung!!!
16	14358	Büromaterial	Textmarker 8er Set	7,52 €	8,95 €	4	5	6157	Auf Lager
17	15070	Büromaterial	OHP-Marker 5er Set	8,39 €	9,98 €	8	10	5735	Auf Lager
18	11895	Büromaterial	Fineliner 25er Etui	10,88 €	12,95 €	9	10	5233	Auf Lager
19	12411	Büromaterial	Füllfederhalter	16,76 €	19,95 €	5	9	5672	Auf Lager
20	11483	Büromaterial	Post-it Organizer	16,76 €	19,95 €	20	24	5161	Auf Lager
35	71685	Büromöbel	Telefonarm	41,97 €	49,95 €	3	4	9456	Auf Lager
36	87598	Büromöbel	Besucherstuhl	75,59 €	89,95 €	3	5	9238	Auf Lager
37	71345	Büromöbel	Rollcontainer	83,99 €	99,95 €	2	3	8346	Auf Lager
38	69910	Büromöbel	Aktenvernichter	117,61 €	139,95 €	3	2	7389	Bestellung!!!
39	86543	Büromöbel	Bürostuhl	210,04 €	249,95 €	3	5	9238	Auf Lager
40	74583	Büromöbel	Hängeregisterschrank	248,70 €	295,95 €	2	3	8346	Auf Lager
41	94537	Büromöbel	Schreibtisch	332,73 €	395,95 €	2	3	9877	Auf Lager
42	98426	Büromöbel	Konferenztisch	416,76 €	495,95 €	2	3	9877	Auf Lager
43									
44	%-Anteil aller Artikel mit Meldebestand mind. 10 Stück: 27,03%								

In der Spalte I erfolgt über die WENN-Funktion ein Abgleich von Lagerbestand und Meldebestand. Ist der Lagerbestand größer als der Meldebestand erfolgt die Meldung „Auf Lager“, ist er kleiner oder gleich dem Meldebestand erscheint der Hinweis „Bestellung!!!“.

Der Meldebestand berechnet sich wie folgt:

Meldebestand = (Tagesverbrauch · Lieferzeit) + Mindestbestand

Wird der Meldebestand erreicht, wird eine Bestellung ausgelöst. Der Mindestbestand (auch „Eiserner Bestand“ oder Sicherheitsbestand genannt) ist der Bestand, der nur im Notfall unterschritten werden darf.

DIGITAL+

Lösung Aufgabe 17: Handelsspanne

Lösungsdatei: **Aufgabe 17 (Lösung)**

Lösungsansicht:

DIGITAL+

	A	B	C	D	E	F
5		**Produkt**	**Einkaufspreis (netto)**	**Verkaufspreis (netto)**	**Handelsspanne**	**Verkaufspreis (brutto)**
6						
7	**Parfüms**	Beauty Woman	23,50 €	37,80 €	38%	44,98 €
8		Bottled Homme	22,99 €	33,60 €	32%	39,98 €
9		Classique femme	6,90 €	11,75 €	41%	13,98 €
10		Desire	29,99 €	47,05 €	36%	55,99 €
11		Ladylike	21,50 €	33,60 €	36%	39,98 €
12		Obsession	24,90 €	37,80 €	34%	44,98 €
13		One unisex	20,00 €	27,72 €	28%	32,99 €
14		Parfum de France	7,95 €	16,80 €	53%	19,99 €
15	Durchschnitt		19,72 €	30,77 €	37%	36,61 €
16						

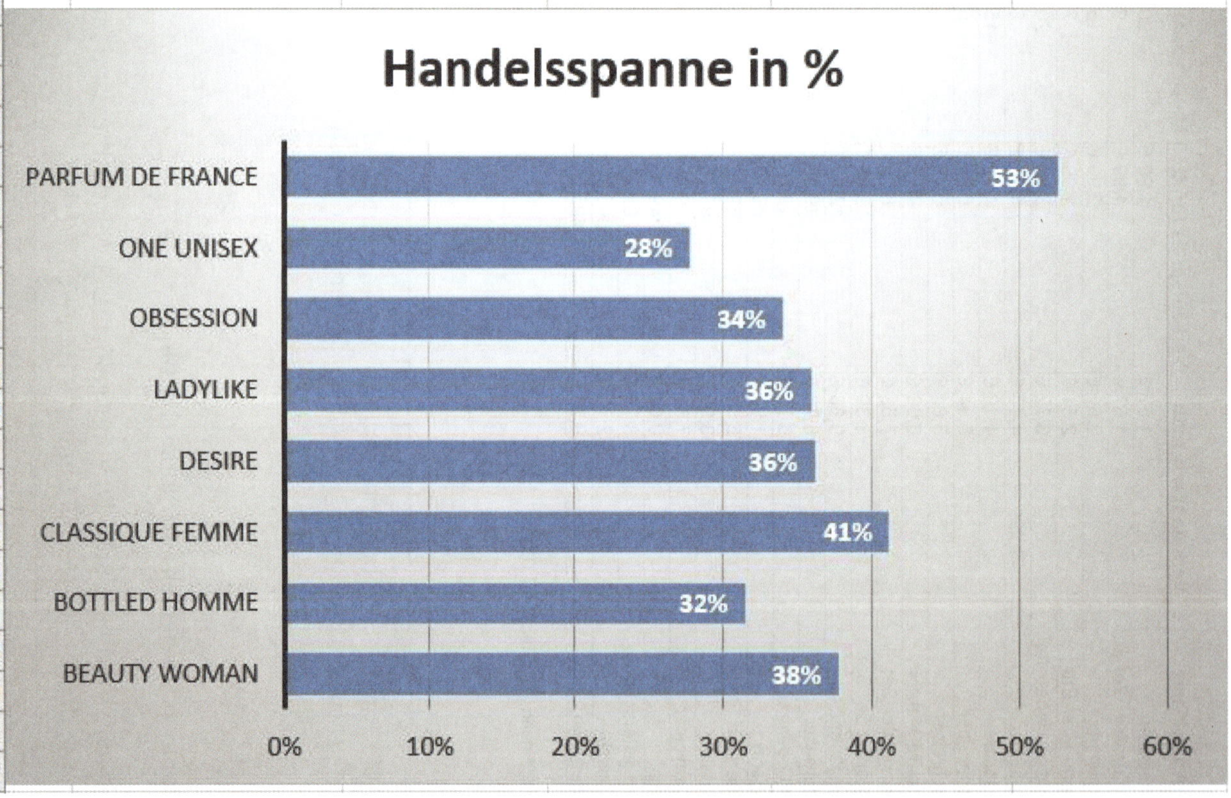

Während beim „Parfum de France" die Handelsspanne im Verhältnis zum Durchschnittswert von 37 % mit 53 % außerordentlich hoch liegt, zeigt sich bei dem Parfum „One unisex" mit 28 % ein deutlich unterdurchschnittlicher Wert.

Lösung Aufgabe 18: Veranstaltungen

Lösungsdatei: **Aufgabe 18 (Lösung)**

Lösungsansicht:

	A	B	C	D	E	F	G
5/6			**Preis pro Karte in EUR**	**Karten gesamt**	**Verkaufte Karten**	**Freie Plätze**	**Umsatz in EUR**
7	**Montag**	*Klavierkonzert Nr.5 in Es-Dur*	45,00	1.500	945	555	42.525,00
8	**Dienstag**	*Sopranistin Henriette Kelch*	35,00	1.500	654	846	22.890,00
9	**Mittwoch**	*A tribute to George Gershwin*	40,00	2.500	2.500	0	100.000,00
10	**Donnerstag**	*Big Band "Swing time"*	45,00	2.000	1.879	121	84.555,00
11	**Freitag**	*Musical "Cats"*	65,00	2.500	2.176	324	141.440,00
12	**Samstag**	*Musical "Cats"*	65,00	2.500	2.370	130	154.050,00
13	**Sonntag**	*Jazztime*	25,00	1.500	1.341	159	33.525,00
14							
15	**Summen**			**14.000**	**11.865**	**2.135**	**578.985,00**

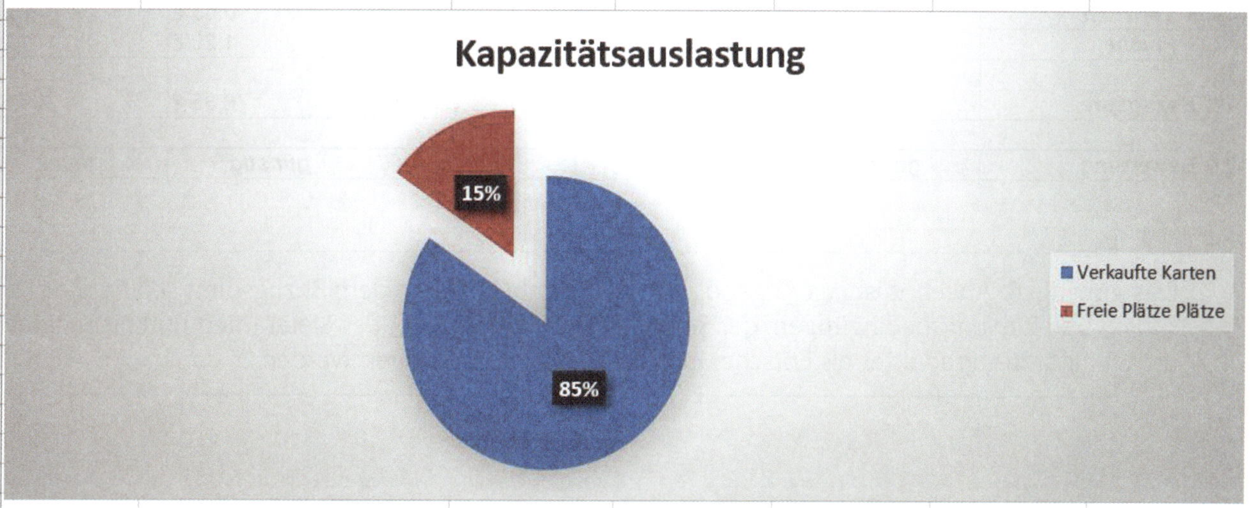

Die Kapazitätsauslastung dieser Woche liegt über den geforderten 80 %. Die wirtschaftliche Rentabilität ist somit gewährleistet. Es fällt jedoch auf, dass die Kapazitätsauslastung an den Wochentagen Montag und Dienstag deutlich abfällt.

Lösung Aufgabe 19: Angebotsvergleich II

Lösungsdatei: **Aufgabe 19 (Lösung)**

Lösungsansicht:

DIGITAL+

	A	B	C	D	E	F
5	***Angebote***	***MGS GmbH***	***VMR-Tech GmbH***	***Rad-Held OHG***	***Spitzer & Co. KG***	***CLS AG***
6	***Listenpreis***	180,00 €	210,00 €	190,00 €	200,00 €	220,00 €
7	***Rabatt***	5,00%	0,00%	3,00%	10,00%	4,00%
8	***- Rabattbetrag***	9,00 €	0,00 €	5,70 €	20,00 €	8,80 €
9						
10	***Zieleinkaufspreis***	171,00 €	210,00 €	184,30 €	180,00 €	211,20 €
11	***Skonto***	2,00%	3,00%	3,00%	3,00%	2,00%
12	***- Skontobetrag***	3,42 €	6,30 €	5,53 €	5,40 €	4,22 €
13						
14	***Bareinkaufspreis***	167,58 €	203,70 €	178,77 €	174,60 €	206,98 €
15	***+ Anfuhr***	0,40 €	0,00 €	0,30 €	0,00 €	0,27 €
16	***+ Verladen***	0,75 €	0,65 €	0,45 €	0,55 €	0,65 €
17	***+ Fracht***	2,50 €	2,90 €	0,00 €	1,20 €	1,95 €
18						
19	***Bezugspreis***	171,23 €	207,25 €	179,52 €	176,35 €	209,85 €
20						
21	**Bewertung**	***günstig***	***teuer***	***günstig***	***günstig***	***teuer***
22						

Das günstigste Angebot ist das Angebot der MGS GmbH. Neben dem Bezugspreis sollten die Lieferungs- und Zahlungsbedingungen, der Service, die Zuverlässigkeit des Lieferanten und nicht zuletzt die Qualität des Produktes als Entscheidungskriterien herangezogen werden.

Lösung Aufgabe 20: ABC-Analyse II

Lösungsdatei: **Aufgabe 20 (Lösung)**

Lösungsansicht:

	A	B	C	D	E	F	G	H	I
5	Art.Nr.	EK-Preis	Bestellmenge pro Jahr	Anzahl der Best. pro Jahr	Wert pro Bestellung	Wert insges.	% vom Gesamtwert	kumulierte %-Anteile	Gruppe A/B/C
6	39013	58,90 €	58.000	8	427.025,00 €	3.416.200,00 €	37,8	37,8	A
7	39015	34,50 €	61.500	12	176.812,50 €	2.121.750,00 €	23,5	61,3	A
8	39017	19,90 €	50.400	6	167.160,00 €	1.002.960,00 €	11,1	72,4	A
9	39012	17,90 €	38.000	16	42.512,50 €	680.200,00 €	7,5	79,9	A
10	39021	17,95 €	28.900	16	32.422,19 €	518.755,00 €	5,7	85,7	B
11	39016	12,50 €	28.000	14	25.000,00 €	350.000,00 €	3,9	89,5	B
12	39018	4,20 €	72.000	24	12.600,00 €	302.400,00 €	3,3	92,9	B
13	39019	7,90 €	33.600	12	22.120,00 €	265.440,00 €	2,9	95,8	C
14	39020	1,25 €	184.000	24	9.583,33 €	230.000,00 €	2,5	98,4	C
15	39014	1,85 €	79.600	24	6.135,83 €	147.260,00 €	1,6	100,0	C
16	Summe:					9.034.965,00 €	100,0		

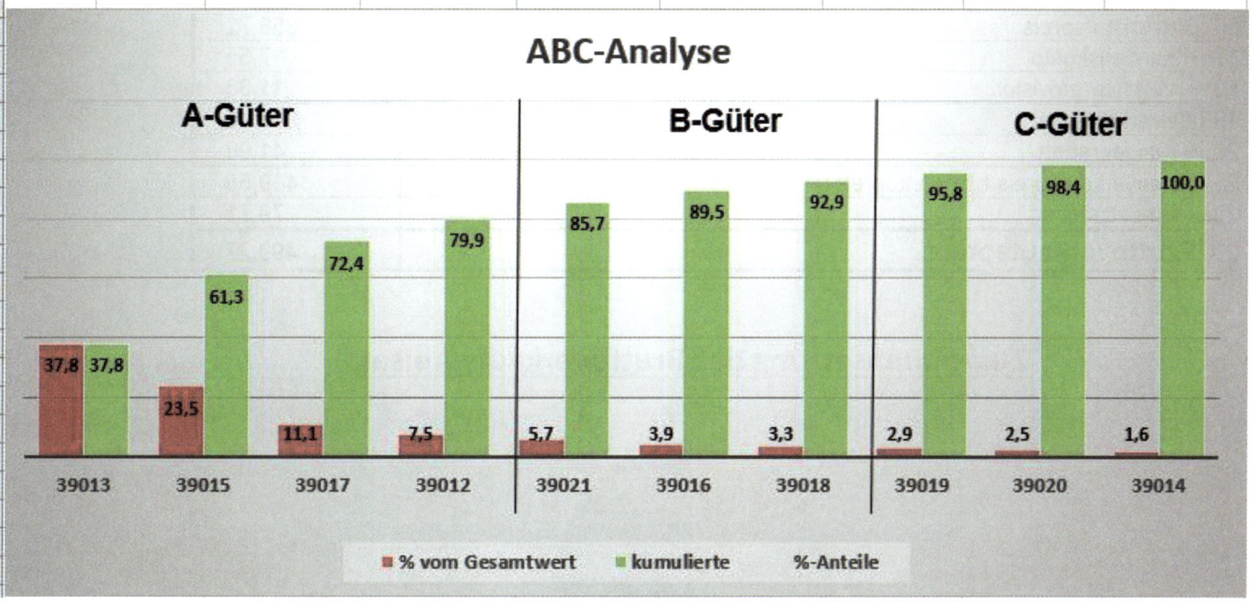

Aufgrund ihrer großen wirtschaftlichen Bedeutung wurden die A-Güter zum Teil wahrscheinlich schon bisher sorgfältig ausgewählt und eingehend geprüft. Durch große Bestellmengen können die Bestellkosten gesenkt werden. Dies fällt bei den A-Gütern durch ihren hohen Wertanteil insgesamt besonders ins Gewicht. Bei den Artikeln Nr. 39015 und 39012 ist hier ggf. noch Optimierungspotential. Zu beachten ist dennoch, dass große Bestellungen zwar die Bestellkosten senken, gleichzeitig aber ggf. auch höhere Lagerkosten in Kauf genommen werden müssen.

Für die C-Güter kann die Beschaffung durch langfristige Lieferverträge, selteneren Lieferantenvergleich und ggf. auch Abstrichen bei der Qualitätsprüfung vereinfacht werden. Problematisch könnte dabei sein, dass im Einzelfall auch C-Güter mit geringem Einkaufswert für die Qualität eines Fertigprodukts von großer Bedeutung sein können.

Lösung Aufgabe 21: Handelskalkulation

Lösungsdatei: **Aufgabe 21 (Lösung)**

Lösungsansicht:

DIGITAL+

	A	B	C	D
5	**Kalkulationsschema**	**Eingabe in Prozent**	**Eingabe in €**	**Betrag in €**
6	**Listeneinkaufspreis**			289,00
7	- Liefererrabatt	15%		43,35
8	Zieleinkaufspreis			245,65
9	- Liefererskonto	2%		4,91
10	Bareinkaufspreis			240,74
11	+ Bezugskosten		10,50	10,50
12	Bezugs- bzw. Einstandspreis			251,24
13	+ Handlungskosten	18%		45,22
14	Selbstkosten			296,46
15	+ Gewinn	21%		62,26
16	Barverkaufspreis			358,72
17	+ Kundenskonto	2%		7,55
18	+ Vertreterprovision	3%		11,33
19	Zielverkaufspreis			377,60
20	+ Kundenrabatt	10%		41,96
21	Listenverkaufspreis bzw Nettopreis			419,55
22	+ Umsatzsteuer	19%		79,71
23	**Bruttoverkaufspreis**			499,27

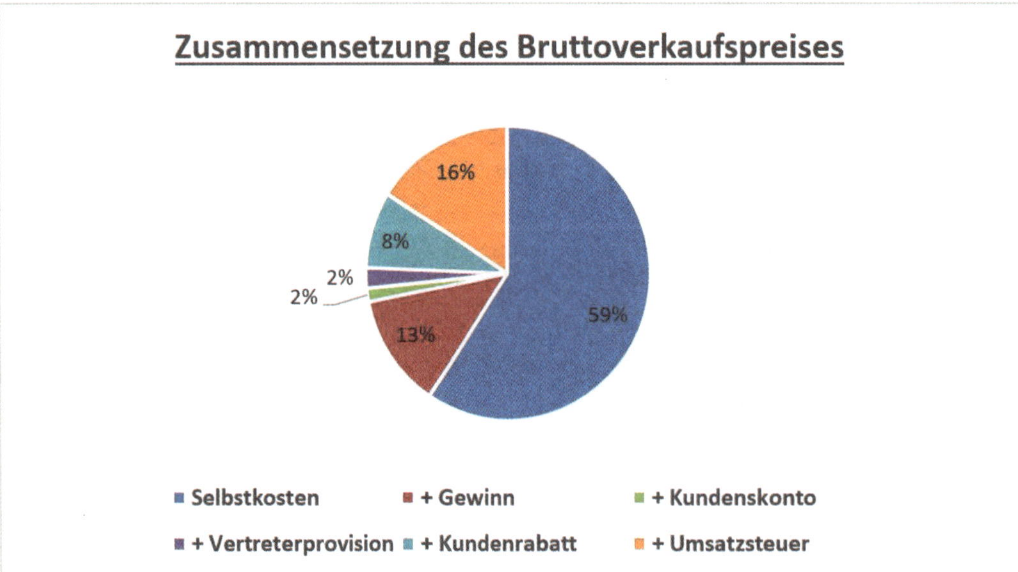

Zu den Handlungskosten zählen u. a. die Lagerkosten (Gehälter, Löhne, Lagerzinsen, Abschreibungen), die Verkaufskosten (Gehälter, Ausgangsfrachten, Werbekosten) und die allgemeinen Verwaltungskosten (Gehälter, Raumkosten).

Der Kundenskonto muss in einer Im-Hundert-Rechnung berücksichtigt werden, da der Kunde Skonto von „seinem" Zieleinkaufspreis (= Zielverkaufspreis in der Verkaufskalkulation) abzieht. Der Kundenrabatt muss wie der Kundenskonto ebenfalls in einer Im-Hundert-Rechnung berücksichtigt werden, da der Kunde den Kundenrabatt von seinem Listeneinkaufspreis (= Listenverkaufspreis des Verkäufers) berechnet. D. h. bei einem Rabatt von 10 % entspricht der Zielverkaufspreis 90 % und der Listenverkaufspreis 100 %

Lösung Aufgabe 22: Optimale Bestellmenge

Lösungsdatei: **Aufgabe 22 (Lösung)**

Lösungsansicht:

	A	B	C	D	E	F
5	Jährliche Beschaffungsmenge:		15.000			
6	Kosten je Bestellung:		30,00 €			
7	Lagerhaltungskostensatz:		6,5%			
8	EP je VE (bei < 5.000 VE):		6,50 €			
9	EP je VE (ab 5.000 VE):		6,40 €			
10	EP je VE (ab 10.000 VE):		6,30 €			
11						
12 13	**Bestell-häufigkeit**	**Bestellmenge VE**	**Durchschnittl. Lagerbestand in €**	**Lagerhaltungs-kosten pro Jahr in €**	**Bestellkosten pro Jahr in €**	**Beschaffungs-kosten pro Jahr in €**
14	**1**	15.000	47.250,00	3.071,25	30,00	3.101,25
15	**2**	7.500	24.000,00	1.560,00	60,00	1.620,00
16	**3**	5.000	16.000,00	1.040,00	90,00	1.130,00
17	**4**	3.750	12.187,50	792,19	120,00	912,19
18	**5**	3.000	9.750,00	633,75	150,00	783,75
19	**6**	2.500	8.125,00	528,13	180,00	708,13
20	**7**	2.143	6.964,29	452,68	210,00	662,68
21	**8**	1.875	6.093,75	396,09	240,00	636,09
22	**9**	1.667	5.416,67	352,08	270,00	622,08
23	**10**	1.500	4.875,00	316,88	300,00	616,88
24	**11**	1.364	4.431,82	288,07	330,00	618,07
25	**12**	1.250	4.062,50	264,06	360,00	624,06

Große Bestellmengen ermöglichen die Verwirklichung von Rabatten und damit günstigere Einstandspreise sowie niedrigere Bestellkosten, da seltener bestellt werden muss. Je häufiger bestellt wird, umso höher sind die Bestellkosten und umso niedriger die Lagerhaltungskosten. Bei einer geringeren Bestellhäufigkeit sind die Lagerhaltungskosten höher und die Bestellkosten niedriger. Die optimale Bestellmenge ist erreicht, wenn die Summe aus Bestell- und Lagerhaltungskosten am geringsten ist.

Die bisherige Praxis, den gesamten Jahresbedarf auf einmal zu bestellen, ist wirtschaftlich nicht vernünftig. Die günstigsten Beschaffungskosten (Summe aus Lagerhaltungskosten und Bestellkosten) ergeben sich im vorliegenden Fall bei 10 Bestellungen pro Jahr. Die optimale Bestellmenge beträgt also 1.500 Stück.

Lösung Aufgabe 23: Outsourcing

Lösungsdatei: **Aufgabe 23 (Lösung)**

Lösungsansicht:

	Vertriebs-zentren	Anzahl der Pakete	Kosten des eigenen Zustelldienstes	SCL Systems AG	KHM Logistics GmbH	Riedl & Partner KG	günstigste Versandkosten	preisgünstigste Lösung
5								
6	Augsburg	1.556.423	6.537.153,00 €	5.603.122,80 €	5.836.586,25 €	5.914.407,40 €	5.603.122,80 €	*SCL Systems AG*
7	Bonn	2.345.457	10.471.506,20 €	7.740.008,10 €	6.919.098,15 €	6.801.825,30 €	6.801.825,30 €	*Riedl & Partner KG*
8	Bremen	1.350.167	5.234.962,20 €	4.725.584,50 €	4.523.059,45 €	4.725.584,50 €	4.523.059,45 €	*KHM Logistics GmbH*
9	Halle	1.985.463	6.353.481,60 €	5.658.569,55 €	5.956.389,00 €	5.757.842,70 €	5.658.569,55 €	*SCL Systems AG*
10	Summe	7.237.510	28.597.103,00 €			Summe	22.586.577,10 €	
11						Einsparung in €	6.010.525,90 €	
12						Einsparung in %	21,0%	
13	Angebote der Logistikdienstleister für die einzelnen Vertriebsgebiete							
14								

	Vertriebs-zentren	Kosten je Paket		
15/16		SCL Systems AG	KHM Logistics GmbH	Riedl & Partner KG
17	Augsburg	3,60 €	3,75 €	3,80 €
18	Bonn	3,30 €	2,95 €	2,90 €
19	Bremen	3,50 €	3,35 €	3,50 €
20	Halle	2,85 €	3,00 €	2,90 €

Die Nutzung von externen Logistikdienstleistern bringt eine Kosteneinsparung von 21 %. Ein weiterer Vorteil des Outsourcing ist die größere Flexibilität beim Einsatz der Arbeitskräfte aufgrund der fehlenden Kündigungsfristen. Outsourcing führt zu einem Abbau von Personalkapazitäten und damit von Fixkosten und ermöglicht eine stärkere Konzentration auf das Kerngeschäft. Grundsätzlich mögliche Gefahren des Outsourcing liegen in dem Verlust von wertvollem Know-how oder in einer Abhängigkeit vom Outsourcing-Anbieter. Diese Gefahren sind jedoch beim Outsourcing der Zustellung eher nicht zu befürchten.

Lösung Aufgabe 24: Fehlzeitenstatistik

Lösungsdatei: **Aufgabe 24 (Lösung)**

Lösungsansicht:

	A	B	C	D	E	F	G
5	Abteilung	Belegschaft	Anteil an der Gesamtbelegschaft	ø Fehltage Summe pro Monat	ø monatl. Fehltage je Mitarbeiter	ø jährliche Fehltage je Mitarbeiter	Wertung
6	Personalabteilung	6	2,6%	3,9	0,7	7,8	normal
7	Buchhaltung	5	2,2%	3,5	0,7	8,4	normal
8	Finanzabteilung	4	1,7%	2,5	0,6	7,5	normal
9	Einkauf	14	6,0%	7,5	0,5	6,4	niedrig
10	Verkauf	15	6,5%	12,1	0,8	9,7	leicht erhöht
11	Marketing	6	2,6%	8,6	1,4	17,2	deutlich erhöht!!!
12	Außendienst	12	5,2%	23,7	2,0	23,7	deutlich erhöht!!!
13	Technik und Entwicklung	21	9,1%	5,4	0,3	3,1	niedrig
14	Produktion	149	64,2%	113,7	0,8	9,2	leicht erhöht
15	**Gesamt**	232	100,0%	180,9	0,8	9,4	leicht erhöht
16							
17	ø jährliche Fehltage je Mitarbeiter	Wertung					
18	0	niedrig					
19	7	normal					
20	9	leicht erhöht					
21	11	deutlich erhöht!!!					

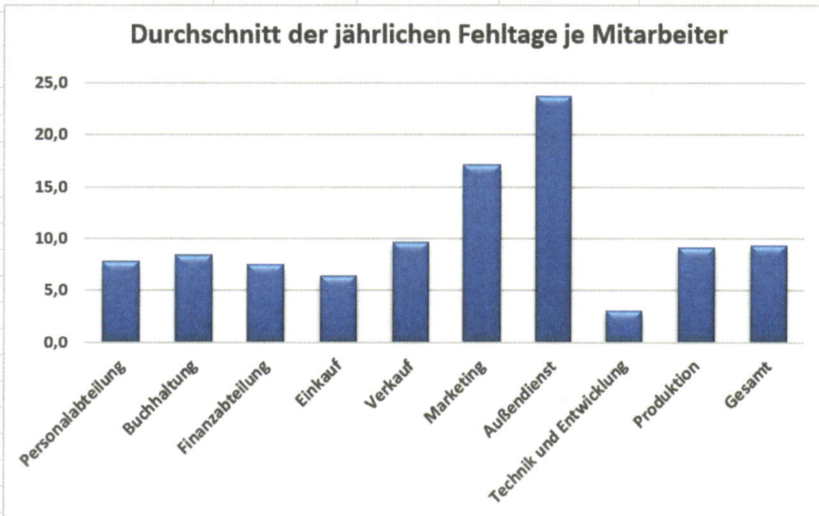

Der Geschäftsführer hatte mit seiner Einschätzung nicht recht. Zwar sind die Fehlzeiten im Produktionsbereich leicht erhöht. Dies hängt aber möglicherweise auch mit den höheren Belastungen der körperlichen Arbeit zusammen. Insgesamt liegen die Fehl-zeiten jedoch sogar leicht unter dem Abteilungsdurchschnitt des Unternehmens. Auffällig dagegen sind die außerordentlich hohen Fehlzeiten in den Abteilungen Marketing und Außendienst. Hier sollten Gespräche zwischen der Personalabteilung und dem Betriebsrat mit den dort tätigen Mitarbeitern veranlasst werden. Mögliche Ursachen für erhöhte Fehlzeiten in einzelnen Abteilungen sind z. B. ein schlechtes Betriebsklima, Mobbing, aber auch längere Krankheiten einzelner Mitarbeiter, die die Statistik verfälschen können.

Lösung Aufgabe 25: Artikelumsätze

Lösungsdatei: **Aufgabe 25 (Lösung)**

Lösungsansicht:

DIGITAL+

	A	B	C	D	E	F	G
5	**Art.Nr,**	**1. Quartal**	**2. Quartal**	**3. Quartal**	**4. Quartal**	**Summe**	**%**
6	2381276	119,67 €	83,64 €	144,89 €	209,89 €	558,09 €	18,7%
7	3109273	67,49 €	79,02 €	88,98 €	97,89 €	333,38 €	11,2%
8	5732262	214,97 €	187,02 €	175,09 €	149,93 €	727,01 €	24,4%
9	5937769	197,89 €	216,49 €	214,11 €	234,01 €	862,50 €	28,9%
10	7837463	88,94 €	120,92 €	150,03 €	134,06 €	493,95 €	16,6%
11							
12	Gesamt	688,96 €	687,09 €	773,10 €	825,78 €	2.974,93 €	
13							
14	Veränderung EUR		-1,87 €	86,01 €	52,68 €		
15	in %		-0,27%	12,52%	6,81%		
16							
17	Durchschnitt	137,79 €	137,42 €	154,62 €	165,16 €	594,99 €	
18	Maximum	214,97 €	216,49 €	214,11 €	234,01 €	879,58 €	
19	Minimum	67,49 €	79,02 €	88,98 €	97,89 €	333,38 €	

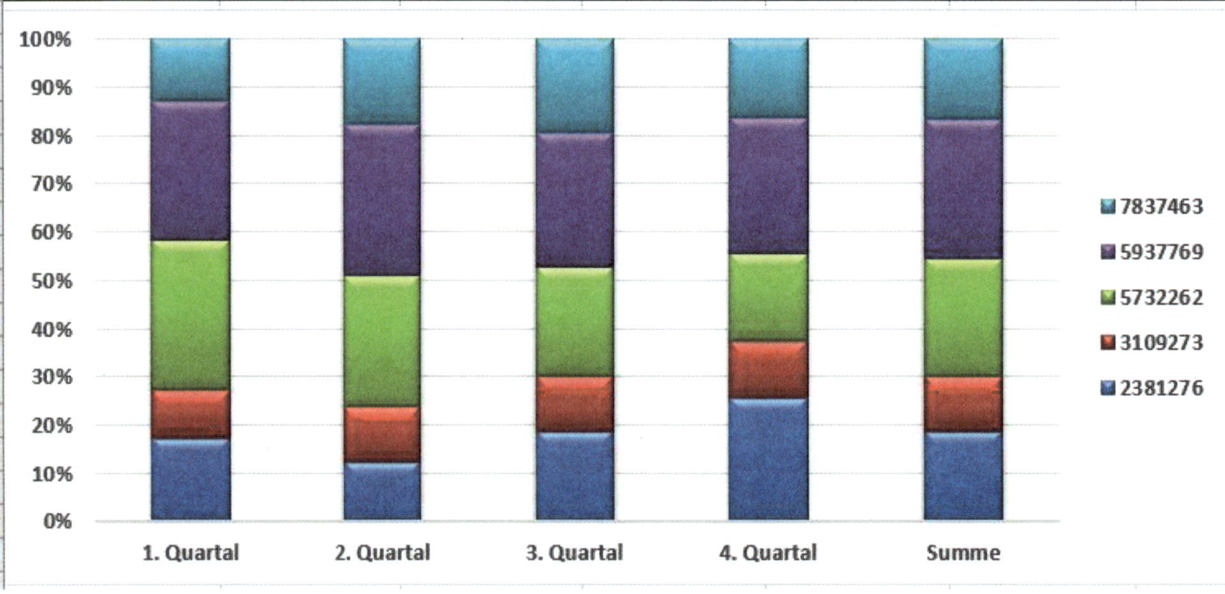

Über das gesamte Jahr gesehen ist der Umsatzanteil des Artikels 5732262 mit 24,4 % der zweitgrößte Umsatzanteil aller Nachtcremes. Bei Betrachtung der einzelnen Quartale fällt jedoch auf, dass der Umsatz dieses Artikels von Quartal zu Quartal kontinuierlich abgenommen hat.